Markus Kühn
Stefanie Kühn

Geldanlage **für Anfänger**

Wie Sie mit wenigen Handgriffen Ihr Geld vermehren

2., aktualisierte Auflage

Stiftung Warentest

Inhaltsverzeichnis

107

Pantoffelstrategie – bequem und mit guten Rendite-chancen

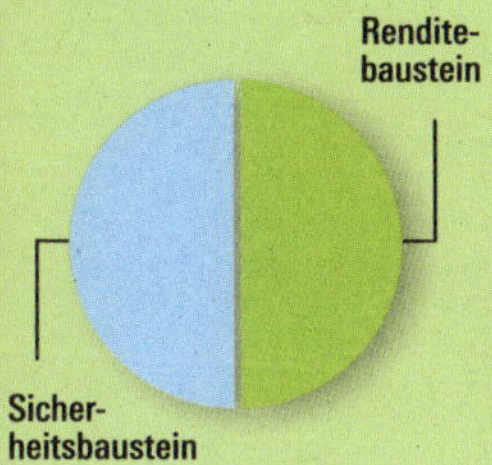

23

Altersvorsorge, sparen fürs Eigenheim oder für größere Anschaffungen? Anlageziele und Laufzeiten müssen passen

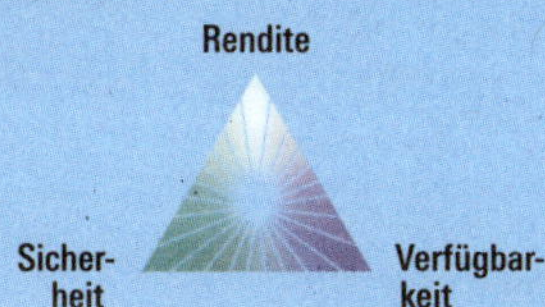

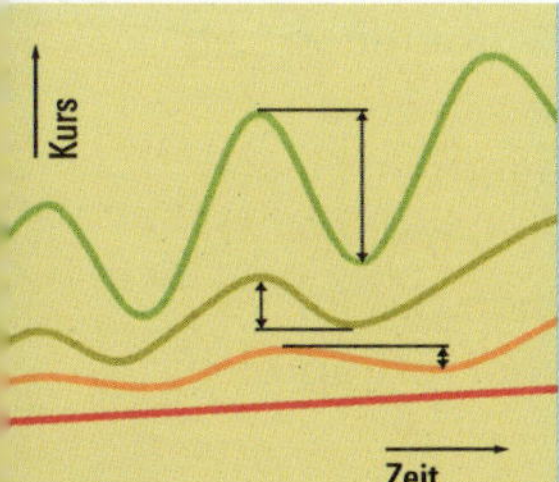

33

Welche Anlage-formen und Strategien gibt es überhaupt?

116

In der Welt unterwegs: Aktien-ETF als Beimischung fürs Depot

Was wollen Sie wissen?

Sie möchten – oder müssen – sich zum ersten Mal in Ihrem Leben mit dem Thema Geldanlage auseinandersetzen – und nun schwirren Ihnen tausend Fragen durch den Kopf? Keine Sorge: In diesem Ratgeber erfahren Sie alles, was Anfänger wissen sollten. Ihre drängendsten Fragen sind gleich hier zu Beginn versammelt. Sie werden sehen: Einmal verstanden, ist die eigene Geldanlage gar nicht schwer.

Ist Anlegen an der Börse nicht furchtbar kompliziert und aufwendig?

Nein, eben nicht. Dieser Ratgeber möchte Ihnen gerade diese Angst vor der Geldanlage nehmen. Sie benötigen etwas Grundwissen zu den börsengehandelten Geldanlagen wie etwa Aktien, Fonds, ETF und Anleihen. Dieses vermittelt Ihnen das zweite Kapitel ab S. 33.

Wie Sie ganz einfach Konten und Depots eröffnen, wo Sie die besten Angebote finden und wie Sie selbst Ihre Transaktionen mittels Onlinebanking durchführen, erfahren Sie dann im dritten Kapitel „Schritt für Schritt alles vorbereiten" ab S. 75.

Das Kapitel „Basisanlagen für Einsteiger" ab S. 93 stellt Ihnen genau die Anlageprodukte vor, mit denen Sie Ihr Vermögen unkompliziert, aber ertragreich anlegen können.

Wenn Sie als fortgeschrittener Anleger tiefer einsteigen wollen, finden Sie im Kapitel „Beimischungen zu den Basisanlagen" ab S. 115 Anregungen, wie Sie Ihre Anlage diversifizieren könnten.

Ich habe geerbt. Wann ist der beste Moment zum Anlegen?

Wenn Sie in Aktien anlegen wollen, wäre es natürlich optimal, am tiefsten Punkt einzusteigen, also wenn es an der Börse nach einem Kurssturz wieder aufwärtsgeht. Doch um so einen Punkt zu erwischen, müssten Sie Hellseher sein. In der Vergangenheit gab es viele internationale Krisen und Kursrutsche an den Aktienmärkten. Sie wurden nach einiger Zeit wieder ausgeglichen, und der Markt entwickelte sich zu neuen Höchstwerten (S. 25 „Anlageziel: Altersvorsorge"). Der beste Moment zum Anlegen ist grundsätzlich jetzt. Dann kann auch der Zinseszinseffekt (S. 19 „Das bringt der Zinseszinseffekt bei Einmalanlagen") optimal für Sie arbeiten. Und mit Sparplänen können Sie regelmäßig in Aktienfonds und -ETF investieren. Sie sind hervorragend geeignet, um antizyklisch in schwachen Marktphasen zu investieren (S. 152 „Dranbleiben mit Sparplänen").

Ich habe doch ein Girokonto, hörte aber, ich bräuchte als Anleger ein Depot. Warum?

Ein Depot ist eine Art spezielles Konto für Wertpapiere. Sie benötigen es für die Verwahrung von Aktien, Anleihen, Zertifikaten, Fonds und ETF. Früher gab es diese Wertpapiere als echte Papierstücke, heutzutage werden sie genauso wie Zu- und Abgänge elektronisch verbucht. Die Depotstelle – eine Bank oder Investmentgesellschaft – kümmert sich darum, dass Gelder aus Verkäufen von Wertpapieren oder Ausschüttungen wie Zinsen und Dividenden dem Anleger gutgeschrieben werden oder die Erträge wieder angelegt werden. Die Depotstelle schickt regelmäßig Abrechnungen über alle Buchungen und einen Depotauszug an den Anleger, siehe S. 77 „Für Wertpapiere brauchen Sie ein Depot".

Mir liegt Nachhaltigkeit am Herzen. Kann ich auch nachhaltig investieren?

Klimaschutz und Nachhaltigkeit entwickeln sich auch bei der Geldanlage zu einem der Topthemen unserer Zeit. Sie können Ihr Geld bei sogenannten ethischen Banken anlegen und finden in jeder Anlageklasse – von der einfachen Zinsanlage bis zum Aktien-ETF – Anlagen, die Nachhaltigkeitskriterien berücksichtigen (siehe S. 70 „Nachhaltig anlegen"). Globale Nachhaltigkeits-ETF als Basisanlage stellen wir Ihnen auf S.104, im Abschnitt „Basis Aktien-ETF" vor.

Mehr über spezielle Nachhaltigkeits- und Umweltfonds als Beimischung für Ihr Depot erfahren Sie im fünften Kapitel auf S. 128.

Ich scheue jedes Risiko. Kann ich trotzdem anlegen?

Auch wenn Sie sehr risikoavers sind, sollten Sie Ihr Geld nicht einfach „unters Kopfkissen" legen oder auf dem Girokonto belassen. Die steigende Geldentwertung (Inflation) wird dann dafür sorgen, dass Ihr Vermögen immer weniger wert wird (siehe S.12 „Inflation und Geldpolitik fressen Ihr Vermögen auf"). Schon bei einer moderaten Inflation können Sie sich beispielsweise für den Wert Ihres heutigen Vermögens in einigen Jahren nur noch einen Bruchteil an Gütern kaufen. Bleibt das derzeitige Zinsniveau noch lange so tief und steigt die Inflationsrate an, kann der Kaufkraftverlust dramatisch sein.

Als risikoscheuer Anleger finden Sie ab S. 64 („Anlagestrategie für sicherheitsbewusste Anleger") eine einfache Anlagestrategie, mit der Sie durch einen Mix aus Festzinsanlagen und einem Aktien-ETF respektable Renditen bei einem geringen Verlustrisiko erzielen können.

Warum nicht einfach alles in dieses neue Start-up investieren?

Wenn das Start-up das neue Microsoft oder Google ist, wäre das Geld gut angelegt. Das Problem ist nur, dass etwa neun von zehn Start-ups pleitegehen. Das heißt aber noch nicht, dass das verbleibende Start-up dann übermäßig erfolgreich wird. Auch hier bräuchten Sie wieder hellseherische Fähigkeiten, um genau das richtige Start-up für Ihre Anlage herauszufinden. Wenn Sie Ihr ganzes Geld in das falsche Unternehmen investieren, riskieren Sie einen Totalverlust. Eine wichtige Börsen- und Anlegeregel lautet: „Lege nie alle Eier in einen Korb." Wie Sie Ihre Eier mit der „Pantoffelstrategie" oder mit Beimischungen zu Ihren Basisanlagen rentabel und einfach auf mehrere Körbe verteilen können, lesen Sie ab S. 107 „Ganz bequem – die Pantoffelstrategie". Wie Sie häufige Anlagefehler vermeiden, steht ab S. 153 „Allgemeingültige Tipps für die Aktienanlage".

Einkommensteuer, Abgeltungsteuer ... was kommt an Steuern auf mich zu?

Das Finanzamt will auch etwas von Ihren Anlageerfolgen abhaben. Erträge wie Zinsen und Dividenden aus Kapitalanlagen sowie Gewinne aus dem Verkauf von Wertpapieren unterliegen der Einkommensteuer. Sie wird als sogenannte Abgeltungsteuer direkt an der Quelle, nämlich von der auszahlenden Bank, erhoben. Mit einem Freistellungsauftrag bleibt jedoch ein Betrag von 801 Euro (Ehepaare 1 602 Euro) jährlich steuerfrei. Einige Besonderheiten gelten für die Besteuerung von Fonds. Hier wurden 2018 neue Regeln eingeführt, mit denen die Besteuerung einfacher und transparenter für den Anleger werden sollte. Mehr dazu erfahren Sie ab S. 157 „Und was ist mit der Steuer?".

In Aktienanlagen investieren? Die Börsenturbulenzen in der Coronakrise haben doch gezeigt, dass man da viel Geld verlieren kann!

Auch bei einem Börsencrash verlieren Anleger nur Geld, wenn sie ihre Anlagen bei den dann niedrigen Kursen verkaufen müssen. Deshalb sollten Sie nur jenes Geld in Aktien, Aktienfonds oder Aktien-ETF fließen lassen, das Sie längerfristig entbehren können. So lassen sich zwischenzeitliche Wertverluste gelassen aussitzen. In der Vergangenheit haben Aktien spätestens nach einigen Jahren wieder neue Höchstwerte erreicht.

Mit einer Vermögensverteilung zwischen sicheren Zinsanlagen und schwankungsreicheren Aktienanlagen, die zu Ihrer Risikoeinstellung passt, können Sie schwache Börsenphasen gut durchhalten (siehe auch „Risiko ist sehr individuell“, S. 20). In diesem Ratgeber finden Sie Anlagestrategien für verschiedene Anlegertypen: vom sicherheitsbedürftigen Anleger bis zu dem „offensiven“ Anleger, der bereit ist, die Hälfte seines Portfolios oder sogar mehr in aktienbasierten Anlagen anzulegen. Mehr dazu finden Sie auf S. 64 „Anlegen mit Strategie“.

Soll ich einen Großteil meines Vermögens in Gold stecken, da es eine sichere Anlage ist?

Gold gilt zwar als Krisenwährung Nummer eins und überlebte in der Vergangenheit Kriege, Krisen und Währungsreformen. Der Goldpreis hat in der Vergangenheit aber auch einige Höhen und Tiefen sowie lange Stagnationsphasen gesehen. Da Anleger mit Gold auch keine Erträge wie Zinsen oder Dividenden erwirtschaften, können sie nur dann eine gute Rendite erzielen, wenn sie es zur richtigen Zeit kaufen und verkaufen. Dazu kommt noch ein Währungsrisiko, da Gold grundsätzlich in US-Dollar gehandelt wird.

Sie sollten also nicht Ihr ganzes Anlagegeld in Gold stecken. Eine Beimischung von Gold zum Gesamtvermögen kann aber zur Risikostreuung durchaus sinnvoll sein. Beim Kauf von physischem Gold sollten Sie Barren und Anlagemünzen wählen und Sammlermünzen meiden.

Eine Alternative zu echtem Gold sind mit Gold hinterlegte Wertpapiere. Näheres zur Goldanlage erfahren Sie ab S. 136 im Abschnitt „Gold".

Einige Anlageexperten benutzen immer so viele Fachwörter. Benötige ich spezielle Vorkenntnisse, um mich um meine Geldanlagen zu kümmern?

Dieser Ratgeber zeigt Ihnen, wie Sie ohne spezielle Vorkenntnisse Ihr Geld so anlegen können, dass es zu Ihren Vorstellungen passt. Sie finden Lösungen sowohl für risikoscheue als auch für mutigere Anleger und können entscheiden, wie viel Aufwand Sie mit Ihrer Geldanlage betreiben wollen.

Stück für Stück entwickeln Sie das nötige Verständnis für die Grundlagen und Zusammenhänge der Geldanlage. Dabei wird auch der eine oder andere Fachbegriff so erläutert, dass Sie ihn verstehen und auch selbst anwenden können. Und sollten Sie dennoch einmal nicht genau wissen, was ein Fachbegriff bedeutet, schauen Sie einfach ins Glossar. Ab S. 164 sind alle wichtigen Begriffe noch einmal kurz und prägnant erklärt.

Sie haben Geld übrig?

„Wer niemals anfängt, wird auch nie etwas zustande bringen." Dieses Sprichwort gilt auch für die Geldanlage. Aber nicht für Sie – denn Sie wollen anfangen, sich um Ihr Geld zu kümmern. Mit etwas Grundwissen ist es gar nicht schwer, Ihr Vermögen sinnvoll und ertragreich zu investieren.

Sie sind zum ersten Mal in der Situation, ausreichend Rücklagen zu besitzen? Ein gutes Gefühl! Aber es bringt Sie auch in die Lage, sich zum ersten Mal in Ihrem Leben mit dem Thema Geldanlage zu beschäftigen. Denn eines ist Ihnen klar: Auf einem Girokonto wächst das Vermögen nicht – es schrumpft.

Als Neuanleger haben Sie vielleicht schon länger die Entwicklung an der Börse aus den Augenwinkeln verfolgt, warten noch auf den richtigen Moment oder sind besorgt, genau in einen Börsencrash zu geraten. Gerade in Zeiten wie der Coronakrise suchen Anleger nach Konzepten, die sie verstehen und leicht umsetzen können.

Fangen Sie jetzt an: Mit jedem getätigten Umsetzungsschritt, von der Depoteröffnung über die Festgeldanlage bis zum eigenen Portfolio, wird Ihr Selbstbewusstsein und der Spaß am Thema Finanzen spürbar steigen.

Denn Geldanlage ist keinesfalls trocken und langweilig – und jeder kann, sobald die Grundlagen von Anlageformen, Risiken und Chancen verstanden wurden – sein eigenes Konzept entwickeln. Viel Erfolg!

Weshalb wollen Sie Geld anlegen?

Sie sind in der glücklichen Situation, Geld anlegen zu können, finden Finanzthemen aber zu komplex oder einfach uninteressant? Dann sollten Sie es systematisch angehen und sich zunächst etwas mit den Grundlagen des Investierens vertraut machen.

Wahrscheinlich gehören Sie nicht zu den Jackpotknackern, die eine Million Euro im Lotto gewonnen haben. Aber vielleicht ist Ihnen Geld einfach so in den Schoß gefallen, eine größere Summe, die Sie jetzt übrig haben: Möglicherweise haben Sie von Ihrem Großvater 200 000 Euro geschenkt bekommen, um den schenkungssteuerlichen Freibetrag voll auszunutzen. Oder haben Sie gerade 40 000 Euro geerbt? Vielleicht haben Sie dieses Jahr auch Überstunden statt Urlaub gemacht und jetzt 4 000 Euro „zu viel" und wollen es nun für Ihre Altersvorsorge zurücklegen?

Egal, aus welchen Quellen und in welcher Höhe Sie Geld haben: Sie haben das Gefühl, dass Sie irgendwie ahnungslos sind und ein gewisses Grundverständnis für Geldanlagen brauchen? Sie möchten sich nicht einfach nur einem Finanzdienstleister wie beispielsweise dem Versicherungsvermittler um die Ecke oder Ihrer Hausbank anvertrauen? Möglicherweise haben Sie schon gelesen, dass es in Zeiten niedrigster Zinsen keine gute Idee ist, sein Geld auf einem Sparbuch anzulegen, und dass Aktienanlagen höhere Renditen versprechen?

Sie kennen aber einige Geschichten aus Ihrem Umfeld, in denen Menschen mit riskanten und komplexen Geldanlagen viel Geld verloren haben. Sie möchten alles richtig machen, wissen aber nicht, wie und wo man überhaupt anfängt mit der Geldanlage. Wenn eine dieser Ausgangssituationen auf Sie zutrifft, möchte dieser Ratgeber Sie an die Hand nehmen und Sie Schritt für Schritt in die Kunst der Geldanlage einführen. Keine Angst, das ist gar nicht so schwer, wie es scheinen mag. Versprochen!

Selbstverständlich erfahren Sie auch, wo und wie Sie bei der Geldanlage Kosten sparen können, indem Sie zum Beispiel günstige Wertpapierdepots führen oder teure Abschlussprovisionen vermeiden.

Inflation und Geldpolitik fressen Ihr Vermögen auf

Im Jahr 2008 gab es die berühmt-berüchtigte Finanzkrise. Seitdem ist das allgemeine Zinsniveau für festverzinsliche Anlagen weltweit und speziell im Euroraum immer weiter gesunken. Hauptverantwortlich dafür sind die sogenannten Notenbanken wie die Europäische Zentralbank (EZB) mit Sitz in Frankfurt am Main oder die amerikanische Notenbank Fed. Sie wollen mit den niedrigen Zinsen die Wirtschaft und die Konjunktur unterstützen. Denn in der Theorie sorgen niedrige Zinsen dafür, dass die Menschen ihr Geld lieber ausgeben als sparen, und dass Kredite für Investitionen der Unternehmen und Privatleute günstiger werden. Die EZB möchte bei der Inflation eine Steigerungsrate von 2 Prozent erreichen. Eine solche Rate gilt einerseits als moderat, andererseits befürchtet man bei niedrigeren Raten eine sogenannte Deflation. Diese gilt als gefährlich für die Wirtschaft, da sich Verbraucherinnen und Verbraucher in der Erwartung fallender Preise mit Investitionen und Konsum zurückhalten.

Die EZB und auch andere Zentralbanken haben versucht, durch ständige Senkungen der Leitzinsen – diese sind das zentrale Instrument einer Notenbank zur Steuerung der Geldpolitik – sowie weitere geldpolitische Maßnahmen die Konjunktur und die Inflation anzukurbeln. Doch die Inflation ist weiter niedrig. Nicht zuletzt deshalb rechnen viele Experten damit, dass das Niedrigzinsniveau noch einige Zeit anhalten könnte. Zwar ist die Inflation trotz der ständigen Senkung des allgemeinen Zinsniveaus im Euroraum zwischen 2013 und 2020 nicht über 2 Prozent gestiegen. 2021 führten die Auswirkungen der Coronakrise auch zu Werten über 2 Prozent. Doch verlieren Anlegerinnen und Anleger beständig Geld, wenn sie nur auf nicht oder kaum verzinste Anlagen wie Sparbuch, Tages- oder Festgeld setzen. Dann ist die Inflation höher als der erzielte Zins (nach Steuern).

Bleibt das allgemeine Zinsniveau so niedrig und steigt die Inflationsrate, wird der reale Wertverlust noch größer. Es ist daher wichtig, dass Sie bei der Geldanlage auch bedenken, welche Kaufkraft Ihr Vermögen in späteren Jahren noch haben wird.

Die Tabelle „Was ist Inflation?“ auf der nächsten Seite zeigt, wie sich die Kaufkraft – also das, was Sie sich später noch von Ihrem Geld leisten können – aufgrund unterschiedlicher Inflationsraten ändern kann. Schon bei einer moderaten Inflation von 2 Prozent können Sie sich beispielsweise für heute 1000 Euro in 20 Jahren nur noch Güter im Wert von 673 Euro kaufen. Bleibt das Zinsniveau lange Jahre so tief und steigt die Inflationsrate noch an, dann wird der Graben – also der reale Wert- und Kaufkraftverlust – noch größer.

Anleger verlieren beständig Geld, wenn sie nur auf nicht oder kaum verzinste Anlagen wie Sparbuch, Tages- oder Festgeld setzen.

Was ist Inflation?

Wie Inflation Ihr Vermögen vernichten kann, zeigt Ihnen diese Tabelle. Sie sehen, wie sich die Kaufkraft von heute 1000 Euro bei unterschiedlichen Inflationsraten über die Jahre entwickelt.

Jahr	1,0 %	2,0 %	3,0 %	4,0 %	6,0 %	10,0 %	15,0 %
0	1000	1000	1000	1000	1000	1000	1000
1	990	980	971	962	943	909	870
2	980	961	943	925	890	826	756
3	971	942	915	889	840	751	658
4	961	924	888	855	792	683	572
5	951	906	863	822	747	621	497
6	942	888	837	790	705	564	432
7	933	871	813	760	665	513	376
8	923	853	789	731	627	467	327
9	914	837	766	703	592	424	284
10	905	820	744	676	558	386	247
15	861	743	642	555	417	239	123
20	820	673	554	456	312	149	61
25	780	610	478	375	233	92	30
30	742	552	412	308	174	57	15
35	706	500	355	253	130	36	8

Quelle: Eigene Berechnungen

Das magische Dreieck der Geldanlage

Bei jeder Geldanlage sollten zuerst verschiedene Zielkonflikte berücksichtigt werden. Die einzig richtige Anlage für alle Zwecke gibt es leider nicht.

Geld richtig anlegen – das ist nicht so einfach. Da gibt es zum einen viele unterschiedliche Ziele und Gründe, wie zum Beispiel Altersvorsorge, Hausbau, Ausbildungsfinanzierung und Konsumwünsche. Zum anderen stehen Tausende von Finanzprodukten zur Auswahl, die Anlegern von Bankberatern und freien Finanzdienstleistern angepriesen werden. Die eine richtige und für alle Situationen passende Geldanlage – sprich, die eierlegende Wollmilchsau – gibt es leider nicht.

Bewährt hat sich, wenn Sie im allerersten Schritt drei Fragen an sich selbst stellen:

1. **Wie viel Gewinn würde ich gern machen?** Mit den Gewinnchancen steigt auch das Risiko.
2. **Wie sicherheitsbewusst bin ich?** Können Sie es verkraften, wenn sich Ihr Vermögen zwischenzeitlich zum Beispiel um 30 Prozent verringert – und sich nur eventuell (oder nie) erholt?
3. **Wie liquide möchte ich sein?** Wie viel Ihres Vermögens sollte nicht langfristig angelegt, sondern schnell verfügbar sein?

Sie sehen schon: Alle drei an sich wünschenswerten Ziele stehen in Konflikt miteinander. Das Modell des „magischen Dreiecks der Geldanlage“ (Abbildung S. 16) charakterisiert diese Situation sehr gut. Dieses hat mit Zauberei nichts zu tun, sondern soll zeigen, wie mit einer Kapitalanlage die drei großen Ziele Rendite, Sicherheit und Liquidität – also die Verfügbarkeit des Geldes – verfolgt, aber nicht alle vollständig erreicht werden können. Oft muss man bei einem Ziel Abstriche machen, wenn ein anderes Ziel mehr im Vordergrund steht.

So besteht beispielsweise zwischen den Zielen Rendite und Sicherheit meist ein Konflikt, da der Preis für eine höhere Rendite in der Regel eine weniger sichere Anlage ist. Kann hingegen zum Beispiel eine sichere Spareinlage bei einer Bank erst nach vier Jahren gekündigt werden, besteht ein Zielkonflikt zwischen Sicherheit und Verfügbarkeit der Anlage. Heutzutage sind Anlegern noch weitere Dinge wichtig. Sollen diese Kriterien zusätzlich berücksichtigt werden, kann das magische Dreieck der Geldanlage zum Vier- oder Fünfeck erweitert werden:

Das magische Dreieck

- **Der Aufwand,** den Sie mit der Auswahl und der Kontrolle einer Anlage haben.
- **Ethisch-ökologische** Gesichtspunkte einer Geldanlage. Das können Fragen sein wie zum Beispiel: Welche Auswirkungen hat mein Investment auf die Umwelt, zukünftige Generationen oder die Menschen eines Landes?

Auch wenn eine einzelne Geldanlage nie sämtliche Kriterien des magischen Vielecks gleichzeitig in höchstem Maße erfüllen kann, sollte Ihr Ziel sein, dass Ihre Investition die einzelnen Kriterien für Sie persönlich bestmöglich erfüllt.

Klassisch, weil zentral, sind aber die drei Punkte Rendite, Sicherheit und Liquidität. Daher werden diese im Folgenden genauer betrachtet.

Die Rendite einer Anlage

Die Rendite oder auch Rentabilität einer Anlage zeigt den Erfolg der Investition. Sie ergibt sich, vereinfacht gesprochen, aus dem Verhältnis des erzielten Ertrags zum investierten Kapital über einen bestimmten Zeitraum. Sie wird grundsätzlich auf ein Jahr umgerechnet (p.a., für pro anno/per annum) und in Prozent angegeben.

Beispiel: Haben Sie 100 Euro ein Jahr angelegt und bekommen inklusive Zinsen 102 Euro zurückgezahlt, beträgt Ihre Rendite 2 Prozent.

Je nachdem, um welche Art Anlage es sich handelt, kann die Rendite bereits vor der Investition berechnet werden, oder sie ergibt sich erst bei Veräußerung. Stehen zum Beispiel bei einer festverzinslichen Anlage Laufzeit und Verzinsung von vornherein fest, lässt sich die Rendite vorab berechnen.

Bei einer Aktienanlage hingegen steht letztlich erst beim Verkauf nach Berücksichtigung der Kurssteigerungen und etwaigen Dividendenzahlungen (siehe auch Glossar „Dividende" S. 166) fest, wie rentabel die Anlage war. In der Regel sind Anlagen mit höheren Renditechancen auch weniger sicher.

Bei zwei Aktienanlagen mit annähernd gleicher Sicherheit sollten Sie grundsätzlich die mit der höheren Renditechance oder Liquidierbarkeit wählen. So sind beispielsweise Tagesgeldkonten und Sparbücher annähernd gleich sicher, Tagesgelder bieten aber oft höhere Zinsen und können schneller zu Geld gemacht (liquidiert) werden als Sparbücher.

→ Der Zinseszins

Ein nicht nur von Einsteigern stark unterschätzter Faktor bei der Geldanlage ist der Zinseszins: Erhalten Sie Zinsen, erhöht sich Ihr Kapital – darauf erhalten Sie wieder Zinsen und Ihr Kapital erhöht sich wieder und so weiter. In der Schule haben Sie im Fach Mathematik Berechnungen dazu kennengelernt. Vielleicht haben Sie diese Kenntnisse aber – wie die meisten von uns – nicht auf die eigene reale Geldanlage übertragen. Oft fällt auch der Glaubenssatz: 1 Prozent mehr oder weniger Rendite – was macht das schon? Klar ist auch, dass das Streben nach immer höheren Renditen nicht das alleinige Maß bei der Geldanlage sein darf, das haben vergangene Finanzkrisen immer wieder gezeigt: Hohe Renditen gehen immer mit höheren Risiken einher – und manchmal verwirklicht sich eben auch ein Risiko.

Dennoch gibt es immer verschiedene Anlagealternativen mit gleichem Risiko, aber unterschiedlichen Renditechancen. Hier lohnt es sich, Angebote zu vergleichen und die besten zu wählen, da gerade bei langfristigen Anlagen jeder Prozentpunkt erhebliche Auswirkungen auf das Anlageergebnis hat.

So sehen Sie aus der Tabelle „Das bringt der Zinseszinseffekt bei Einmalanlagen“ auf S. 19, dass Sie bei einer Anlagesumme von 10 000 Euro schon nach zehn Jahren leicht mehr als 1 000 Euro extra verdienen können, wenn Sie nur 1 Prozentpunkt mehr Rendite erzielen.

Legen Sie noch länger an, kann sich der Zinseszinseffekt besonders gut entfalten. Bei einer Laufzeit von 20 Jahren und jährlich erzielten 4 Prozent Rendite erhalten Sie insgesamt 11 911 Euro Zinsen. Bei 3 Prozent Rendite wären es nur 8 061 Euro. Bezogen auf Ihr eingesetztes Kapital von 10 000 Euro, würden Sie bei 4 Prozent Verzinsung 38,5 Prozent (3 850 Euro) – nicht nur 1 Prozent – mehr Geld zurückbekommen, als wenn Sie nur für 3 Prozent anlegen würden.

Deshalb unterscheiden Fachleute zwischen Prozent und Prozentpunkt. Genau genommen beträgt der Unterschied zwischen 3 und 4 Prozent Rendite nicht 1 Prozent, wie man gern umgangssprachlich sagt, sondern 1 Prozentpunkt. Und 1 Prozentpunkt mehr oder weniger Rendite macht eine ganze Menge aus – eben weit mehr als 1 Prozent.

Wenn Sie wissen wollen, wie rentabel Ihre Anlagen wirklich waren, dürfen Sie nicht nur auf die Erträge, die sogenannte Bruttorendite, schauen. Denn einen Teil der Bruttorendite zehren Kosten (beispielsweise Depotgebühren, Kauf- und Verkaufsgebühren, später dazu mehr) und Steuern wieder auf. Was Ihnen danach verbleibt, ist die Nettorendite Ihrer Anlagen nach Steuern. Liegt diese unterhalb der Inflationsrate, haben Sie letztlich sogar Geld verloren.

Beispiel: Angenommen, die Bruttorendite einer festverzinslichen Anlage von 10 000 Euro läge bei 3 Prozent p.a. Die Kauf- und Verkaufskosten würden je 0,5 Prozent betragen. Die Abgeltungsteuer läge dann einschließlich Solidaritätszuschlag und ohne Kirchensteuer bei 26,375 Prozent, die Inflationsrate bei 1 Prozent. Die Nettorendite wäre dadurch nur noch bei 0,2 Prozent.

Anlagebetrag	10 000,00 Euro
minus Kaufkosten	– 50,00 Euro
Tatsächliche Anlage	**9 950,00 Euro**
3 % Zinsen auf 9 950 Euro	298,50 Euro
minus Abgeltungsteuer auf Zinsen	– 78,73 Euro
minus Verkaufskosten auf tatsächliche Anlage	– 49,75 Euro
minus Kaufkosten	– 50,00 Euro
Ertrag nach Kosten und Steuern	**120,02 Euro**
Nettorendite nach Steuern (in Prozent)	1,2 %
Inflationsrate	– 1,0 %
Ergebnis nach Inflation	**0,2 %**

Sicherheit und Risiken einer Anlage

Unter Sicherheit einer Investition versteht ein Anleger vor allem die Wahrscheinlichkeit, das eingesetzte Kapital wieder zurückzubekommen. Insbesondere die Finanz- und die Schuldenkrise haben gezeigt, dass auch bis dahin als sicher eingestufte Anlagen wie Zertifikate der Lehman-Bank oder griechische Staatsanleihen deutlich an Wert verlieren und hohe Verluste machen können.

Jede Anlageklasse (Aktien, Festzinsanlage, Immobilien usw.) bietet Anlagen mit unterschiedlichen Risiken. Eine Festzinsanlage ist beispielsweise immer nur so sicher wie die sogenannte Bonität (Zahlungs- und Kreditfähigkeit) desjenigen, dem Sie Ihr Geld leihen. Deshalb ist eine deutsche Staatsanleihe grundsätzlich sicherer als eine griechische. Aktien von großen Standardwerten sind prinzipiell sicherer als Aktien kleiner Technologiewerte. Wenn es um das Anlageziel Sicherheit geht, müssen Sie also genauer hinschauen, wo Sie Ihr Geld anlegen und gegebenenfalls abwägen, ob Sie lieber mehr Sicherheit oder mehr Rendite haben wollen.

Finanztest ordnet allen Anlagen eine Risikoklasse zwischen 1 und 12 zu, wobei 1 das geringste Risiko darstellt. Einerseits sind hohe Renditeversprechen verlockend – andererseits möchte natürlich niemand freiwillig Geld verlieren. Es lohnt, sich genauer mit der eigenen Risikobereitschaft auseinanderzusetzen (siehe „Risiko ist sehr individuell“, S. 20).

Ihre Liquidität

Je liquider Ihre Geldanlagen, umso schneller sind sie verfügbar, also in Geld umtauschbar.

Der Haken ist jedoch, dass schnell verfügbares Geld wie das auf dem Girokonto schlecht verzinst ist: Einen Teil Ihres Vermögens müssen Sie liquide halten, um Ihre täglichen Rechnungen und auch die außerplanmäßigen bezahlen zu können. Dafür

Das bringt der Zinseszinseffekt bei Einmalanlagen

So viel Euro haben Sie bei einer Anlagesumme von 10 000 Euro nach der jeweiligen Anlagedauer und der angegebenen Rendite.

	Anlageergebnis in Euro bei einer Rendite von						
Anlagedauer in Jahren	**0,50 %**	**1,00 %**	**2,00 %**	**3,00 %**	**4,00 %**	**5,00 %**	**6,00 %**
1	10 050	10 100	10 200	10 300	10 400	10 500	10 600
2	10 100	10 201	10 404	10 609	10 816	11 025	11 236
3	10 151	10 303	10 612	10 927	11 249	11 576	11 910
4	10 202	10 406	10 824	11 255	11 699	12 155	12 625
5	10 253	10 510	10 041	11 593	12 167	12 763	13 382
10	10 511	11 046	12 190	13 439	14 802	16 289	17 908
15	10 777	11 610	13 459	15 580	18 009	20 789	23 966
20	11 049	12 202	14 859	18 061	21 911	26 533	32 071

Quelle: Eigene Berechnungen

benötigen Sie eine Notfallreserve. Denn wenn Sie Ihr gesamtes Geld in lang laufende Anlagen gesteckt haben, besteht die Gefahr, dass Sie sich für überraschende Ausgaben Geld leihen und dafür Verzugszinsen und Überziehungszinsen zahlen müssen. Und die sind höher als die Renditen Ihrer Geldanlagen. Wie regelmäßige Tests der Stiftung Warentest zeigen, schlägt das allgemeine Niedrigzinsniveau bei Dispozinsen kaum durch.

Als Faustregel für die Höhe der Notfallreserve lässt sich die Summe veranschlagen, die Sie benötigen, um drei bis fünf Monate ohne Einkommen bewältigen zu können. Es ist nicht empfehlenswert, die Notfallreserve auf Ihrem Girokonto zu parken, denn dort ist das Geld zum einen mit Ihren normalen Ein- und Ausgaben vermischt. Es ist dann schwieriger, den Überblick zu behalten, wie hoch Ihre Reserve genau ist. Zum anderen sind Girokonten meist unverzinst. Nutzen Sie daher für Ihre Notfallreserve besser ein Tagesgeldkonto. Dort ist es ebenfalls jederzeit verfügbar und Sie bekommen Zinsen, auch wenn sie derzeit eher mager ausfallen.

Neben Anlagen, bei denen Sie von vornherein wissen, dass Sie erst nach einer bestimmten Zeit wieder an Ihr Geld kommen, gibt es Anlagen, die Sie zwar täglich verkaufen und zu Geld machen können, aber es ist ungewiss, zu welchem Preis. Eine Aktie eines Dax-Unternehmens ist sehr liquide, da sie börsentäglich verkauft werden kann – der Preis in der Zukunft ist jedoch unbekannt. Es kann daher sein, dass die Aktie gerade tief im Minus steckt, wenn Sie das Geld zu einem bestimmten Zeitpunkt in nicht allzu ferner Zukunft brauchen. Möchten Sie beispielsweise liquide bleiben, weil Sie nach einer Immobilie für sich und Ihre Familie suchen, wäre ein Aktieninvestment völlig unpassend.

Risiko ist sehr individuell

Wenn Sie höhere Renditen erzielen wollen, müssen Sie gewisse Risiken eingehen. Wie hoch diese Risiken sein können, ist bei jedem Anleger unterschiedlich.

→ **Sind Sie sich im Klaren** über Ihre Anlageziele, wissen Sie auch, welcher Eckpunkt des magischen Dreiecks für Sie Vorrang bei einer Anlage hat und wo Sie bereit sind, Einschränkungen in Kauf zu nehmen. Beim Ziel „Altersvorsorge" etwa ist die Verfügbarkeit der Anlage weniger wichtig, wohl aber die Rendite. Sie können dann nach Anlagemöglichkeiten mit höheren Renditechancen Ausschau halten, also etwa sogenannten Aktienfonds. Wer nur kurz anlegen kann, für den eignet sich Tagesgeld oder Festgeld.

Selbstverständlich können Sie auch mehrere Anlagen kombinieren. Ihr Anlageportfolio, also die Gesamtheit Ihrer Geldanlagen, könnte etwa aus einer sicheren, jederzeit verfügbaren Anlage wie Tagesgeld und einer riskanteren, dafür chancenreicheren Aktienanlage bestehen. Dieses Konzept verfolgt zum Beispiel das Pantoffel-Portfolio, über das Sie auf S. 107 mehr erfahren.

Ihr persönliches Risikoprofil

Wie hoch der Anteil riskanterer Anlagen bei Ihnen sein darf, bestimmt Ihr persönliches Risikoprofil. Dieses setzt sich aus Ihrer objektiven Risikotragfähigkeit und Ihrer individuellen Risikobereitschaft zusammen.

Ihre Risikotragfähigkeit wird unter anderem maßgeblich davon bestimmt, wie hoch Ihr Gesamtvermögen und wie lange Ihr Anlagehorizont ist. Je mehr Vermögen Sie besitzen, umso größere absolute Verluste können Sie rein rechnerisch wegstecken, ohne Ihre Existenz zu gefährden. Sind Sie noch jünger und haben noch viele Jahre bis zu Ihrem Ruhestand vor sich, können Sie grundsätzlich größere Schwankungen Ihrer Geldanlagen aussitzen oder Verluste noch durch Arbeitseinkommen zumindest teilweise ausgleichen. Wenn Sie kurz vor dem Kauf einer Immobilie stehen, ist das kaum möglich. Ihr Anlagehorizont verändert sich dadurch, und damit auch Ihre Risikotragfähigkeit, also die Fähigkeit, Verluste finanziell wegstecken zu können.

Ihre Bereitschaft, Risiken bei der Geldanlage einzugehen, wird natürlich unter anderem auch von Ihren Erfahrungen mit dem Thema Geldanlage beeinflusst. Haben Sie vielleicht jemanden im Bekanntenkreis, der schon einmal viel Geld mit Aktien verloren hat, haben Sie vielleicht für sich beschlossen, dass Aktien Teufelszeug sind.

Hatte hingegen einmal jemand in Ihrem Umfeld Glück mit einem „heißen Aktientipp" und hat damit innerhalb kurzer Zeit hohe Gewinne eingefahren? Dann sind vielleicht auch Sie bei Ihrer weiteren Geldanlage bereit, höhere Risiken einzugehen.

Kinderstube, Ausbildung und andere persönliche Erfahrungen beeinflussen Ihre Risikobereitschaft. So sind Anleger, die ihr Vermögen hauptsächlich geerbt haben, in der Regel vorsichtiger als erfolgreiche Unternehmer oder Manager. Letztere haben vermutlich die Gewissheit, es mit ihren Ideen und ihrer Arbeit wieder schaffen zu können, ein Vermögen aufzubauen, während es den Erben häufig darum geht, den neu erworbenen Reichtum zu bewahren.

Schätzen Sie sich realistisch ein

Bevor Sie also Geld in eine oder mehrere Anlageprodukte investieren, sollten Sie sich Gedanken über die Risikoausrichtung Ihrer sogenannten Asset Allocation machen.
Als Asset Allocation bezeichnen Fachleute die prozentuale Aufteilung der eigenen Geldanlagen in verschiedenen Anlageklassen wie festverzinsliche Anlagen, Aktien oder Gold. Die Fragen in der Checkliste auf der folgenden Seite können Ihnen helfen, Ihre persönliche Risikotragfähigkeit und Risikobereitschaft herauszufinden.

Rechnen Sie auch in absoluten Zahlen

Rechnen Sie beim Einschätzen Ihrer Risikobereitschaft nicht nur in Prozent, sondern auch in absoluten Zahlen.

Checkliste

Risiko: Seien Sie ehrlich zu sich selbst

Wie ist meine Risikotragfähigkeit?

- ☐ Welcher Verlauf meiner Geldanlagen (zum Beispiel ein andauernder Verlust um X Prozent) würde meine Existenz gefährden?
- ☐ Welcher Verlauf meiner Geldanlagen würde meine persönlichen Ziele (beispielsweise Hausbau, Ausbildungsfinanzierung, Ruhestand) gefährden?
- ☐ Hätte ich im Verlustfall genügend Zeit, den Verlust durch sonstiges Einkommen (zum Beispiel mein Arbeitseinkommen, Mieteinnahmen, Erbschaft) zu verkraften und wieder auszugleichen?

Wie groß ist meine Risikobereitschaft?

- ☐ Habe ich schon einmal selbst größere Verluste mit Geldanlagen erlitten oder dies bei anderen (vielleicht bei Eltern, Freunden, Verwandten) miterlebt?
- ☐ Was war der Grund für diese Verluste (etwa ein Börsencrash, Aktienverkäufe zum falschen Zeitpunkt, zu hektisches Agieren, unüberlegter Kauf eines Finanzprodukts)?
- ☐ Wie habe/hätte ich mich dabei gefühlt?
- ☐ Auch wenn ich es mir leisten könnte: Ab welchen zwischenzeitlichen Verlusten (zum Beispiel Schwankungen bei Aktienkursen) würde ich nervös werden oder könnte nachts nicht mehr ruhig schlafen?
- ☐ Ist es mir wichtiger, sicher ans Ziel zu kommen, obwohl ich dabei auf Renditechancen verzichte? Oder setze ich auf die höheren Renditechancen, obwohl ich mir dann nicht ganz so sicher sein kann, das Ziel tatsächlich zu erreichen?
- ☐ Welchen Aufwand kann und will ich mit der Auswahl und Kontrolle meiner Geldanlagen betreiben?

Beispiel: Sie wollen 50 000 Euro in einem sogenannten Aktienfonds anlegen. Sie sind der Meinung, dass Sie hier eine Schwankungsbreite und damit auch zwischenzeitliche Wertminderungen von 20 Prozent gut aushalten können? Überlegen Sie sich bitte, was das in konkreten Zahlen bedeutet: Würde Ihr Aktienfonds nach dem Kauf 20 Prozent verlieren, wäre er nur noch 40 000 Euro wert. Sie hätten also zumindest auf dem Papier 10 000 Euro, und damit nahezu den Wert eines Kleinwagens, verloren.

Würden Sie in diesem Fall tatsächlich gelassen bleiben und darauf vertrauen, dass eine solche zwischenzeitliche Wertschwankung normal ist und langfristig eine hohe Chance auf eine gute Rendite besteht? Müssen Sie sich diese Frage ehrlicherweise mit „Nein" beantworten, sollten Sie vielleicht überlegen, einen geringeren Betrag in den anvisierten Fonds anzulegen und den Rest des Geldes auf risikoärmere Anlagen aufzuteilen.

Mit einer ehrlichen Antwort auf diese Frage beugen Sie neben schlaflosen Nächten auch dem Risiko vor, Ihre Anlage aus Panik genau auf dem Tiefpunkt zu verkaufen. Das wäre die Umkehrung des allgemeinen Anlageziels – nämlich Aktien am Tiefpunkt zu kaufen und zum Höchstkurs zu verkaufen – und ein echter Renditekiller!

Anlageziele

Jede Anlage muss zu Ihren Zielen passen: Sie sollte für den gewünschten Zweck geeignet sein und Ihren Laufzeithorizont berücksichtigen.

Bei der Wahl der richtigen Geldanlagen kommt es nicht nur auf einen bestmöglichen Ausgleich zwischen Rendite, Sicherheit und Verfügbarkeit sowie auf eine Berücksichtigung Ihres persönlichen Risikoprofils an. Letztlich sollte jede Anlage auch zu Ihren Anlagezielen passen. Sie müssen sicher entscheiden, zu welchem Zweck und wie lange Sie Ihr Geld investieren wollen. Unter anderem spielen dabei auch Alter, Familienstand und Ihre persönlichen Lebensumstände eine wichtige Rolle. Welche Geldanlagen sind hier passend? Die typischen Anlageziele ab S. 25 verdeutlichen, worauf Sie in bestimmten Lebenssituationen bei der Geldanlage achten sollten.

Bevor Sie investieren, muss die Absicherung existenzgefährdender Risiken sichergestellt sein.

Unverzichtbar: Die eigene Absicherung und die der Familie

Sofern Ihnen nicht eine mehrstellige Millionensumme zur Verfügung steht, müssen Sie Risiken, die Sie ruinieren könnten, mithilfe von Versicherungen absichern, bevor Sie an die Geldanlage denken. Zu den unbedingt notwendigen Versicherungen zählen:

- **Private Haftpflichtversicherung:** Diese zahlt, wenn Sie einem anderen einen Schaden zufügen. Das kann zum Beispiel die beim Sport versehentlich zerstörte Brille des Mitspielers sein. Wirklich wichtig wird sie, wenn durch Ihr Verschulden ein Mensch verletzt wird oder ein hoher Sachschaden entsteht. Sind Sie beispielsweise als Radfahrer kurz unaufmerksam und verletzen einen Fußgänger schwer, müssen Sie für die Folgen aufkommen. Das kann bedeuten, dass Sie Schmerzensgeld, Behandlungskosten und vielleicht sogar eine lebenslange Rente an das Unfallopfer zahlen müssen, sollte es invalide bleiben und nicht mehr arbeiten können. Eine private Haftpflichtversicherung ist nicht teuer, ein guter Schutz bereits für unter 100 Euro im Jahr erhältlich. Sie können sich und auch Ihre ganze Familie absichern. Kinder sind über den Vertrag ihrer Eltern mit geschützt. Auch Paare ohne Kinder benötigen nur einen Vertrag. Bei manchen Schäden zahlt die Privathaftpflicht nicht. Dann brauchen Sie für bestimmte Risiken einen Extraschutz.
- **Tierhalter-Haftpflicht:** Sind Sie Hunde- oder Pferdehalter, benötigen Sie eine solche Versicherung.
- **Gewässerschaden-Haftpflicht:** Diese Versicherung benötigen Sie, um vor allem mögliche Schäden von Umweltverschmutzungen wie beispielsweise einer Verunreinigung des Grundwassers abzusichern, wenn Sie einen Öltank besitzen. Je nach Größe des Heizöltanks kann die Gewässerschaden-Haftpflicht in der Privathaftpflicht bereits enthalten sein.
- **Bauherren-Haftpflicht:** Sie ist sehr zu empfehlen, wenn Sie gerade ein Haus bauen. Der Versicherer zahlt dann für Schäden, die anderen rund um Ihr Bauprojekt entstehen.
- **Haus- und Grundbesitzer-Haftpflichtversicherung:** Sie ist für Vermieter von Immobilien unbedingt zu empfehlen.
- **Berufsunfähigkeitsversicherung (BU):** Für jeden, der von seinem Arbeitseinkommen leben muss, ist eine BU-Versicherung zu empfehlen. Diese zahlt, wenn Sie aus gesundheitlichen Gründen nicht mehr in der Lage sind, Ihren Beruf auszuüben. Hauptursachen für Berufsunfähigkeit sind übrigens nicht

Unfälle, sondern vor allem psychische Erkrankungen sowie Erkrankungen an Skelett, Muskeln, Bindegewebe und Kreislaufsystem. Die gesetzliche Erwerbsminderungsrente zahlt nur, wenn Sie in keinem anderen Beruf mehr arbeiten können. Sie reicht bei Weitem nicht, um Ihren gewohnten Lebensstandard aufrechtzuerhalten. Viele weitere Infos und Tests finden Sie bei Stiftung Warentest unter test.de/bu.

- **Erwerbsunfähigkeitsversicherung:** Erhalten Sie wegen Vorerkrankungen keine BU-Versicherung oder können Sie sich diesen Schutz derzeit nicht leisten, sollten Sie versuchen, eine Erwerbsunfähigkeitsversicherung zu bekommen. Diese ist in der Regel günstiger als eine BU-Versicherung, dafür erhalten Sie aber auch nur dann eine Rente, wenn Sie nicht mehr in der Lage sind, in irgendeiner Form erwerbstätig zu sein. Der erlernte Beruf spielt – anders als bei der BU-Versicherung – keine Rolle. Allerdings stellen gesundheitliche Probleme auch hier eine Hürde zum Vertrag dar.

Neben diesen unbedingt notwendigen Versicherungen gegen existenzielle finanzielle Risiken gibt es weitere Versicherungen, die sehr zu empfehlen sind, da Sie damit große finanzielle Risiken leicht absichern können. Einen Überblick finden Sie in der Tabelle „Die wichtigsten Versicherungen", S. 26.

→ Versicherungen checken, anpassen, Geld sparen

Schauen Sie in Ihren Versicherungsordner. Welche Verträge haben Sie? Wie viel Geld geben Sie im Laufe des Jahres für den Versicherungsschutz aus? Wie steht es um die Versicherungsbedingungen? In welchen Situationen würde Ihr Versicherer zahlen, wo hat Ihr Schutz Lücken? Achten Sie beim Abschluss neuer Verträge aufs Kleingedruckte, damit Sie im Schadensfall tatsächlich den erhofften Schutz haben. Kleiner Tipp: Mit dem „Versicherungs-Set" der Stiftung Warentest können Sie Ihren Versicherungsschutz überprüfen (siehe **test.de/versicherungsset**).

Anlageziel: Altersvorsorge

Mittlerweile ist jedem bewusst, dass die gesetzliche Rente immer weniger ausreichen wird, den Ruhestand der Menschen in Deutschland zu finanzieren. So ist das Netto-Rentenniveau vor Steuern seit 1990 von 55,1 Prozent auf 48,2 Prozent im Jahr 2020 gefallen. Nach Vorausberechnungen der Bundesregierung wird es bis 2032 auf 44,9 Prozent sinken. Das Netto-Rentenniveau setzt – vereinfacht gesagt – die durchschnittliche Rente eines Rentners ins Verhältnis zum Durchschnittsverdienst der Arbeitnehmer desselben Jahres. Demnach deckt die Rente nur rund die Hälfte des

Die wichtigsten Versicherungen

+++ Unbedingt notwendig
++ Sehr zu empfehlen

Wofür?	Versicherung	Wie wichtig?	Für wen geeignet?
Wenn Sie andere schädigen	Privathaftpflicht	+++	Braucht jeder
	Tierhalter-Haftpflicht	+++	Hundehalter oder Pferdebesitzer
	Gewässerschaden-Haftpflicht	+++	Öltankbesitzer
	Kfz-Haftpflicht	+++	Gesetzlich vorgeschrieben für Kraftfahrzeughalter
	Bauherren-Haftpflicht	++	Bauherren
	Haus- und Grundbesitzer-Haftpflicht	++	Vermieter von Immobilien
Krankheit	Gesetzliche Kranken- und Pflegeversicherung / private Krankenvollversicherung und Pflegepflichtversicherung	+++	In Deutschland Pflicht
Berufsunfähigkeit und Invalidität	Berufsunfähigkeitsversicherung (BU-Versicherung)	+++	Für jeden, der von seinem Arbeitseinkommen lebt
	Erwerbsunfähigkeitsversicherung	++	Für alle, die aus Kostengründen oder wegen ihres Risikos keine BU-Versicherung bekommen
Für die Familie	Risikolebensversicherung	++	Für den Fall, dass der Hauptverdiener stirbt
	Kinderinvaliditätsversicherung	++	Für Kinder und Jugendliche, bis zum Ende ihrer Ausbildung, danach BU-Versicherung
Eigenheim	Wohngebäudeversicherung	++	Für jeden Eigentümer eines Wohnhauses
Auf Reisen	Auslandsreisekrankenversicherung	++	Für alle Kassenpatienten. Für Privatversicherte, wenn die Kostenübernahme für medizinisch notwendige Rücktransporte aus dem Ausland fehlt

aktiven Arbeitseinkommens ab. Um den gewohnten Lebensstandard nur annähernd zu bewahren, müssen gesetzlich Rentenversicherte zusätzlich Vorsorge treffen. In gleichem Maß gilt dies für Versicherte in berufsständigen Versorgungswerken und noch viel mehr für nicht versicherte Selbstständige.

Anleger mit dem Ziel, in ihre Altersvorsorge investieren zu wollen, haben oft 25 oder mehr Jahre Zeit bis zu ihrem gesetzlich vorgesehenen Ruhestand. Das ist ein langer Anlagehorizont. Das Geld muss also nicht schnell verfügbar sein. Die Rendite sollte relativ hoch sein, um Geldwertverluste durch Inflation ausgleichen zu können. Bis einige Jahre vor dem Zieltermin können Anleger auch noch größere Wertschwankungen der Anlage aussitzen. Je nach dem bis dahin angesparten Vermögen sollte in der Anlage-Schlussphase dann in sichere, weniger schwankungsreiche Anlagen umgeschichtet werden, denn dann steht der benötigte Betrag zur Verfügung, wenn er gebraucht wird.

So können und sollten auch sehr risikoscheue Anleger bei einem Anlagehorizont von zehn und mehr Jahren einen Teil ihres Anlagevermögens im Aktienmarkt anlegen. Der MSCI World Index spiegelt die Entwicklung von über 1600 Aktien aus 23 Industrieländern wider – und damit relativ genau die Entwicklung der Weltwirtschaft. In ihn kann man etwa mit einem ETF investieren (siehe S. 53 „Passive Fonds – ETF sind ein Renner).

Wie die Grafik „Entwicklung des MSCI-World trotz Krisen“ zeigt, wurden in der Vergangenheit Kursrutsche am Weltaktienmarkt, dargestellt am MSCI World Index, nach einiger Zeit immer wieder ausgeglichen und der Markt entwickelte sich zu neuen Höchstwerten. Anleger, die lange genug dabeiblieben, konnten so Renditen erzielen, die mit sicheren Festzinsanlagen nicht möglich gewesen wären. Sie mussten dafür allerdings auch Durststrecken von mehreren Jahren durchhalten

Anlageziel: Eigenkapital für das Eigenheim ansparen

Wenn Sie ein Eigenheim kaufen wollen, werden Sie in der Regel einen Großteil des Kaufpreises über ein Bankdarlehen finanzieren. Banken verlangen aber einen gewissen Eigenkapitalanteil, den Sie beisteuern müssen: Als Faustregel gilt, dass Sie selbst 10 bis 20 Prozent des Kaufpreises sowie sämtliche Kaufnebenkosten (Makler-, Notar-, Grundbuchgebühr, Grunderwerbsteuer) aufbringen müssen. Bei einem Kaufpreis von 300 000 Euro für die gewünschte Immobilie und 10 Prozent Nebenkosten würde das bedeuten, dass Sie 60 000 bis 90 000 Euro Eigenkapital vorweisen müssten.

Der Zeitraum, in dem Sie die Immobilie kaufen wollen, hat dabei erheblichen Einfluss darauf, welche Anlagemöglichkeiten für Ihr Anlagekapital infrage kommen. Wollen Sie in den nächsten drei bis fünf Jahren kaufen, scheiden riskantere und damit auch renditeträchtigere Anlagen, die in ihrem Wert schwanken, für Sie aus. Wenn

Das Auf und Ab an der Börse

In der Vergangenheit wurden Kursrückschläge immer wieder aufgeholt (vgl. auch Grafik S. 112–113).

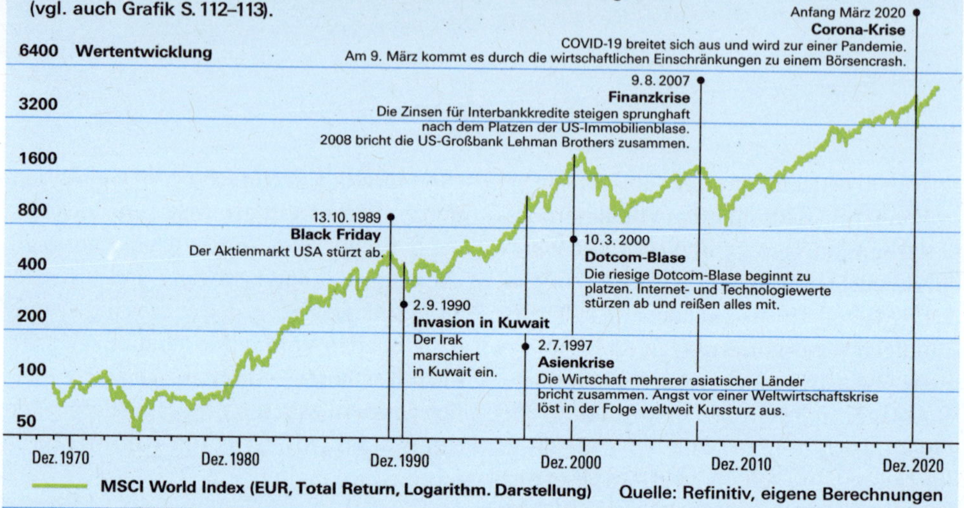

diese nur mit Verlust flüssig gemacht werden könnten, würde das den Traum vom Eigenheim zumindest im vorgestellten Zeitraum vermutlich zunichtemachen. Die Anlagen müssten (zunächst) aber auch nicht täglich verfügbar sein, sodass zum Beispiel sogenannte Festgeldanlagen mit dreijähriger Laufzeit die richtige Wahl wären. Benötigen Sie hingegen mehr Kapital, um überhaupt das nötige Eigenkapital aufbringen zu können, müssen Sie oft mit einem Anlagehorizont von mehr als fünf Jahren rechnen. Dafür kommen zumindest teilweise auch renditestärkere Anlagen infrage.

Anlageziel: Sparen für bald fällige Ausgaben

Sind in wenigen Jahren Sanierungsarbeiten an Ihrem Haus oder „Ersatzinvestitionen“ wie ein neues Auto oder eine neue Küche fällig? Dann sollten Sie ebenfalls nicht in schwankungsreiche Anlagen investieren, die dann im schlechtesten Fall nur mit Verlust aufgelöst werden können. Hier stehen die Verfügbarkeit und die Sicherheit der Anlage gegenüber der Rendite im Vordergrund. Jeder von uns hat immer wieder mal mit Ersatzinvestitionen zu rechnen. Daher sollte immer ein Teil des Gesamtvermögens für diesen Zweck bereitstehen.

Anlageziel: Für Zeiten mit höherem Geldbedarf oder geringerem Einkommen

Planen Sie, in einigen Jahren eine Auszeit zu nehmen, zum Beispiel, um eine Weltreise zu machen oder um ein Sabbatical einzulegen, oder wollen Sie für die Zeit vorsorgen, in denen Ihre Kinder studieren?

Im letzteren Fall steigt Ihr Kapitalbedarf, um Unterkunft und sonstige Kosten der Kinder zu finanzieren, Sie haben aber noch Ihre Einkünfte aus Ihrer beruflichen Tätigkeit. Bei der Auszeit vom Job hingegen fallen auch diese Einkünfte aus. Dennoch haben alle Szenarien die Gemeinsamkeit, dass Sie sicherstellen müssen, dass zum geplanten Zeitraum genügend Kapital vorhanden ist und dass dieses Kapital dann auch verfügbar (liquide) ist.

Dauert es noch einige Jahre, mindestens fünf Jahre oder länger, sollte Ihr Anlagemix auch chancenreichere Investments umfassen, um das benötigte Zusatzkapital aufzubauen. Ungefähr zwei Jahre vor dem Start des Anlageziels können Sie dann die chancenreicheren Anlagen wie zum Beispiel Aktienfonds langsam in planbarere Anlagen wie Festgelder umschichten. Damit sichern Sie sich die Möglichkeit, höhere Renditen zu erzielen, müssen aber durch die rechtzeitige Umschichtung in sicherere Anlagen nicht möglicherweise während einer sogenannten Baisse verkaufen. Als Baisse werden in der Fachsprache Phasen anhaltender Kursrückgänge an der Börse bezeichnet.

Alle Szenarien der Anlageziele haben die Gemeinsamkeit, dass Sie sicherstellen müssen, dass zum geplanten Zeitraum genügend Kapital vorhanden ist und dass dieses Kapital dann auch verfügbar (liquide) ist.

Steht Ihr Ziel in wenigen Jahren an, gilt wie beim Anlageziel „Sparen für bald fällige Ausgaben“: Liquidität und Sicherheit der Anlagen haben Vorrang.

Wie sicher oder aufwendig darf Ihre Anlage sein?

Sich um seine Geldanlagen zu kümmern, bedeutet einen gewissen Zeitaufwand. Wie viel Kraft und Hingabe wollen oder können Sie aktivieren?

Sie wissen jetzt, wie man Geldanlagen anhand des magischen Dreiecks der Geldanlage klassifizieren kann. Sie haben sich Gedanken über Ihre Risikotragfähigkeit und Ihre Risikobereitschaft gemacht, und Sie kennen die Bedeutung des persönlichen Anlagehorizontes für die Auswahl der richtigen Anlagen.

Sie wissen auch, dass Sie schnell verfügbare Geldanlagen brauchen und Ihre längerfristigen Anlagen aus einer Mischung aus sicheren und chancenreichen (dafür riskanteren) Anlagen bestehen sollten.

Bevor Sie nun mit dem Investieren beginnen, sollten Sie sich aber noch darüber klar werden, welchen Aufwand Sie mit Ihren Anlagen betreiben wollen.

Das magische Dreieck wird dann faktisch noch um die Dimension „Aufwand" erweitert. Im Sinne einer leicht verständlichen Einteilung kann man Anfänger grob in drei Gruppen sortieren: sicherheitsbedürftige, pragmatische und engagierte Anleger.

Der sicherheitsbedürftige Anleger

Als sicherheitsbedürftiger Anleger möchten Sie sich möglichst wenig um Ihre Geldanlagen kümmern. Ihnen ist es wichtig, einfach strukturierte Anlagen zu haben, die während ihrer Anlagedauer keine Überwachung erfordern.

Ihre Investments müssen also auch nicht täglich verfügbar sein. Als sicherheitsbedürftiger Anleger wollen Sie das gute Gefühl haben, zu wissen, was am Ende bei Ihrer Investition herauskommt. Da Sie wenig in Ihre Investitionen eingreifen wollen und dies auch oft mangels jederzeitiger Liquidierbarkeit der Anlagen gar nicht könnten, steht die Sicherheit Ihrer Anlagen im Vordergrund.

Bei der Einteilung eines Anlegerportfolios in die Risikoklassen kommt für Sie nur die geringe Risikoklasse in Betracht. Sie sind nicht bereit, Verlustrisiken einzugehen. Ihr vorrangiges Ziel ist der Kapitalerhalt ohne Berücksichtigung von Inflation. Renditeaspekte ordnen Sie diesem Ziel weitgehend unter.

Der pragmatische Anleger

Als pragmatischer Anleger wissen Sie, dass Sie sich schon etwas um Ihre Anlagen kümmern müssen, um höhere Renditechancen als ein sicherheitsbedürftiger Anleger wahrnehmen zu können.

Sie möchten Ihre Anlagen verstehen und sind bereit, diese regelmäßig (zum Beispiel zweimal im Jahr) zu überprüfen und gegebenenfalls anzupassen. Das Verhältnis sicherer zu riskanteren Anlagen richtet sich vor allem nach Ihrer persönlichen Risikoeinstellung und Ihrem Anlagehorizont. Danach sind für Sie Anlagen sowohl mit geringem als auch mittlerem Risiko denkbar.

Anlagen mit einem hohen Risiko sind oft auch komplexer und erfordern solide Kenntnis über ein breites Spektrum von Anlageklassen. Für Anfänger bei der Geldanlage kommen sie daher zunächst nicht in Betracht.

Der engagierte Anleger

Engagierte Anlegerinnen und Anleger wollen sich gründlich in den neuen Themenbereich Geldanlage einarbeiten. Sie möchten sowohl die Details der einzelnen Anlagen als auch deren Zusammenwirken genau kennen. Sie sind außerdem bereit, ihre Anlagen laufend zu überwachen.

Sie können daher einen höheren Anteil riskanterer Anlagen besitzen, sofern bei diesen ein Eingreifen in Form von Verkaufen oder Umschichten möglich ist. Als Lohn ihrer Mühen erwarten sie auch bessere Renditechancen als die der beiden anderen Anlegertypen.

Solange Sie aber noch Anfänger bei der Geldanlage sind, sind komplexere Anlagen mit hohem Risiko dennoch nicht empfehlenswert.

Keine Angst – für jeden Anlegertyp ist eine vernünftige und erfolgversprechende Geldanlage mit einem soliden Grundwissen und vertretbarem Aufwand leicht umsetzbar.

Welcher Anlegertyp sind Sie?

Wenn Sie noch nicht genau wissen, welcher Anlegertyp Sie sind oder sein wollen, ist das kein Problem. In den nächsten Kapiteln erfahren Sie genauer, welche Anlagemöglichkeiten für Sie in Betracht kommen und wie Sie Ihre persönliche Geldanlage auch praktisch umsetzen können. Sie werden mehr und mehr verstehen, worauf es bei der Geldanlage ankommt und was Sie, neben Geld, dafür an Zeit und Aufwand investieren müssen. Keine Angst – für jeden Anlegertyp ist eine vernünftige und erfolgversprechende Geldanlage mit einem soliden Grundwissen und vertretbarem Aufwand leicht umsetzbar.

Haben Sie sich gedanklich schon als sicherheitsbedürftigen, pragmatischen oder engagierten Anleger einsortiert, können Sie nun loslegen und sich mithilfe der folgenden Kapitel Ihr eigenes Portfolio entwickeln.

Welcher Anlegertyp werden Sie in Zukunft sein?

Natürlich ist die von Ihnen selbst vorgenommene Zuordnung in einen der Anlegertypen nicht in Stein gemeißelt.

Vielleicht sind Sie beispielsweise nur anfangs ein sicherheitsbedürftiger Anleger, finden aber nach und nach Interesse daran, etwas mehr Zeit und Risiko in Ihre Geldanlagen zu stecken und entwickeln sich zum pragmatischen oder engagierten Anleger.

Die Einteilung soll Ihnen lediglich eine Richtschnur geben, welche Anlagen für Sie in Betracht kommen, welche Risiken sie bedeuten und welche Renditeerwartungen unter den gegebenen Voraussetzungen realistisch sind.

Anlageprodukte, Konzepte und Strategien

Die wichtigsten Anlageformen sind festverzinsliche Anlagen und aktienbasierte Anlagen wie gemanagte Fonds und ETF. Lernen Sie hier das Wichtigste zu diesen Investmentmöglichkeiten und finden Sie eine für Sie passende Anlagestrategie.

In diesem Kapitel stellen wir Ihnen die wichtigsten Anlageprodukte vor. Dazu gehören sogenannte Bankeinlagen und Anleihen, Investmentfonds und vieles mehr.

Manche Produkte stehen im Zusammenhang mit dem Börsenhandel. Börse – das klingt vielleicht gewaltig. Doch keine Angst, es geht auch sanft. Sie erhalten in diesem Kapitel dazu das maximal nötige Basiswissen.

Wir zeigen Ihnen außerdem, welche Rendite und welches Risiko in den einzelnen Anlageformen stecken können, und wie sich mögliche Verluste einschätzen lassen.

Wer Geld anlegen will, braucht die richtige „persönlich passende" Strategie. Und die lässt sich erlernen, egal, ob Sie sich als sicherheitsbedürftig, pragmatisch oder engagiert einschätzen. Wichtig ist, dabei das Anlageziel nicht aus den Augen zu verlieren.

Wer auch nachhaltige Angebote nutzen möchte, findet zudem am Kapitelende einen Abschnitt mit Tipps, um Geld in Anlagen mit gewissen ethisch-ökologischen Standards zu investieren.

Zinsanlagen bei Banken und Sparkassen

Die einfachsten Anlageprodukte sind sogenannte Bankeinlagen. Sie bieten meist feste Zinssätze und unterliegen der gesetzlichen Einlagensicherung.

Beim Start in die Geldanlage werden Sie es vor allem mit Anlagen zu tun haben, die Sie über eine Bank oder Sparkasse erwerben können. Die am leichtesten verständlichen Anlagen sind die festverzinslichen Anlagen, bei denen der Anleger in Form eines Einmalbetrags oder regelmäßiger Sparbeträge einer staatlichen Institution, einem Unternehmen oder einer Bank für eine bestimmte oder unbestimmte Zeit darlehensweise Geld leiht. Dafür erhält der Anleger ein Entgelt, nämlich den vorher vereinbarten Zins. Der Anleger kann nach der zuvor vereinbarten Zeit oder nach einer Kündigung sein verliehenes Geld zurückverlangen. Während der Laufzeit der Anlage kann der andere mit dem Geld arbeiten. Eine Bank kann zum Beispiel das geliehene Geld an andere Privatpersonen und Unternehmen zu einem höheren Zins weiterverleihen. Ein Unternehmen könnte beispielsweise mit dem Geld seinen Maschinenpark erweitern.

Systematik der Zinsanlagen – eine Auswahl

Bankeinlage	Sonstige Zinsangebote	Wertpapiere
Sparbücher	Sparangebote der Wohnungsgenossenschaften	Staatsanleihen
Sparbriefe	Genussscheine	Pfandbriefe
Tagesgeld		Unternehmensanleihen
Festgeld		Spezielle Anleiheformen
		Zertifikate

Der Vorteil von Zinsanlagen ist, dass diese in der Regel nominalwertsicher sind. Das bedeutet, dass Sie zum Laufzeitende den vereinbarten Nominalwert zurückbezahlt bekommen. Der Nominalwert (auch Nennwert genannt) ist in der Wirtschaft der in Geld ausgedrückte Wert, der auf gesetzlichen Zahlungsmitteln wie Geldscheinen oder Wertpapieren aufgedruckt ist. Wenn Sie 1000 Euro in eine nominalwertsichere Anlage investieren, erhalten Sie 1000 Euro zurück und meist noch einen Zins obendrauf. Dabei wird natürlich vorausgesetzt, dass der Schuldner – also beispielsweise die Bank oder das Unternehmen, dem Sie Ihr Geld geliehen haben – zahlungsfähig bleibt. Da auch der Zinssatz fest vereinbart ist, können Sie also schon zu Beginn der Investition voraussagen, welches Kapital Sie am Ende des Anlagezeitraums zurückbekommen und welche Rendite das bedeutet.

Die einfachsten Anlageformen der Zinsanlagen sind die sogenannten Bankeinlagen, also Anlagen, bei denen Kunden ihr Geld bei einer Bank „einlegen". Zu den Bankeinlagen gehören zum Beispiel das Sparbuch sowie Tages- oder Festgeldkonten.

Sparbuch und Tagesgeld

Bei vielen Deutschen ist das Sparbuch oder Sparkonto noch eine der Hauptanlagen. Das verwundert doch sehr, denn Banken und Sparkassen zahlen nahezu keine Zinsen mehr darauf. Als Anlageform ist das Sparbuch nach Abzug der Inflation ein wahrer

30 SEKUNDEN FAKTEN

40 %

Ungefähr so viele, vermutlich noch mehr Bundesbürger besitzen noch ein Sparbuch oder Sparkonto. Ein Sparkonto ist, anders als ein Girokonto, nicht für den Zahlungsverkehr bestimmt.

2000 €

und keinen Cent darüber können Sparbuchkunden pro Monat kostenfrei vom Guthaben abheben. Holen sie mehr oder halten sie die Kündigungsfrist nicht ein, kann die Bank Vorschusszinsen berechnen.

3 MONATE

beträgt die Kündigungsfrist bei Sparbüchern. Erst dann kommt man an sein ganzes Vermögen.

Quelle: Statista

Geldvernichter. Lediglich in zwei Bereichen kann es noch sinnvoll genutzt werden: um Kinder an den Umgang mit Geld und Bankgeschäften zu gewöhnen und zur Anlage einer Mietkaution.

Etwas bessere Zinsen als ein Sparbuch bei täglicher Verfügbarkeit und gleicher Sicherheit bietet ein Tagesgeldkonto. Dieses kann für in Kürze benötigtes Geld als kurzfristige Parkposition bis zur nächsten längerfristigen Anlage und für Ihre Notfallreserve genutzt werden. Hier gibt es eine Faustregel: Drei bis fünf Monatsgehälter sollten auf einem Tagesgeldkonto liegen. Ein Tagesgeldkonto wird als reines Guthabenkonto geführt und ist in der Regel nicht für den Zahlungsverkehr vorgesehen. Dazu benötigen Sie ein sogenanntes Referenzkonto, in der Regel Ihr Girokonto. Das ist das Konto, auf das beispielsweise die Rückzahlung der Anlage bei Fälligkeit erfolgt.

Der Zinssatz bei einem Tagesgeld ist nicht für einen bestimmten Zeitraum festgelegt, sondern variabel. Wie hoch der Zins jeweils ist, hängt vom allgemeinen Zinsniveau und von der jeweiligen Bank ab. Einigermaßen vernünftige Zinsen finden Sie normalerweise nur bei Direktbanken im Internet. Das sind Banken, die keine Filialen betreiben und nur telefonisch oder über das Internet erreichbar sind. Sie unterliegen aber den gleichen bankenaufsichtsrechtlichen Bestimmungen wie Filialbanken. Häufig sind sie Tochtergesellschaften von Finanzkonzernen oder sie sind Autobanken, die sich früher nur auf die Finanzierung von Neu- und Gebrauchtwagen beschränkt haben, wie zum Beispiel die VW Bank, die BMW Bank oder die Renaultbank. Die Tagesgeldkonten bei Direktbanken heißen häufig „Extrakonto", „Direktkonto" oder „Geldmarktkonto".

Oft bieten Direktbanken sogenannte Lockangebote für Neukunden. Bei diesen Angeboten gelten besonders attraktive Zinsen nur für eine gewisse Zeit und einen bestimmten Maximalbetrag oder sind an die Eröffnung eines Wertpapierdepots gekoppelt. Wenn Sie die Bedingungen der Lockangebote kennen, verstehen und akzeptieren, spricht grundsätzlich nichts dagegen, diese zu nutzen. Es steht Ihnen frei, nach Auslaufen der Neukundenkonditionen ein anderes Lockangebot bei einer anderen Bank abzuschließen.

Meiden sollten Sie allerdings Tagesgeldkonten mit folgenden „Nebenwirkungen":

- **Unerwünschte Nebenkosten:** Bei manchen Angeboten werden Kunden zwar mit hohen Zinsen gelockt, gleichzeitig verlangt der Anbieter aber Gebühren für die Kontoführung, für Überweisungen oder für den Versand der Kontoauszüge. Dies schmälert wiederum die jährliche Rendite. Sie sollten nur kostenlose Tages- und auch Festgelder wählen.
- **„Falsche" Zinstreppe:** Mitunter hängen die Zinsen vom Einzahlungsbetrag ab. So werden beispielsweise Summen

über 10 000 Euro mit 1 Prozent verzinst, Einzahlungen darunter nur mit 0,5 Prozent. Das ist legitim, solange der höhere Zins für den gesamten Einzahlungsbetrag gilt. „Falsch" wird es, wenn lediglich der Betragsanteil über 10 000 Euro mit 1 Prozent verzinst wird. Bei einer Einzahlung von 15 000 Euro würden Sie dann statt 150 Euro Zinsen pro Jahr (= 1 Prozent auf 15 000 Euro) nur 100 Euro (0,5 Prozent auf 10 000 Euro + 1 Prozent auf 5 000 Euro) erhalten.

Vergessen Sie über dem Management Ihrer Tagesgeldkonten aber nicht Ihr Girokonto. Überziehungszinsen auf dem Girokonto sind ein absoluter Renditekiller. Sorgen Sie daher immer für ausreichend Guthaben und füllen Sie das Girokonto bei Bedarf mit Geld vom Tagesgeldkonto auf.

Festgeld

Mit einem Festgeld, auch Termingeld genannt, können Sie Ihr Geld zu einem festen Zinssatz über einen bestimmten Zeitraum anlegen. Die Zinsen sind meist höher als bei einem Tagesgeld und auch nicht variabel. Sie wissen also genau, welche Rendite am Ende der Laufzeit herauskommt. Das Geld ist aber auch wirklich „fest", Sie kommen während der Laufzeit nicht daran. Es gibt kurzfristige Festgelder mit Laufzeiten ab 30 bis meist 360 Tagen und längerfristige mit bis zu zehn Jahren Laufzeit. Anders als bei Tagesgeldern gibt es bei Festgeldern oft einen Mindestanlagebetrag zwischen 500 und 10 000 Euro.

Wie viel Zinsen Sie mit einem Festgeld verdienen können, hängt vom allgemeinen Zinsniveau und der Anlagedauer ab. Je länger die Laufzeit, desto höher ist in der Regel

Renditeoptimierung mit Zinshopping. Vergleichen Sie regelmäßig die Zinskonditionen von Tagesgeldanbietern. Da Sie Tagesgeldkonten jederzeit kündigen können, lässt sich mit vertretbarem Aufwand die Rendite Ihrer Tagesgelder verbessern. Einen regelmäßig aktualisierten Überblick über die besten Konditionen von Tagesgeldkonten finden Sie unter test.de/zinsen. Berücksichtigt werden nur Angebote ohne Kosten und Nebenbedingungen. Bequeme Anleger, die nicht ständig kontrollieren möchten, ob das von ihnen gewählte Tagesgeldkonto noch gut ist, können Angebote unter der Rubrik „Dauerhaft gut" wählen. Dort werden Produkte gelistet, die seit mindestens zwei Jahren unter den Top 20 der Finanztest-Wertung sind.

der Zinssatz. Die Differenzen zwischen den verschiedenen Banken sind allerdings enorm. Gute Angebote finden Sie wie beim Tagesgeld nur bei (oft wenig bekannten) Direktbanken im Internet. Auch hier können Sie die Übersichten unter test.de/zinsen nutzen, um die besten Festgeldangebote herauszufiltern. Bei Festgeldern mit mehrjähriger Laufzeit werden die Zinsen üblicherweise jährlich auf das vereinbarte Giro- oder Tagesgeldkonto ausgezahlt. Es gibt aber auch Angebote, bei denen die Zinsen jährlich dem Anlagekonto gutgeschrieben und im nächsten Jahr mitverzinst werden (Zinseszins). Diese sind besonders empfehlenswert, da das Kapital wächst und man sich nicht um die Anlage der Zinsen kümmern muss.

Es gibt aber insbesondere von Auslandsbanken Angebote, bei denen die gesamten Zinsen erst am Laufzeitende gutgeschrieben werden, man nennt das auch „endfällige Zinszahlung". Dies ist meist ungünstig, da die gesammelten Zinserträge mehrerer Jahre in einer Summe versteuert werden müssen und die Freibetragsgrenzen von 801 Euro für Ledige (1602 Euro für Verheiratete) dann schnell überschritten werden.

→ Achten Sie auf Zinseszins und Laufzeitende

Manche Banken zahlen keinen Zinseszins, sondern verzinsen nur am Laufzeitende die angelegte Sparsumme. Dann werden keine Zinsen gutgeschrieben, die im nächsten Jahr mitverzinst werden. Das schmälert die Rendite natürlich deutlich. Achten Sie bei Ansammlung der Zinsen immer darauf, dass ein Zinseszins berechnet und gezahlt wird.

Manche Verträge müssen Sie vor Ablauf der Laufzeit kündigen. Sonst kann es passieren, dass die Bank das Geld wieder zu derselben Laufzeit oder für einen anderen Zeitraum anlegt – allerdings zu den dann aktuellen Zinssätzen. Es gibt aber Anbieter, die ihre Kunden rechtzeitig vorher anschreiben.

Die Sicherheit von Tages- und Festgeldern

Tagesgeldkonten und Festgelder sind in der gesamten Europäischen Union durch die gesetzliche Einlagensicherung geschützt. Die Einlagensicherungsgrenze beträgt 100 000 Euro je Anleger und je Bank. Im Pleitefall einer Bank ist das Sicherungssystem des jeweiligen Landes der Bank zuständig, denn es gibt bisher noch keine gemeinsame europäische Einlagensicherung. Auch wenn die Richtlinie zur Einlagensicherung EU-weit gilt, sind Banken aus Ländern mit einer besseren Bonität sicherer als aus Ländern mit größeren wirtschaftlichen Problemen. Zu den Ländern mit einer Topbewertung gehören derzeit Belgien,

Deutschland, Frankreich, Großbritannien, Luxemburg, die Niederlande, Norwegen, Österreich und Schweden.

Trotz des Ausstiegs Großbritanniens aus der EU können Anleger ohne Bedenken bei britischen Banken Tages- und Festgeldangebote in Euro abschließen. Sie sollten aber wegen des durch den Brexit gestiegenen Wechselkursrisikos einen deutlichen Puffer zu den sonst in der EU abgesicherten 100 000 Euro einplanen. Stiftung Warentest empfiehlt, derzeit maximal 80 000 Euro pro Bank anzulegen. Denn im Fall einer Bankpleite garantiert die britische Einlagensicherung nämlich nur den Gegenwert von 85 000 britischen Pfund. Etwas anderes gilt für britische Banken, die zusätzlich Mitglied im freiwilligen Einlagensicherungsfonds des Bundesverbands deutscher Banken (BdB) sind. Dann sind Millionenbeträge abgesichert.

Auch in Schweden sollten Sparer wegen des Wechselkursrisikos nicht mehr als 80 000 Euro anlegen. Die schwedische Einlagensicherung garantiert im Fall einer Bankpleite den Gegenwert von 950 000 Kronen.

Neben der gesetzlichen Einlagensicherung besteht bei den meisten Banken in Deutschland noch ein zusätzlicher Schutz über die Sicherungseinrichtungen der verschiedenen Bankenverbände. Einen Rechtsanspruch auf Entschädigung gibt es aber nur bei der gesetzlichen Einlagensicherung.

Wer kennt sich aus?

Die Stiftung Warentest informiert über die Einlagensicherung aktuell getesteter Banken: test.de, Suche „Tagesgeldvergleich" bzw. „Festgeldvergleich", dann links: „Tabelle: So funktioniert die Einlagensicherung für Anleger in Deutschland".

Der Einlagensicherungsfonds des Bundesverbandes deutscher Banken schützt die Guthaben der Kunden von Mitgliedsbanken bis zu einer Sicherungsgrenze von 15 Prozent des haftenden Eigenkapitals der Bank pro Person. Das sind meist mehrere Millionen Euro. Dem Fonds sind derzeit rund 140 Banken in Deutschland angeschlossen, darunter auch viele Tochterunternehmen ausländischer Banken. Ob Ihre Bank auch dazugehört, können Sie unter einlagensicherungsfonds.de abfragen.

Während im Einlagensicherungsfonds private Banken Mitglieder sind, haben die Volks- und Raiffeisenbanken sowie die Sparkassen in Deutschland eigene Sicherungssysteme, die sogenannten Institutssicherungen, die Kundengelder in voller Höhe absichern, indem die Insolvenz eines in Schieflage befindlichen Mitgliedsinstitutes durch Stützungsmaßnahmen verhindert wird.

Zinsportale

Seit einigen Jahren finden Anleger im Internet sogenannte Zinsportale. Solche Internetplattformen wie Weltsparen oder Zinspilot vermitteln Kunden auch viele unterschiedliche Zinsangebote bei ausländischen Banken. Früher waren dies meist Angebote von Banken aus Ländern mit schwacher Wirtschaftsleistung wie Italien, Portugal oder Bulgarien. Das Risiko, im Pleitefall einer solchen Bank zumindest länger auf eine Entschädigung warten zu müssen, ist höher einzuschätzen als beispielsweise bei einer deutschen, schwedischen oder niederländischen Bank.

Zwar gilt in allen EU-Ländern die gesetzliche EU-Einlagensicherung von 100 000 Euro, doch ist zumindest fraglich, ob die Einlagensicherung des jeweiligen Landes Anleger im Falle einer Bankenpleite zeitnah entschädigen könnte.

In die Zinsvergleiche der Stiftung Warentest werden daher nur Banken aus Ländern der EU oder des Europäischen Wirtschaftsraumes aufgenommen, deren Wirtschaftskraft von allen drei großen Ratingagenturen als „sicher“ oder „sehr sicher“ eingestuft wird (Rating AAA oder AA). Dieses Kriterium erfüllen viele Angebote bei Zinsportalen nicht.

Ein weiterer Punkt, den Sie beachten sollten, ist die Quellensteuer. Zum Beispiel bei Angeboten von Banken aus Portugal, Bulgarien und Polen werden auf Zinszahlungen ausländische Quellensteuern erhoben. Auch diese Angebote sollten Sie nicht abschließen, denn die Quellensteuer schmälert Ihren Ertrag.

Neben Angeboten in Euro gibt es bei Zinsportalen auch solche, die auf fremde Währungen lauten. Sie versprechen teilweise einen ungleich höheren Zins gegenüber den Euro-Angeboten. Für Anleger, die eine verlustfreie Anlage suchen, sind diese Angebote wegen des Wechselkursrisikos aber nicht geeignet.

Es gibt bei Zinsportalen aber durchaus Angebote, die auch die Stiftung Warentest empfiehlt. Und in Zeiten extremer Niedrigzinsen ist es mitunter erforderlich, sich auch bei ausländischen Banken umzusehen. Anleger, die ihr Geld bei einem Zinsportal anlegen möchten, müssen sich dort anmelden und ein Verrechnungskonto bei einer deutschen Partnerbank des Portals eröffnen. Anschließend können sie alle Angebote des Zinsportals online abschließen und verwalten. Das ist bequem. Sie müssen bei Fälligkeit einer Festgeldanlage nicht erst wieder ein Konto bei einer anderen Bank eröffnen, die dann bessere Zinskonditionen anbietet.

Wie Sie ein passendes Tages- und Festgeldkonto finden, erfahren Sie im Kapitel „Konten und Depots eröffnen“, siehe S. 76.

Sparbriefe

Eine Alternative zu Festgeldern sind Sparbriefe, die eine Zwischenstellung zwischen einer klassischen Kontenanlage und einem festverzinslichen Wertpapier einnehmen. Sie werden aber nicht an der Börse gehandelt, sondern von einer Bank oder Sparkasse verkauft. Manche Banken nennen auch ihre Festgelder Sparbriefe. Wie beim Festgeld gibt es auch bei Sparbriefen verschiedene Laufzeiten. Das Kapital wird am Ende der Laufzeit ohne Kündigung fällig und auf ein Konto des Anlegers überwiesen. Neben der Variante mit jährlicher Zinszahlung gibt es auch Produkte, die die Zinsen über mehrere Jahre ansammeln und am Ende der Laufzeit zusammen mit dem angelegten Kapital zurückzahlen.

Das Wichtigste zu Anleihen

Auch an der Börse gibt es festverzinsliche Anlagen. Beim derzeitigen Zinsniveau ist es aber schwer, attraktive Wertpapiere von einigermaßen sicheren Herausgebern zu finden.

Neben den Bankeinlagen und Sparbriefen gibt es noch die Möglichkeit, über Anleihen in festverzinsliche Anlagen zu investieren. Anleihen sind Wertpapiere mit einer begrenzten Laufzeit. Sie werden auch als Renten, Bonds, Obligationen oder Schuldverschreibungen bezeichnet. Mit dem Kauf einer Anleihe leihen Sie dem Herausgeber der Anleihe, dem sogenannten Emittenten, Kapital, das dieser für seine Zwecke nutzen kann. Der Emittent verspricht Ihnen dafür Zinszahlungen in bestimmter Höhe und die Rückzahlung des Kapitals zu einem festgelegten Zeitpunkt. Herausgeber von Anleihen (Emissionen) sind Staaten wie Deutschland und die USA, Bundesländer und Kommunen, öffentlich-rechtliche Institutionen, Banken oder Unternehmen.

Die Sicherheit bei Anleihen

Je niedriger die Bonität (Kreditwürdigkeit) des Emittenten ist, umso höhere Zinsen muss er grundsätzlich den Anlegern zahlen, damit diese das Risiko eingehen, ihm Geld zu leihen. Anleihen des deutschen Staates bieten daher zum Beispiel sehr niedrige Zinsen, da die Bundesrepublik Deutschland als Emittent eine hohe Bonität besitzt. Höhere Renditen bieten Ihnen Staatsanleihen „unsicherer" Länder oder von Unternehmen.

Für Privatanleger ist es natürlich schwer, die Kreditwürdigkeit eines Staates oder

Die Bonitätsstufen der Ratingagenturen

Bewertung der Ratingagentur	Bedeutung
Investment Grade	
AAA/Aaa	Sehr sichere Anlage
AA+ bis AA– / Aa1 bis Aa3	Sichere Anlage, nur langfristig vielleicht Neubewertung nötig
A+ bis A– / A1 bis A3	Sichere Anlage, solange Wirtschaft in normalem Maße schwankt
BBB+ bis BBB– / Ba1 bis Ba3	Sichere Anlage, aber nur solange Wirtschaft sich nicht verschlechter
Non-Investment Grade	
B+ bis B– / Ba1 bis Ba3	Spekulative Anlage, erhöhte Gefahr von Zahlungsausfällen
CCC+ bis C / Caa1 bis Caa3	Hochspekulative Anlage, hohe Gefahr von Zahlungsausfällen

von Unternehmen, die Anleihen herausgeben, zu beurteilen. Hier helfen die Einstufungen von Ratingagenturen wie Standard & Poor's (S & P), Moody's oder Fitch bei der Orientierung, die die Bonität von Emittenten überprüfen. Zwar ist ein Rating für Anleihen nicht vorgeschrieben. Dennoch lässt sich ein Großteil der Anleihe-Herausgeber freiwillig durchleuchten, um ihre Papiere besser loszuwerden.

Denn wie eine TÜV-Plakette soll ein positives Rating Vertrauen bei den Anlegern erzeugen. Die Analysten der Ratingagenturen analysieren dann den Emittenten und geben am Ende des Prüfungsverfahrens Ratingnoten: von der Bestnote AAA bis zum C bei S & P und Fitch beziehungsweise von Aaa bis C bei Moody's.

Nennwert und Kurswert

Da der Gesamtwert einer Anleiheemission meist einen mehrfachen Millionenwert ausmacht, wird diese in viele kleine Teilschuldverschreibungen gestückelt, die Anleger dann erwerben können. Den verbrieften Betrag jeder Stückelung bezeichnet man als „Nennwert" oder „Nominalwert".

Auf die Stückelung müssen Sie als Anleger achten und Ihren Anlagebetrag daran orientieren. Beträgt der Nennwert einer Anleihe beispielsweise 1000 Euro, müssen Sie mindestens 1000 Euro oder ein Vielfaches (in Tausenderschritten) davon anlegen. Sofern der Emittent zahlungsfähig bleibt, zahlt er dem Anleger zum Ende der Laufzeit den Nennwert zurück. Wer eine solide Anleihe so lange hält, macht keine Verluste und erhält die Rendite, die sich schon beim Kauf errechnete.

Während der Laufzeit schwankt der Wert einer Anleihe allerdings. Das kommt daher, dass Anleihen im Unterschied zu festverzinslichen Bankeinlagen während der Laufzeit an der Börse verkauft werden können. Der Verkaufspreis richtet sich – wie an der Börse üblich – nach Angebot und Nachfrage. Der sogenannte Kurswert gibt den aktuellen Wert einer Anleihe relativ zum Nennwert an. Der Nennwert beträgt 100 Prozent. Der Kurswert wird üblicherweise in Prozent notiert. Ist eine Anleihe stark nachgefragt, weil Anleger diese beispielsweise in Krisenzeiten als besonders sicher erachten, kann der Kurswert über 100 Prozent betragen. So notierten zu Hochzeiten der Eurokrise zum Beispiel Anleihen von als besonders sicher geltenden Emittenten wie Deutschland oder Norwegen weit über 100 Prozent. Umgekehrt kann der Kurswert weit unter 100 Prozent liegen, wenn zum Beispiel schlechte Nachrichten über den Emittenten und seine Bonität kursieren und Inhaber der Anleihe befürchten müssen, ihr Geld am Ende der Laufzeit nicht mehr zurückzubekommen.

Der Kurswert wird zudem von den aktuellen Marktzinsen beeinflusst. Steigen die Marktzinsen, fällt der Kurs einer bereits laufenden Anleihe, denn Anleger wollen dann lieber neue Anleihen mit höherem Zins kaufen. Wenn Sie Ihre Anleihe vor Ende der Laufzeit verkaufen müssen, kann das somit zu Verlusten, aber auch zu Gewinnen führen.

In den Jahren seit der Finanzkrise 2008/2009 haben die Notenbanken der Länder dafür gesorgt, dass das allgemeine Zinsniveau immer weiter gesunken ist. Durch niedrigere Finanzierungszinsen bei Banken sollten Unternehmen und Privatleute leichter Investitionen finanziert bekommen und damit die Wirtschaft gestärkt werden. Das führte aber auch dazu, dass Emittenten von Anleihen nur noch niedrigere Zinsen anbieten mussten, um für Anleger attraktiv zu sein.

Besonders sichere Anleihen, wie deutsche Staatsanleihen, bieten mittlerweile keine Renditen mehr. Im Gegenteil: Der Anleger zahlt mitunter dafür, dass er hier Geld anlegen darf.

Das niedrige Zinsniveau birgt und verstärkt das Risiko von Kursverlusten mit Anleihen. Auch wenn nicht absehbar ist, wann die allgemeinen Zinsen wieder steigen, sind dann Kursverluste zu erwarten.

Sie können eine Anleihe auch während ihrer Laufzeit zum Kurswert an der Börse kaufen. Kaufen Sie eine Anleihe zu einem Kurs unter 100 Prozent und halten sie bis zum Ende der Laufzeit, erzielen Sie dann Kursgewinne.

Beispiel: Der Kurs der Anleihe eines Unternehmens ist aufgrund schlechter Nachrichten auf 92 Prozent gesunken. Die Rest-

Wer kennt sich aus?

Unter test.de/anleihen finden Sie Kurse von in der Regel jederzeit handelbaren Anleihen. Die hohe Verfügbarkeit und Sicherheit dieser Papiere hat allerdings ihren Preis bei der Rendite. Diese liegt häufig nur geringfügig über 0 Prozent.

laufzeit der Anleihe beträgt noch zwei Jahre. Ein Anleger kauft die Anleihe für 9 200 Euro. Zum Ende der Laufzeit erhält der Anleger 10 000 Euro (100 Prozent) zurück und hat folglich einen Kursgewinn von 800 Euro erzielt.

Handelbarkeit und Wechselkursrisiko

Viele Anleihen werden allerdings nur in den ersten Monaten nach ihrer Emission an den Börsen rege gehandelt.

Zu den jederzeit problemlos handelbaren Anleihen gehören Bundesanleihen und sogenannte Jumbo-Pfandbriefe. Pfandbriefe sind mit Sicherheiten hinterlegte Anleihen von Banken und Sparkassen. Damit besorgen sich Banken am Kapitalmarkt Geld für Kredite, die sie vergeben. Die Kreditforderungen dienen als Sicherheit für die Pfandbriefe. Von Jumbo-Pfandbriefen spricht man, wenn deren Emissionsvolumen mindestens 1 Milliarde Euro beträgt.

Eine Anleihe wird vom Emittenten in einer bestimmten Währung ausgegeben, die aber nicht identisch mit der Heimatwährung des Anleiheherausgebers sein muss. Fremdwährungsanleihen, die sich nicht auf Euro, sondern eine andere Währung beziehen, unterliegen Wechselkursschwankungen.

Sinkt die Nominalwährung (zum Beispiel US-Dollar, Norwegische Kronen, britisches Pfund) gegenüber dem Euro, erleiden Sie als deutscher Anleger Währungsverluste; steigt die fremde Währung gegenüber dem Euro, können Sie Währungsgewinne einstreichen.

Manche Anleger finden ausländische Anleihen attraktiv, weil sie dafür höhere Zinsen bekommen. Doch Wechselkurse können so stark schwanken, dass höhere Zinserträge schnell wieder zunichte sind.

Aktien leicht verständlich

Um Anlagen, die auf Aktien basieren, kommen Sie in Niedrigzinszeiten nicht herum. Keine Angst, Sie werden das nötige Grundwissen schnell erlernen.

Aktien sind Wertpapiere, die eine Beteiligung an einer Aktiengesellschaft (AG) verbriefen. Der sogenannte Aktionär ist dann Miteigentümer der Aktiengesellschaft und unterscheidet sich rechtlich damit von einem Anleiheinhaber, der nur Gläubiger des Anleiheemittenten ist.

Ein Aktionär nimmt unmittelbar an der Entwicklung des Unternehmens teil. Prosperiert das Unternehmen, steigt der Wert der Aktien, im Falle einer Insolvenz können sie aber schlimmstenfalls auch wertlos werden.

Oftmals ist Anlegern vor allem die Aussicht auf Kursgewinne, also die Steigerung des Kurswertes der Aktie wichtig. Verkaufen sie eine Aktie zu einem Preis, der deutlich über ihrem Einkaufspreis liegt, realisieren sie einen Kursgewinn.

Der Kurs von börsennotierten Aktien entsteht aus dem Zusammenspiel von Angebot und Nachfrage nach Aktien der jeweiligen Unternehmen an der Börse.

- **Wollen viele Anleger** Aktien eines bestimmten Unternehmens kaufen, weil sie erwarten, dass sich dieses positiv entwickelt, wird der Preis der Aktie – ausgedrückt in ihrem Kurs – steigen.
- **Umgekehrt fällt eine Aktie,** wenn viele verkaufen wollen.

Was ist eine Börse?

Eine Börse ist ein amtlich überwachter Marktplatz, auf dem Wertpapiere wie Aktien, Anleihen, Fonds und Zertifikate gehandelt werden. Ein Wertpapier erkennen Sie daran, dass dieses eine eigene ISIN (Abkürzung für International Securities Identification Number) besitzt. Das ist eine Art Bestellnummer für Wertpapiere. Damit die Bank angesichts Zehntausender Wertpapiere auch genau die von ihren Kunden gewünschten besorgt, hat jedes Wertpapier eine solche „Ordnungsnummer". So kann es zweifelsfrei identifiziert werden. Diese international geltende zwölfstellige ISIN hat die sechsstellige Wertpapierkennnummer, kurz WKN, abgelöst. Es werden aber oft noch beide Nummern angegeben.

Ein wesentliches Ziel des Börsenhandels ist es, möglichst viele Käufer und Verkäufer zusammenzubringen. Früher waren es Menschen, die dafür schnell Angebot und Nachfrage erfassen und einen Preis festsetzen mussten. Sie kennen bestimmt auch die Bilder von Händlern in bunten Jacketts, die mehrere Telefonhörer gleichzeitig am Ohr haben, sich auf dem Börsenparkett drängeln, aufgeregt gestikulieren und rufen. Heute wird der Großteil der Aktiengeschäfte aber nicht mehr von Börsenhändlern, sondern automatisch von Computern abgewickelt. Anleihen hingegen werden noch häufig zwischen zwei Parteien, zum Beispiel einer Bank und einer Fondsgesellschaft, und damit nicht über eine Börse gehandelt. Als Privatanleger haben Sie keinen unmittelbaren Zugang zur Börse, sondern müssen eine Bank oder einen Broker zwischenschalten – sie sind zum Handel an der Börse zugelassen.

In Deutschland gibt es zurzeit acht Wertpapierbörsen. Die wichtigste ist die Frankfurter Börse mit ihren beiden Handelsplätzen „Börse Frankfurt" und „Xetra". An der Börse Frankfurt, also über die Händler am Börsenparkett, werden mehr als 1,4 Millionen Wertpapiere gehandelt, darunter Aktien von über 10 000 nationalen und internationalen Unternehmen, Anleihen, Fonds und strukturierte Produkte. Über das Computersystem Xetra sind rund 2 500 rege gehandelte Aktien sowie ETF und Rohstoffe (etwa ETC) verfügbar. Der Xetra-Handel macht 95 Prozent des gesamten Volumens an der Frankfurter Börse aus. Im Gegensatz zum Parketthandel gibt es über Xetra keine Makler, die den Handel zwischen Käufer und Verkäufer einer Aktie betreuen. Hier bringt das Computersystem automatisch passende Interessenten zusammen und berechnet die aktuellen Preise.

Die Kurse einer Aktie

Der Börsenkurs einer Aktie ist ihr an einer Börse festgestellter Preis. Es gibt dort aber nicht nur einen Kurs. Fachleute unterscheiden folgende Kursarten, die Ihnen auch als Anfänger begegnen werden:

ETF, ETC – was ist das? Der Oberbegriff für diese Wertpapiere ist ETP: Exchange Traded Products („börsengehandelte Produkte"). Die bekanntesten Produkte sind hier die ETF, börsengehandelte Fonds (F für „Funds"), eine Form von Investmentfonds. Ausführliches dazu ab S. 53. ETC sind ebenfalls börsengehandelte Wertpapiere, mit denen Anleger auf Rohstoffe (C für „Commodities") setzen können. Im Unterschied zu ETF sind ETC keine Fonds, sondern Schuldverschreibungen. Das heißt, das Geld der Anleger ist bei einer Pleite des Emittenten nicht durch ein Sondervermögen geschützt. Damit ETC-Anleger aber ähnlich geschützt sind wie ETF-Anleger, sind ETC häufig mit Sicherheiten unterlegt.

- **Geldkurs, Briefkurs und Spread.** Der Preis, zu dem Käufer bereit sind, Wertpapiere zu kaufen, wird als Geldkurs (englisch „Bid") bezeichnet. Im Gegensatz dazu ist der Briefkurs (englisch „Ask") der Kurs, zu dem Verkäufer bereit sind, zu verkaufen. Die Differenz zwischen Geld- und Briefkurs wird als Spread bezeichnet.
- **Eröffnungs-, Höchst-, Tiefst- und Schlusskurs.** Im Laufe eines Börsentages ändert sich der Kurs einer Aktie ständig. Vier Werte im Tagesverlauf sind für Börsianer besonders wichtig: Der Eröffnungskurs ist der erste Kurs des Börsentages. Der Höchst- und der Tiefstkurs (Tageshoch und Tagestief) zeigen die extremsten Aktienpreise eines Börsentages. Der Schlusskurs schließlich ist der letzte Kurs, der während des Börsenhandels festgestellt wurde.
- **Realtimekurs.** Bei Direktbanken und Finanzseiten im Internet werden Börsenkurse in der Regel mit 15- oder 20-minütiger Verzögerung angezeigt. Aktuelle Kurse in Echtzeit ohne Zeitverzögerung bezeichnet man als Realtimekurse.

Die Dividende

Die Rendite eines Aktieninvestments setzt sich nicht nur aus der realisierten Wertsteigerung beim Verkauf zusammen. Als Miteigentümer des Unternehmens erhält der Aktionär auch Gewinnausschüttungen, sogenannte Dividenden. Über die Höhe der Dividende entscheiden die Aktionäre auf der jährlichen Hauptversammlung des Unternehmens. Die Dividende wird in der Regel nicht in Prozent, sondern in Währungseinheit pro Stück angegeben.

Beispiel: Sie besitzen 200 Aktien eines Unternehmens und die Hauptversammlung beschließt eine Dividende von 3 Euro je Aktie, dann erhalten Sie 600 Euro.

→ Steuern: Ein kleiner Vorgeschmack

Von dem im Beispiel genannten Betrag von 600 Euro gehen allerdings noch 25 Prozent Abgeltungsteuer und 5,5 Prozent Solidaritätszuschlag ab, die von der Depotbank, die Ihre Aktien verwahrt, einbehalten werden. Sie würden im Beispiel also 441,75 Euro ausgezahlt bekommen (sofern Ihr Sparerpauschbetrag von 801 Euro beziehungsweise 1602 Euro – bei Eheleuten – bereits ausgeschöpft ist und Sie nicht kirchensteuerpflichtig sind). Mehr dazu lesen Sie im Abschnitt „Was ist mit der Steuer?" ab S. 157.

Welchen Anteil an der Rendite Wertentwicklung und Dividende bei Aktieninvestments in verschiedenen Anlageregionen hatten, zeigt das nachfolgende Balkendiagramm „Dividenden sind ein wichtiger Ertragsbestandteil".

Dividenden sind ein wichtiger Ertragsbestandteil

Dividenden leisten einen großen Beitrag zur Rendite von Aktien. Besonders deutlich zeigte sich das in den vergangenen 20 Jahren beim Europa-Index MSCI Europe, dessen Gesamtertrag zu mehr als 60 Prozent aus Dividenden stammte.

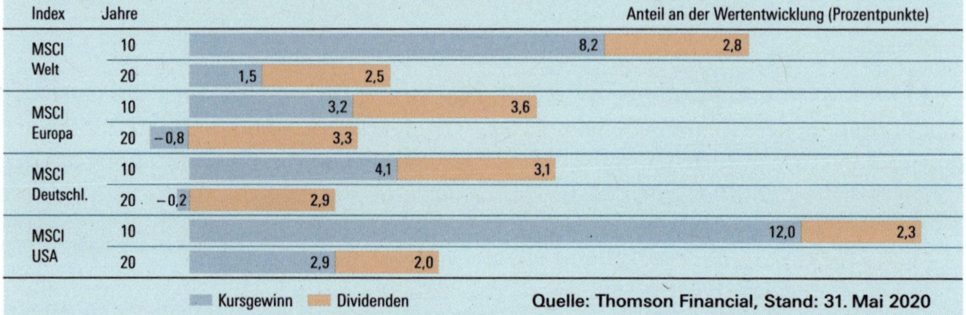

Quelle: Thomson Financial, Stand: 31. Mai 2020

Nachteile der Anlage in Einzelaktien

Die Kurse von Aktien können stark schwanken. Verbreiten sich beispielsweise schlechte Nachrichten über ein Unternehmen, leidet darunter auch der Aktienkurs, der letztlich die Erwartung der Anleger über die Zukunft des Unternehmens widerspiegelt. Laufen die Geschäfte schlecht, wird vielleicht die Dividende gekürzt oder gestrichen. Um das Risiko zu streuen, genau die „falschen" Aktien zu besitzen, sollten Sie in verschiedene Einzelaktien investieren. Damit Sie dabei eine relevante Risikostreuung erreichen, müssten Sie sich nach Ansicht vieler Experten ein Aktienportfolio aus mindestens 15 verschiedenen Aktien zulegen.

→ Was genau ist ein Portfolio?

Der Begriff Portfolio bezeichnet den Gesamtbestand eines Anlegers an Geldanlagen wie Aktien, Anleihen, Immobilien, Rohstoffen und liquiden Geldanlagen. Ein Aktienportfolio ist ein entsprechender Teilbereich, der nur die Aktienanlagen umfasst.

Doch nicht allein die Anzahl der Aktien entscheidet darüber, wie gut die Risikostreuung ist. Sie müssen zusätzlich beachten, dass sich manche Aktien in verschiedenen Börsenphasen gleich verhalten; in der Fachsprache heißt das: „eine gleiche Korrelation aufweisen". Kaufen Sie etwa zehn verschiedene Aktien von Autoherstellern oder -zulieferern, werden sie alle Kursverluste erleiden, wenn es in der Autoindustrie schlecht läuft. Sie müssen daher die Aktien über verschiedene Branchen hinweg streuen.

Neben dem großen zeitlichen Aufwand für die Zusammenstellung des Aktienportfolios ist auch zu bedenken, dass Sie aus Kostengesichtspunkten eine Mindestinvestitionsgröße von 2 000 bis 3 000 Euro je Aktie anstreben sollten, da sonst die Kaufgebühren überproportional ins Gewicht fallen. Das bedeutet eine Mindestanlagesumme von 30 000–50 000 Euro für ein einigermaßen diversifiziertes Aktiendepot. Bei günstigen Direktbanken können aber auch schon circa 15 000 Euro, bei Neo-Brokern sogar weniger als 10 000 Euro ausreichend sein (siehe S. 87).

Investmentfonds

Schon mit geringen Anlagesummen können Anleger breit gestreut in verschiedene Wertpapiere investieren.

Bequemer als mit Aktien können Sie mit Fonds ein breit gestreutes Wertpapierportfolio aufbauen. Ein gemanagter Investmentfonds funktioniert so: Eine Fondsgesellschaft bietet einen Fonds mit einem bestimmten Anlageschwerpunkt an. An diesem Fonds können sich Anleger beteiligen, indem sie einmalig einen größeren Betrag investieren oder über einen Sparplan regelmäßig Geld einzahlen.

Der Fonds ist eine Art „gemeinsamer Topf", in dem das Kapital vieler Anleger gesammelt und gebündelt wird. Um dieses gesammelte Geld kümmern sich dann professionelle Fondsmanager (siehe S. 50), die das Fondsvermögen entsprechend der jeweiligen Anlagestrategie des Fonds investieren und verwalten. Beispielsweise wird der Fondsmanager eines Aktienfonds mit Anlageschwerpunkt USA in amerikanische Aktien investieren; liegt der Anlageschwerpunkt des Fonds auf europäischen Anleihen, wird er am Markt für europäische Anleihen nach lukrativen Papieren suchen.

Die Anleger sind Miteigentümer des Fondsvermögens und erhalten entsprechend der Höhe ihrer Beteiligung Fondsanteile. Sie haben Anspruch auf die Gewinne des Fonds, die zum Beispiel aus Dividenden, Zinsen oder Kursgewinnen rühren können. Der Anteilspreis des Fonds schwankt mit der Wertentwicklung der einzelnen vom Fonds gehaltenen Werte. Rechtlich ist das Fondsvermögen ein sogenanntes Sondervermögen. Die Fondsgesellschaft (auch Kapitalverwaltungsgesellschaft genannt) verwaltet das Sondervermögen treuhänderisch für die Anleger und getrennt von ihrem eigenen Vermögen. Die Vermögenswerte des Sondervermögens werden von einer unabhängigen Verwahrstelle, der Depotbank, verwahrt. Dadurch ist der Anleger bei einer Insolvenz der Fondsgesellschaft vor dem Verlust seiner Fondsanteile geschützt.

Nach den Vorgaben des Kapitalanlagegesetzbuches (KAGB) muss ein Fonds den Grundsatz der Risikostreuung einhalten. So muss beispielsweise ein Aktienfonds mindestens 16 verschiedene Werte enthalten. Ein großer Vorteil von Investmentfonds ist daher, dass Anleger sich mit kleinen Anlagebeträgen beteiligen und dennoch eine breite Streuung (Diversifikation) in unterschiedliche Wertpapiere und Finanzmärkte erreichen können, die sonst nur mit viel größerem finanziellen und zeitlichen Aufwand möglich wäre. Eine Einmalanlage bei Fonds ist mitunter schon ab 250 oder 500 Euro möglich.

Bei einem Fonds ist das Verlustrisiko gemessen am Gesamtvermögen erheblich niedriger als bei einem Depot, das nur aus wenigen Einzelaktien besteht. Denn auch wenn sich im Fonds einige Werte schlecht entwickeln, gibt es noch viele andere, die dies ausgleichen können. Das allgemeine Marktrisiko kann aber auch bei einem Fonds nicht ausgeschaltet werden: Wenn die Kurse der Finanzmärkte fallen, in denen ein Fonds laut seinen Anlagegrundsätzen investiert ist, wird auch der Wert des Fonds fallen.

→ Gemanagte Fonds

Bei gemanagten Investmentfonds kümmern sich professionelle Fondsmanager um die Auswahl sowie die Käufe und Verkäufe der einzelnen Aktien.

Die Fondsgesellschaft kann im Gegensatz zu den meisten Privatanlegern an den Finanzmärkten als Großanleger auftreten und zum Beispiel kostengünstiger und wirtschaftlicher investieren, als es für einen Anleger allein möglich wäre. Die Fondsmanager setzen sich täglich mit dem Marktgeschehen auseinander und können oft auf einen großen Stab an Analysten und Experten in den Anlageregionen zurückgreifen.

Breites Angebot

Es gibt Tausende Fonds im Angebot. In der Fondsdatenbank der Stiftung Warentest finden Anleger fast 20 000 Fonds. Der breite Fondsmarkt lässt sich grob in die wichtigsten Fondsarten unterteilen:

- **Aktienfonds** investieren das Geld der Anleger in Aktien. Die Anlageschwerpunkte und Strategien der einzelnen Fonds sind dabei sehr unterschiedlich. Weltweit anlegende Fonds investieren in Aktienunternehmen rund um den Globus. Regionenfonds konzentrieren sich zum Beispiel auf Europa oder Asien. Länderfonds legen nur in einem einzelnen Land an. Branchenfonds konzentrieren sich auf bestimmte Geschäftsfelder, wie zum Beispiel Biotechnologie oder Banken.
- **Rentenfonds** legen in festverzinsliche Wertpapiere wie Staats- und Unternehmensanleihen oder Pfandbriefe an. Im Vordergrund stehen dabei Zinserträge. Auch bei Rentenfonds kann man verschiedene Anlageschwerpunkte unterscheiden. So gibt es unter anderem weltweit oder europaweit anlegende Rentenfonds. Weitere Unterscheidungskriterien sind, auf welche Herausgeber (Emittenten) sich der Fonds spezialisiert, ob er zum Beispiel nur Staatsanleihen kauft oder auch Unternehmensanleihen, sowie die Währung der Anleihen (zum Beispiel Euro oder Dollar) und schlussendlich auch die

Laufzeiten der vom Fonds gehaltenen Papiere.

- **Offene Immobilienfonds** investieren das Anlegerkapital in Wohn- und Gewerbeimmobilien wie beispielsweise Einkaufszentren, Hotels und Bürogebäude. Ihre Erträge erwirtschaften sie vor allem mit Mieteinnahmen und Gewinnen aus dem Wiederverkauf der Immobilien.
- **Klassische Mischfonds** legen das Geld der Anleger in einem vorgegebenen Rahmen in Aktien und Anleihen an. Das Fondsmanagement hat einen gewissen Spielraum, wie es den Aktien- und Anleihenanteil – je nach Marktsituation – gewichtet. Je höher der mögliche Aktienanteil, desto größer sind die Ertragschancen und Risiken des Fonds.
- **Rohstofffonds** spekulieren über börsengehandelte Terminkontrakte (Futures) auf die Wertveränderungen von Rohstoffen oder investieren in Aktien von Unternehmen aus dem Rohstoffbereich (beispielsweise Minenbetreiber oder Agrarunternehmen).

Ausschüttung und Thesaurierung

Ein Rentenfonds erhält für die von ihm gehaltenen Anleihen Zinsen, ein Aktienfonds bekommt Dividenden der Unternehmen, von denen er Aktien besitzt. Ausschüttende Fonds leiten die erzielten Erträge regelmäßig an die Anleger weiter. Thesaurierende Fonds hingegen legen die Erträge direkt wieder im Fonds an, sodass sich das Fondsvermögen erhöht. Diese haben den Vorteil, dass der Anleger sich nicht darum kümmern muss, die Ausschüttungen selbst wieder anzulegen.

Ausschüttende Fonds leiten die erzielten Erträge regelmäßig an die Anleger weiter. Thesaurierende Fonds legen die Erträge direkt wieder im Fonds an, sodass sich das Fondsvermögen erhöht.

Kosten bei Fonds

Kosten entstehen, weil Fondsmanager und -gesellschaft, deren Vertrieb sowie die Depotbank bezahlt werden müssen. Es gibt Kaufkosten und laufenden Kosten.

- **Kaufkosten** sind etwa der Ausgabeaufschlag, den Sie üblicherweise zahlen, wenn Sie einen Fonds bei Ihrer Filialbank oder Sparkasse kaufen und mit dem der Vertrieb des Fonds vergütet wird. Er beträgt bei einem Aktienfonds meist 5 Prozent. Viele Direktbanken locken regelmäßig mit Rabatten. Manchmal gibt es Aktionen, bei denen Fonds ohne Aufschlag angeboten werden. Werden Fonds dauerhaft ohne Ausgabeaufschlag angeboten, sind häufig die laufenden Verwaltungskosten des Fonds höher. Noch günstiger ist es,

Fonds direkt über die Börse zu kaufen. Mittlerweile werden die meisten Investmentfonds ähnlich wie auch Einzelaktien oder Anleihen an der Börse gehandelt. Beim Börsenkauf entfällt der Ausgabeaufschlag. Anleger müssen stattdessen den Spread – das ist der Unterschied zwischen dem An- und Verkaufskurs – sowie Bank- und Börsenspesen beachten.

→ Beispiele: So können Sie beim Fondskauf sparen

Kaufen Sie für 10 000 Euro einen Aktienfonds bei der Fondsgesellschaft über Ihre Hausbank, zahlen Sie üblicherweise 5 Prozent, also 500 Euro Ausgabeaufschlag dafür. Bei einer Direktbank, die einen 50-Prozent-Rabatt auf den Ausgabeaufschlag gewährt, sind es nur 250 Euro.

Kaufen Sie jedoch über die Börse, sinken die Kaufkosten, je nach Bank, auf 20 bis 30 Euro. Sie sparen also satte 470 bis 480 Euro gegenüber dem Kauf bei der Hausbank.

Fondsvermittler im Internet bieten Tausende Fonds ohne Ausgabeaufschlag an. Anleger sind dann aber nicht so flexibel, wenn es um schnelle Verkäufe in Krisenzeiten geht.

- **Die laufenden Kosten** fallen zum Beispiel für Fondsmanagement samt „Nachforschen“ von Daten, Unternehmenskennzahlen, Marktberichten usw. („Researchkosten“) an. Hinzu kommen die Gewinnmarge der Fondsgesellschaft und Kosten für Vertrieb und Verwaltung. Einen ersten Anhaltspunkt zur Höhe dieser Kosten finden Anleger in den „Wesentlichen Anlegerinformationen“ eines Fonds unter der Kennzahl „laufende Kosten“. Sie wird in Prozent angegeben. Allerdings sind nicht alle Kosten genannt. Transaktionskosten auf Fondsebene sind von den laufenden Kosten nicht umfasst.
- **Erfolgsgebühren** sind ein weiterer Kostenblock, den manche Fonds haben. Deren Höhe ist davon abhängig, wie gut der Fondsmanager gewirtschaftet hat. Befürworter meinen, dass die Motivation des Fondsmanagements dadurch erhöht wird. Allerdings sollte eine gute Performance ganz selbstverständlich das Ziel eines Fonds sein.

Die Stiftung Warentest hat untersucht, ob sich Erfolgsgebühren positiv auf die Performance auswirken und verneint das. Sie sollten Fonds mit Erfolgsgebühren nur dann wählen, wenn Sie von der Strategie und der Qualität des Fonds vollkommen überzeugt sind. Der Produktfinder Fonds (test.de/fonds) bietet für die Suche einen Filter „Keine Erfolgsgebühr“. Gemanagte Aktienfonds haben häufig laufende Kosten in Höhe von 1,5 bis 2 Prozent.

Passive Fonds – ETF sind ein Renner

Wenn die Aktienauswahl nicht von einem Fondsmanagement bestimmt wird, sondern sich an einem Index orientiert, spricht man auch von passiv gemanagten Fonds. ETF werden immer beliebter und sind eine große Konkurrenz für die aktiv gemanagten Fonds.

Im Gegensatz zu den aktiv gemanagten Fonds orientiert sich die Zusammensetzung der Indexfonds allein an einem zugrunde liegenden Index und nicht an der persönlichen Einschätzung eines Fondsmanagers. In einem Index werden bestimmte ausgewählte Basiswerte zusammengefasst und deren Wertentwicklung über einen bestimmten Zeitraum dargestellt. Ein Index ist auch eine Art Marktbarometer, wie das Paradebeispiel für den deutschen Aktienmarkt, der Deutsche Aktienindex Dax.

Ein Dax-Indexfonds bildet die Wertentwicklung der 40 Aktien des Dax nach, ein anderer Fonds auf den US-amerikanischen Index S & P 500 zeichnet die Performance der 500 größten amerikanischen Werte dieses Index nach. Um die Entwicklung der jeweiligen Indizes zu kopieren, kann ein Indexfonds die Originalwerte kaufen oder die Wertentwicklung des Index künstlich nachbilden. Da bei diesen Fonds kein Fondsmanager erforderlich ist, um aufwendige Anlageentscheidungen zu treffen, spricht man auch von passiv gemanagten Fonds. Inzwischen hat sich aber der Begriff „ETF“ für Indexfonds weitgehend durchgesetzt.

ETF steht für „Exchange Traded Fund“. Das bedeutet so viel wie „börsengehandelter Fonds“, denn die meisten Indexfonds werden an der Börse gehandelt. Für ETF gelten im Vergleich zu anderen Fonds höhere Anforderungen an den Börsenhandel. Ein oder mehrere sogenannte Market Maker müssen an der Börse dafür sorgen, dass die ETF so präzise wie möglich bewertet sind und liquide an der Börse gehandelt werden können.

ETF sind rechtlich sogenannte Investmentfonds und unterliegen den gleichen strengen Vorgaben wie aktiv gemanagte Fonds. Auch bei ETF sind die Anlegergelder dadurch gesichert, dass das Fondsvermögen ein von der Fondsgesellschaft getrenntes Sondervermögen ist.

Da ETF die Entwicklung eines Index kopieren, entwickeln sie sich auch nahezu genauso. Steigt der Index, steigt auch der Wert des ETF, bei einem fallenden Index verliert auch der ETF. Der Kurs eines ETF beträgt häufig annähernd 1 zu 10 oder 1 zu 100 des zugrunde liegenden Index, sodass die Kursentwicklung leicht nachvollziehbar ist. Es gibt zwar einige aktiv gemanagte Fonds, die auch über viele Jahre bessere Ergebnisse als der Marktdurchschnitt erzielten. Die meisten sind allerdings schlechter, was diverse Studien immer wieder belegen. Dies ist ein Grund, warum sogenannte Indexfonds immer beliebter wurden.

Kostenvorteil bei ETF

ETF sind im Vergleich zu gemanagten Fonds sehr kostengünstig. Die jährlichen Verwaltungskosten liegen oft weit unter 0,5 Prozent.

Bei Bankberatern sind ETF unbeliebt, weil sie mit ihnen keine Provisionen verdienen. Da ETF über die Börse gekauft und gehandelt werden, entfällt beim Kauf der bei aktiven Fonds übliche Ausgabeaufschlag. Stattdessen zahlen Anleger beim Kauf von ETF die wesentlich günstigeren Gebühren für die Wertpapierorder und die Nutzung der Börse.

In den aktuellen Produktinformationsblättern zu ETF findet man jedoch seit 2020 vermehrt Ausgabeaufschläge von 3 % als Kosten verzeichnet, teilweise mit dem Hinweis, dass diese beim Kauf über die Börse nicht anfallen. Hausbanken haben sich so eine Tür geöffnet, auch bei ETF Ausgabeaufschläge zu kassieren und tun das auch.

Die Ordergebühren fallen an, da Privatanleger nicht selbst direkt an der Börse handeln können. Sie müssen ihre Kauf- und Verkaufsaufträge – diese nennt man auch Orders – über Banken oder sogenannte Broker platzieren, die zum Handel an der Börse zugelassen sind.

Physische oder synthetische Nachbildung von ETF

Die meisten Aktien-ETF bilden einen Index so nach, dass sie tatsächlich einen großen Teil oder gar alle der Aktien aus dem Index kaufen – man nennt das „physische Nachbildung".

Es gibt aber auch ETF, die anders vorgehen. Diese sogenannten Swap-ETF gehen Tauschgeschäfte (englisch „swaps") ein, um die Indexentwicklung sicherzustellen. Fachleute nennen das „synthetische Nachbildung". Auch diese ETF enthalten Aktien, mitunter aber ganz andere als der Index. In einem Dax-ETF können dann zum Beispiel statt deutscher Aktien Papiere anderer europäischer Unternehmen stecken. Um die Rendite des Dax nachzubilden, tauscht der ETF-Anbieter die Wertentwicklung der europäischen Aktien mit einer Bank (Swap-Partner). Der Swap-Partner gleicht dann den ETF-Wert laufend so weit aus, dass die Wertentwicklung der des Dax entspricht.

Ein Vorteil der synthetischen Nachbildung ist: Sie ist einfacher und kostengünstiger als die Nachbildung des Index mit vielen echten Einzeltiteln. Aus Sicht von Finanztest spielt es unter Risikogesichtspunkten kaum eine Rolle, welche Art Nachbildung Anleger wählen. Swap-ETF werden ebenso streng kontrolliert wie ETF, die sich aus den Originalaktien zusammensetzen. Immer mehr ETF-Anbieter sind in den letzten Jahren zur physischen Nachbildung übergegangen, da diese bei Investoren beliebter sind, viele bieten mittlerweile auch Mischmodelle an.

Das größte Risiko bleibt das Marktrisiko, also die Gefahr, dass Aktienmärkte aufgrund äußerer Einflüsse wie Terroranschläge, politische Unsicherheiten, Wirtschaftskrisen oder Pandemien einbrechen. Die Auswirkungen des Marktrisikos auf Ihre Geldanlage können Sie durch die Auswahl der passenden Indizes und eine vernünftige Streuung minimieren.

Zertifikate

Zertifikate werden gern als individuelle Anlageprodukte für unterschiedliche Marktsituationen angepriesen. Häufig sind es aber komplexe Produkte mit versteckten Kosten, auf die Sie meist verzichten können.

Anleger, die Zertifikate der US-Bank Lehman Brothers gekauft hatten, verloren 2008 viel Geld. Denn Zertifikate sind rechtlich Schuldverschreibungen (Anleihen). Anleger leihen der Bank, die das Zertifikat herausgibt, Geld, und setzen darauf, dass diese den in den Zertifikatebedingungen definierten Betrag zurückzahlt. Anders als bei dem Sondervermögen eines Investmentfonds besteht daher das Risiko, dass Sie einen Totalverlust verkraften müssen, wenn die herausgebende Bank Insolvenz anmeldet (sogenanntes Emittentenrisiko). Früher hat kaum jemand damit gerechnet, dass eine große Bank pleitegehen könnte. Aber genau das ist bekanntermaßen bei Lehman Brothers passiert.

Zertifikate sind, anders als Sparanlagen und Girokonten, auch nicht durch die gesetzliche Einlagensicherung der Banken geschützt. Und das Geldinstitut, das ein Zertifikat verkauft, ist nicht zwangsläufig dessen Herausgeber und damit Schuldner. So haben vor der Finanzkrise beispielsweise auch viele Sparkassen Zertifikate von Lehman Brothers verkauft. Daher haben auch Sparkassenkunden mit Lehman-Zertifikaten Geld verloren.

Bei von Sparkassen und Genossenschaften herausgegebenen Zertifikaten besteht zumindest ein Sicherheitspuffer in Form der Institutssicherung. Sollte etwa eine der Landesbanken, die die meisten Zertifikate herausgeben, insolvent werden, würde ein Sicherungssystem einspringen, das aus elf regionalen Sparkassenstützungsfonds, der Sicherungsreserve der Landesbanken und Girozentralen sowie den Sicherungsfonds der Landesbausparkassen besteht. Ob diese Sicherung auch bei einer großen Pleite funktionieren würde, müsste sich erst zeigen. Alle Banken weisen in den Produkt- und Basisinformationsblättern auf das Insolvenzrisiko hin.

So funktionieren Zertifikate

Auch wenn viele angebotene Zertifikate im Produktnamen den Begriff „Anleihe" tragen, unterscheiden sie sich doch stark von klassischen Anleihen (siehe S. 41 „Das Wichtigste zu Anleihen"). Zum Beispiel sind deutsche Staatsanleihen schlichte Zinsanlagen, während bei Zertifikaten die Rückzahlung und/oder die Zinszahlung an spezielle Bedingungen geknüpft sind, die im Prospekt des Zertifikats festgelegt sind.

Der Kurs eines Zertifikats richtet sich zum Beispiel nach der Entwicklung eines festgelegten Basiswerts, der ein Index, eine Aktie, ein Rohstoff, eine Währung oder ein Korb von Einzelwerten sein kann. Relativ einfach konstruiert sind sogenannte Partizipationszertifikate, die einfach der Wertentwicklung eines Basiswerts folgen. Zu diesen Produkten zählen Indexzertifikate. Sie bilden einen Index eins zu eins ab. Oft haben sie wegen der hohen Indexstände ein Bezugsverhältnis von 1 zu 100. Das bedeutet, dass das Zertifikat den Indexstand im Verhältnis 1 zu 100 abbildet.

Beispiel: Ein Anleger kauft zehn Indexzertifikate auf den Dax bei einem Dax-Stand von 12 000 Punkten, dann muss er dafür (120 Euro × 10 Zertifikate =) 1200 Euro bezahlen. Steigt der Dax danach beispielsweise auf 13 500 Punkte, macht der Anleger mit jedem Zertifikat einen Gewinn von ((13 500 – 12 000) : 100 =) 15 Euro. Bei zehn Zertifikaten sind das also 150 Euro Gewinn – ohne Kauf- und Verkaufskosten.

Die meisten Zertifikate sind in Deutschland an einer Börse handelbar. Dort können sie zum sogenannten Geld- oder Briefkurs ver- bzw. gekauft werden. Der Kaufpreis ist dabei etwas höher als der Verkaufspreis. Diese Differenz nennt man Spread, er ist ein Kostenfaktor, wenn Sie ein Zertifikat während dessen Laufzeit kaufen oder verkaufen.

Bei Indizes, die sich auf Wertpapiere in Fremdwährungen beziehen, besteht für Anleger ein Fremdwährungsrisiko, da sich neben der Wertentwicklung des Basiswerts auch die Entwicklung des Wechselkurses auf die Performance auswirkt. Wollen Sie dieses Risiko eliminieren, können Sie auf sogenannte Quanto-Zertifikate zurückgreifen, bei denen der Emittent das Währungsrisiko für den Anleger absichert. Die Absicherung kostet aber manchmal Rendite und nicht immer ist eine Absicherung gegen Währungsschwankungen sinnvoll.

Hier müssen Anleger aufpassen

Neben den einfachen Partizipationszertifikaten gibt es Zertifikate, die die unterschiedlichsten Anlagestrategien nachbilden und deren Wertentwicklung von vorab festgelegten Bedingungen abhängt. Hier sind der Fantasie der Finanzindustrie bei der Kreation der Produkte kaum Grenzen gesetzt. Die meisten Zertifikate sind überflüssig und nutzen vor allem den Anbietern, um daran zu verdienen. Die häufigsten Tricks sind:

- **Trügerische Werbung:** Zertifikate, deren Wert von der Entwicklung einer Aktie abhängt, werden wie ein sicheres Zinsprodukt beworben. Ein Zertifikat, dem die Aktie der Lufthansa als Basiswert diente, wurde zum Beispiel so beworben: „Starten Sie durch mit 6,65 % p.a. Zinsen." Dass Anleger dabei ein erhebliches Börsenrisiko eingehen, wird nicht sofort deutlich.
- **Undurchsichtige Konstruktion:** Bei vielen Zertifikaten ist die Verzinsung oder Fälligkeit an so viele Wenn-dann-Bedingungen geknüpft, dass es nahezu unmöglich ist, den Durchblick zu behalten und zu beurteilen, in welcher Relation Risiko und Ertragschancen stehen. Finanztest kam bei Analysen von Produkten mehrfach auf einige Dutzend, im extremsten Fall auf mehr als 200 Bedingungen, von denen die Entwicklung des Zertifikats abhing. Die vorgeschriebenen Informationsblätter für Anleger helfen dabei kaum, da sie häufig unverständlich sind.
- **Versteckte Kosten:** Anleger werden mitunter an mehreren Stellen zur Kasse

---

Indexfonds vor Indexzertifikat. Wenn Sie in einen bestimmten Markt (zum Beispiel ein Land oder eine Region) investieren möchten, sind ETF meist die bessere Alternative zu Indexzertifikaten, weil Sie bei ETF auch die Dividenden erhalten, während Sie bei Indexzertifikaten in manchen Fällen auf Dividenden verzichten müssen. Zudem besteht bei Fonds kein Emittentenrisiko, weil die Gelder bei einer Pleite als Sondervermögen geschützt sind. Für manche exotischen Märkte wie zum Beispiel afrikanische Aktien und deren Börsenindizes gibt es aber keine ETF. Dann können Anleger Indexzertifikate für kurz- und mittelfristige Anlageideen nutzen.

gebeten. Beim Kauf eines neu aufgelegten Zertifikats wird meist eine Ankaufgebühr, auch Agio genannt, berechnet. Das Agio beträgt in der Regel zwischen 1 und 3 Prozent der Anlagesumme. Daneben haben Zertifikate auch laufende Kosten. Bei manchen Zertifikate-Konstruktionen darf der Emittent eine Art Verwaltungsgebühr entnehmen, sodass der Wert des Zertifikats sich entsprechend mindert. Häufiger werden aber die laufenden Kosten dadurch finanziert, dass Zinsen und Dividenden der Basiswerte nicht in die Kursentwicklung des Zertifikats eingerechnet werden.

- **Ungewisse Laufzeit:** Bei vielen Zertifikaten ist beim Kauf nicht klar, wie lange sie laufen werden. Das betrifft zum Beispiel Zertifikate, die vorzeitig fällig werden, wenn bestimmte Bedingungen erfüllt werden. Aber auch bei „Endloszertifikaten", wie den meisten Indexzertifikaten, kann es passieren, dass der Herausgeber sich vorbehält, sie mit einer im Prospekt genannten Frist zu kündigen.

Einfache Zinszertifikate nur Notlösung

Wenn Sie als Bankkunde Ihre Bank nicht wechseln und auch kein zusätzliches Festgeldkonto bei einer Direktbank im Internet eröffnen wollen, sind sogenannte Zinszertifikate nur eine Notlösung. Auch bei diesen gibt es verschiedene Ausführungen, aber bei allen ist die Rückzahlung des Anlagekapitals am Ende der Laufzeit garantiert – sofern die herausgebende Bank nicht insolvent wird. Eine beliebte Produktvariante lockt beispielsweise mit jährlich steigenden Zinsen (Stufenzins) und kommt so auf eine etwas bessere Rendite, als sie bei üblichen Sparbüchern oder Festgeldern bei Filialbanken erzielbar ist. Doch können bei diesen Zinszertifikaten noch Kauf- und Depotkosten anfallen, die den bescheidenen Ertrag schmälern.

Nichts für Anfänger!

Zertifikate sind für Neulinge kein Basisinvestment für den Vermögensaufbau. Einfache Partizipationspapiere kommen hier höchstens als Beimischung im Anlageportfolio in Betracht. So können Anleger, die mit Goldanlagen das Risiko ihres Portfolios streuen, aber kein physisches Gold kaufen wollen, auf Gold-ETC (englisch „Exchange Traded Commodities" – börsengehandelte Rohstoffe) zurückgreifen. Das sind Zertifikate, die den Goldpreis nachzeichnen. Manche Produkte sind mit echtem Gold gesichert, um das Emittentenrisiko zu mindern. Mehr dazu lesen Sie unter „Risikoreiche Anlagen" ab S. 133.

Ansonsten sind Zertifikate meist komplexe Produkte, die sich vor allem für erfahrene Anleger eignen, die in spezielle Nischenmärkte investieren wollen oder die spezielle Strategien und kurzfristige Spekulationen umsetzen wollen.

Risiko bei der Geldanlage

Rendite und Risiko hängen bei der Geldanlage immer zusammen. Spezielle Risikokennzahlen helfen Anlegern, die möglichen Verlustwahrscheinlichkeiten von Investments einzuschätzen.

Eine der wichtigsten Regeln der Geldanlage sollten Sie immer im Hinterkopf haben: „Je höher die Renditechance einer Anlage, desto höher auch deren Risiko." Oder anders ausgedrückt: „Risiko und Rendite bedingen sich bei Geldanlagen immer gegenseitig." Höhere Renditechancen müssen Sie sich immer mit einem höheren Risiko erkaufen. Wenn Ihnen jemand eine risikolose Geldanlage mit überdurchschnittlichen Renditeversprechen anbietet, sollten Sie besonders aufmerksam sein.

Aber was bedeutet Risiko eigentlich? Bei Finanzanlagen bedeutet es vor allem, dass Anlagen Wertverluste erleiden oder Erträge wie Zins und Dividende ausbleiben. Dabei hat jede Anlageart unterschiedliche Chancen und Risiken.

Bei Bankeinlagen und Anleihen besteht vor allem das Bonitäts- und Emittentenrisiko, also dass derjenige, dem Sie Ihr Geld leihen, Zinsen und Rückzahlung des Kapitals nicht vollständig leisten kann. Hier helfen bei Anleihen die Bonitätsbewertungen der Ratingagenturen, das Risiko einzuschätzen. Anleihen werden grundsätzlich zum Nennwert zurückgezahlt, während der Laufzeit schwanken sie aber im Kurs. Bei Bankeinlagen können Sie das Risiko minimieren, indem Sie sich an die Grenzen der gesetzlichen Einlagensicherung von 100 000 Euro halten. Auch für Zertifikate gibt es meist Bonitätsratings wie bei Anleihen, über die die Herausgeber der Zertifikate in der Regel informieren.

Typisch ist das Risiko von Wertschwankungen für Aktien und aktienbasierte Fonds und ETF. Je größer die Schwankung, desto riskanter, aber auch chancenreicher sind die Wertpapiere.

Risikokennzahlen bei Aktienanlagen

Verschiedene Kennzahlen und Risikomaße helfen Anlegern, das Risiko einer Aktien- oder Fondsanlage einzuschätzen und vergleichbar zu machen. Sie werden oft in Produkt- und Kundeninformationen ausgewiesen.

Die „Beipackzettel" der Finanzprodukte

Seit dem 1. Juli 2011 müssen Banken und andere Finanzdienstleister Kunden bei Anlageberatungen zu Wertpapieren ein Dokument aushändigen, in dem die wesentlichen Informationen über ein Finanzinstrument in

Anlagen schwanken unterschiedlich stark

Wenn Sie höhere Renditechancen wollen, müssen Sie höhere Wertschwankungen in Kauf nehmen.

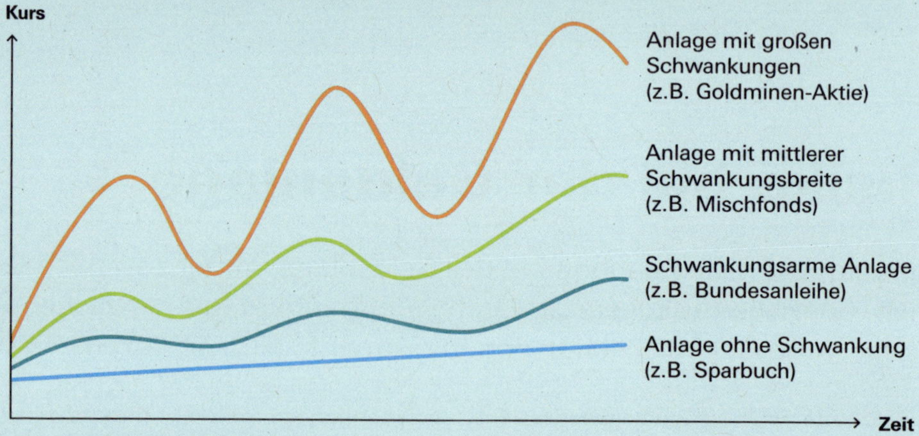

„übersichtlicher und leicht verständlicher Weise“ dargestellt werden. Dieses sogenannte Produktinformationsblatt darf grundsätzlich nicht mehr als zwei DIN-A4-Seiten umfassen und muss insbesondere

- **die Art des Finanzprodukts,**
- **seine Funktionsweise,**
- **die mit dem Produkt** verbundenen Risiken sowie
- **die mit der Anlage** verbundenen Kosten beschreiben.

Produktinformationsblätter gibt es zu Aktien, Anleihen und Zertifikaten, zu Pfandbriefen und Bundeswertpapieren.

Für Investmentfonds, also gemanagte Fonds und ETF, gibt es ein eigenes Produktinformationsblatt, die „Wesentlichen Anlegerinformationen“, auch „Key Investor Information Document“ (KIID) genannt. Es wird von den Fondsgesellschaften erstellt und muss ebenfalls auf zwei Seiten über die wichtigsten Details wie Ziele und Anlagepolitik, Risiko- und Ertragsprofil, Kosten und die frühere Wertentwicklung des Fonds aufklären.

Der „Beipackzettel“ für geschlossene Fonds, Genussrechte und sonstige Vermögensanlagen heißt Vermögensanlagen-Informationsblatt (VIB). Anbieter solcher Produkte müssen das VIB bei der Bundesanstalt für Finanzdienstleistungsaufsicht (BaFin) hinterlegen. Die BaFin prüft allerdings den Inhalt des VIB während des Prospektprüfungsverfahrens nicht. Das VIB darf höchstens drei DIN-A4-Seiten umfassen und muss ohne die Lektüre weiterer Dokumente allgemein verständlich sein.

Risikomaß Volatilität

Das wohl bekannteste Risikomaß bei Aktienanlagen ist die Volatilität (lateinisch: volatilis, „fliegend“, „flüchtig“). Diese Kennzahl wird auf der Grundlage zurückliegender Kurse berechnet und gibt an, wie stark der Kurs einer Aktie in einem bestimmten Zeitraum nach oben oder unten ausgeschlagen hat. Man spricht deshalb auch von der Schwankungsbreite. Die Volatilität ist somit sowohl im negativen als auch im positiven Sinn ein Maß für das Risiko einer Geldanlage. Nimmt die Volatilität zu, steigen auch die Chancen für hohe Kursgewinne. Allerdings wächst auch die Wahrscheinlichkeit hoher Verluste. Je höher Ihre Risikobereitschaft ist, umso höher kann auch der Anteil schwankungsanfälliger Wertpapiere in Ihrem Depot sein.

Beispiel: Eine Aktie hat in den letzten Jahren 10 Prozent pro Jahr zugelegt. Die Volatilität betrug dabei 20 Prozent. Bei einem aktuellen Kursstand der Aktie von 50 Euro kann ein Anleger damit rechnen, dass der Wert der Aktie nach einem Jahr um 20 Prozent von 55 Euro (das wäre eine zehnprozentige Steigerung) abweicht. Er könnte also theoretisch zwischen 44 und 66 Euro liegen.

Maximum Drawdown und SRRI

Eine andere wichtige Kennzahl ist der sogenannte Maximum Drawdown, der den maximalen kumulierten Verlust innerhalb einer betrachteten Periode zeigt. Hatte die Aktie im vorigen Beispiel innerhalb eines Jahres einen Höchstkurs von 63 Euro und einen Tiefstkurs von 50,40 Euro, betrug der maximale Verlust 20 Prozent in diesem Zeitraum. Sie sollten sich vor einer Aktienanlage immer bewusst machen, was ein solcher Maximum Drawdown bedeutet: Um einen Verlust von 20 Prozent wieder auszugleichen, muss eine Aktie nicht etwa wieder nur um 20 Prozent steigen, sondern um 25 Prozent. So würde im Beispiel eine Wertsteigung von 20 Prozent von 50,40 Euro nur zu einem Wert von 60,48 Euro führen (= 50,40 Euro × 1,2). Die Tabelle „Gewinn und Verlust" veranschaulicht eindrucksvoll, wie hoch der prozentuale Gewinn nach einem zuvor erlittenen Verlust sein muss, um das Ausgangsniveau wieder zu erreichen.

Und was bedeutet SRRI? In den „Wesentlichen Anlegerinformationen" (KIID) von Fonds finden Sie Angaben zum SRRI – die Abkürzung steht für „Synthetic Risk and Reward Indicator". Dessen Berechnung erfolgt

Gewinn und Verlust

Diesen Gewinn benötigen Sie, um einen Verlust wettzumachen:

Prozentualer Verlust	Benötigter Gewinn (in Prozent)
–10	11
–20	25
–30	43
–40	67
–50	100
–60	150
–70	233
–80	400
–90	900
–100	Unmöglich

auf Basis europäischer und deutscher regulatorischer Vorschriften. Dieser gibt die Höhe der historischen Schwankungen des Fondsanteilspreises auf einer Skala von 1 bis 7 an. Fonds mit niedrigem SRRI weisen typischerweise geringere Kursschwankungen und damit eine geringere Wahrscheinlichkeit von zwischenzeitlichen Kapitalverlusten auf. Fonds mit einem hohen SRRI unterliegen höheren Schwankungen.

Die Risikokennzahlen von Finanztest

Fonds, die mindestens fünf Jahre alt sind, werden von den Finanztest-Experten in den monatlichen Heften und in der Fondsdatenbank unter test.de/fonds unter anderem in eine Risikoklasse eingestuft und mit einer Chance-Risiko-Zahl bewertet.

Die Finanztest-Risikoklasse liegt zwischen 1 und 12. Sie zeigt, wie riskant ein Fonds in den vergangenen fünf Jahren war. In die sichere Risikoklasse 1 und 2 werden derzeit Geldmarktfonds und Offene Immobilienfonds eingestuft. Rentenfonds Euro liegen in den Klassen 4 und 5. Aktienfonds Welt werden meist in die Risikoklasse 7 oder 8 eingestuft. Branchenfonds und bestimmte Länderfonds zählen zur riskantesten Risikoklasse 12.

Zur Ermittlung der Chance-Risiko-Zahl werden zunächst die Monatsrenditen der vergangenen fünf Jahre zugrunde gelegt und die guten Monate von den schlechten getrennt. Aus den Gewinnmonaten, in denen ein Fonds über dem Geldmarktzins lag, berechnen die Finanztest-Experten das Chancenmaß – die „Glücksrendite". Sie zeigt Ihnen, welche Rendite ein Anleger erzielt hätte, welcher nur in Monaten mit positiver Rendite investierte. Je öfter und je stärker ein Fonds in den vergangenen 60 Monaten im Plus lag, desto höher ist seine Chance. Die Werte aus Verlustmonaten ergeben das Risiko des Fonds – das ist die „Pechrendite". Die Glücks- und Pechrenditen sind insofern differenzierter als das Risikomaß der Volatilität, da man aus ihnen erkennen kann, in welche Richtungen die Schwankungen höher sind.

Diese Glücks- und Pechrenditen bilden die Koordinaten eines Fonds in einem Chance-Risiko-Diagramm. Der Anstieg einer Geraden von 0 durch einen Fonds entspricht dem Chance-Risiko-Verhältnis des Fonds. Als Nächstes wird das Chance-Risiko-Verhältnis des Fonds mit dem des Referenzindex der Fondsgruppe, bei Aktien Welt ist dies zum Beispiel der Index MSCI World, verglichen. Ist das Verhältnis deutlich besser, bekommt der Fonds fünf Punkte. Im Diagramm heißt das: Ist der Anstieg der Geraden durch den Fonds um mindestens 5 Prozent höher als der Anstieg der Geraden durch den Index, erhält der Fonds die Bestnote. Fonds A im Diagramm „Chance und Risiko" wäre solch ein Fonds. Ist das Chance-Risiko-Verhältnis des Fonds dagegen schlechter, wie bei Fonds B, bekommt der Fonds weniger Punkte. Die Breite eines Bewer-

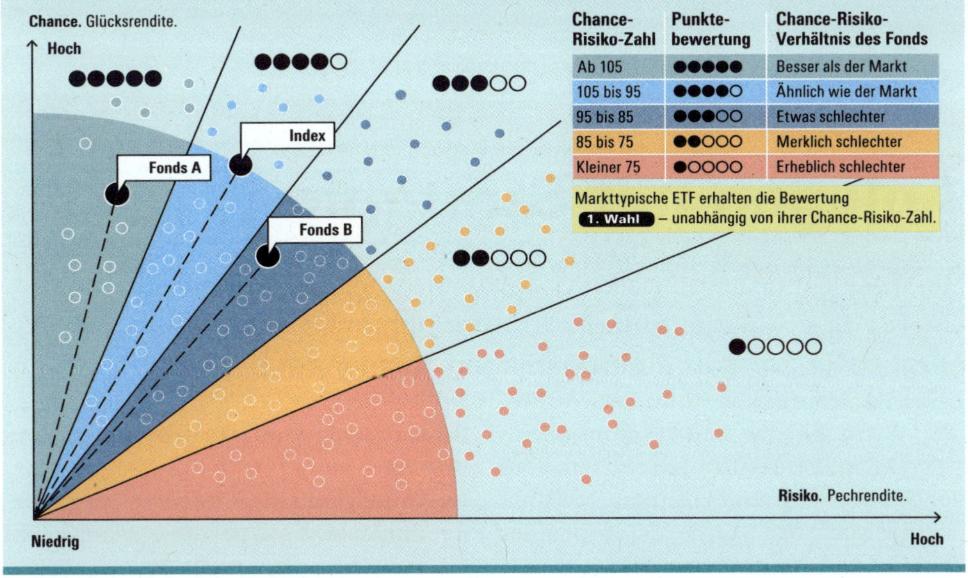

Chance und Risiko: Wie Finanztest Fonds bewertet

tungsbereichs – also der Bereich, in dem die gleiche Punktzahl vergeben wird – beträgt jeweils 10 Prozent vom Chance-Risiko-Verhältnis des Index.

Aus dem Vergleich von Fonds und Index resultiert dann die Chance-Risiko-Zahl. Ist ein Fonds genauso gut wie der Index, liegt sie bei 100. Ist sie größer 100, war der Fonds besser als der Index.

Etwas Risiko lohnt sich meist

Erinnern Sie sich noch an die Zinseszins-Tabelle im Kapitel „Sie haben Geld übrig?“, S. 19? Vergleichen Sie noch einmal, welchen Unterschied es macht, wenn Sie über lange Zeiträume von zehn, 20 oder sogar 30 Jahren einen besseren Zins beziehungsweise eine bessere Rendite erzielen.

Aus 10 000 Euro können nach 30 Jahren 13 478 Euro (bei 1 Prozent Rendite), 32 434 Euro (4 Prozent) oder gar 43 219 Euro (5 Prozent) werden – ein erheblicher Unterschied. Aber wenn Sie höhere Renditen mit Ihren Geldanlagen erzielen wollen, müssen Sie auch höhere Risiken eingehen und Wertschwankungen auf dem Weg zum Ziel akzeptieren. Nur mit Festgeldanlagen lassen sich beispielsweise im derzeitigen Niedrigzinsniveau keine Renditen von 1,5 Prozent oder mehr erzielen.

Über Ihr persönliches Risikoprofil – bestehend aus Ihrer Risikotragfähigkeit und Risikobereitschaft – sowie Ihre Anlageziele haben Sie sich bereits Gedanken gemacht (siehe S. 22). Jetzt geht es darum, eine daraus folgende Anlagestrategie für Sie zu finden.

Da Sie bereits die wichtigsten Anlageformen für Neueinsteiger in die Geldanlage kennen, erfahren Sie nun, welche Rolle diese für eine passende Anlageaufteilung bei verschiedenen Anlegertypen spielen und welche Chancen und Risiken die für die Anlegertypen infrage kommenden Anlageaufteilungen bieten.

Anlegen mit Strategie

Bei Ihrer Geldanlage sollten Sie systematisch vorgehen. Die richtige Anlagestrategie für Ihre persönliche Situation sorgt dafür, dass Ihre Einzelanlagen zueinander passen.

Wenn Sie eine neue Wohnung einrichten, berücksichtigen Sie beim Kauf von Möbeln und Einrichtungsgegenständen die Maße der Räume, die Farben der Wände sowie Ihren eigenen Stil.

Ähnlich sollten Sie bei der Geldanlage vorgehen. Statt dass Sie planlos Finanzprodukte für Ihre Geldanlage kaufen, überlegen Sie sorgfältig, aus welchen Anlageklassen (zum Beispiel Aktien, Anleihen, Immobilien und Gold) Ihr Vermögen aufgebaut sein soll, in welchen Ländern und Regionen (zum Beispiel Europa, Asien, USA) Sie investiert sein möchten und in welchem Verhältnis die einzelnen Anlageklassen langfristig zueinander stehen sollen. Der Fachbegriff für diese Anlagenaufteilung ist die strategische Asset Allocation. Haben Sie die für Sie optimale strategische Asset Allocation ermittelt, können Sie dann bestimmen, in welche Branchen und einzelnen Anlagen sowie Finanzprodukte Sie investieren.

Eine auf Sie abgestimmte Anlageaufteilung gibt Ihnen eine Art Fahrplan für den weiteren Aufbau Ihres Vermögens. Sie kaufen dann eben nicht mehr nur „aus einer Laune heraus" oder weil gerade etwas Geld übrig ist, ein Finanzprodukt, das Ihnen Ihr Banker gerade schmackhaft macht, sondern überlegen zunächst, ob es zu Ihrer geplanten Vermögensaufteilung passt. Das gibt Ihnen mentale Stärke bei der Geldanlage, da Sie die Sicht auf das große Ganze behalten und sich nicht in Kleinigkeiten verzetteln. Nachweisbar hat die richtige Vermögensaufteilung auf Sicht von einigen Jahren einen viel größeren Einfluss auf die Rendite Ihres Portfolios, als beispielsweise zum richtigen Zeitpunkt eine Aktie zu kaufen oder zu verkaufen.

Anlagestrategie für sicherheitsbewusste Anleger

In der Vergangenheit war es noch möglich, nur mit einfachen Tages- und Festgeldern eine annehmbare Rendite zu erzielen. So war beispielsweise im 30-jährigen Zeitraum von 1989 bis 2019 mit Tagesgeld eine Rendite von 3,3 Prozent möglich. Ein Anleger hätte aus einer Einmalanlage von 100 000 Euro ein Endvermögen von 266 167 Euro erzielt.

Von solchen Tagesgeldrenditen können Anleger heute nur noch träumen. Realistischer dürfte es sein, bei einem Mix aus Tages- und Festgeldern mit einer Rendite von 0,5 bis 1,0 Prozent zu rechnen. Ein solcher

Einmalige Anlage von 100 000 Euro mit dem Pantoffel-Portfolio

Rendite und Risiko: Die Grafik zeigt, wie sich die unterschiedlich ausgestalteten Pantoffel-Portfolios in den letzten 30 Jahren bei einer einmaligen Anlage von 100 000 Euro entwickelt hätten.

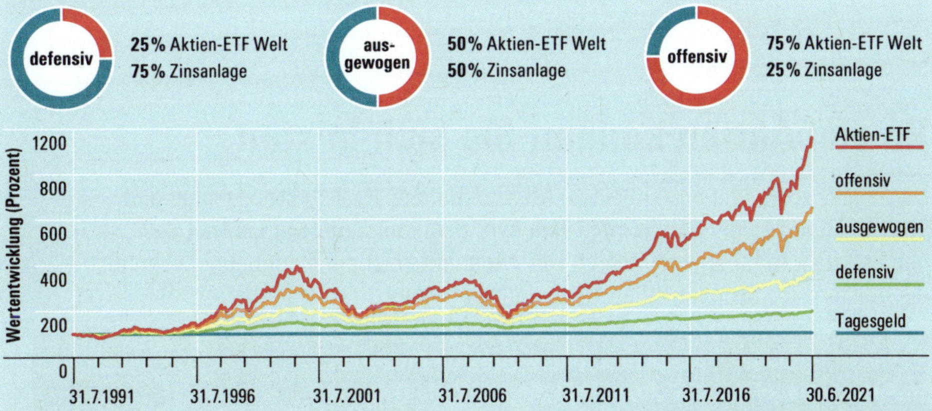

Stand: 30. Juni 2021 **Quellen: Refinitiv, eigene Simulationen**

Anlagemix wäre zwar sehr bequem, Sie müssten sich nur alle paar Jahre um die Neuanlage der Festgelder kümmern. Wenn man aber noch Steuern und die Inflation von der erzielbaren Rendite abzieht, bliebe nichts übrig. Eine deutliche Steigerung der Renditeerwartung ist möglich, wenn Sie Ihrem Portfolio einen gewissen Anteil an aktienbasierten Anlagen beimischen.

Für bequeme Anleger eignet sich dazu besonders das von Finanztest entwickelte Pantoffel-Portfolio (siehe S. 107). Einmal eingerichtet, müssen Sie dabei nicht mehr viel tun – wegen dieser Bequemlichkeit wurde die Strategie auch Pantoffel benannt. Man braucht dafür nur zwei „Bausteine“:

- **einen Sicherheitsbaustein**
- **einen Renditebaustein**

Der Sicherheitsbaustein ist ein einfaches Tagesgeldkonto, ein Festgeld oder ein ETF, der in Euro-Staatsanleihen investiert. Als Renditebaustein dient ein ETF auf den weltweiten Aktienindex MSCI World.

Für Anleger, die nur ein geringes Risiko eingehen wollen, sollte der Aktienanteil maximal 25 Prozent betragen. Ein solches defensives Pantoffel-Portfolio konnte in der Vergangenheit eine Rendite von 4,4 Prozent erzielen und Anleger konnten sich bei einer Einmalanlage von 100 000 Euro nach 30 Jahren über gut 360 000 Euro freuen (Stand: 30. Juni 2020). Dabei mussten sie ihr Portfolio nur dreimal umschichten, als der Aktienanteil aufgrund der unterschiedlichen Wertentwicklung von Aktien-ETF und Festgeld um mehr als 10 Prozentpunkte von der anfänglichen Aufteilung abwich. Zukünftig könnte die Renditeerwartung eines so gemischten Portfolios etwas geringer sein, da die Festzinsanlagen weniger Zinsen als in der Vergangenheit bringen.

Wenn Sie glauben, dass Sie mit einer Aktienquote von 25 Prozent nicht ruhig schlafen können, sollten Sie sich die Tabelle „So viel Aktien können Sie sich leisten“ ansehen. Daraus können Sie ablesen, wie hoch in

So viel Aktien können Sie sich leisten

Die Tabelle zeigt, wie hoch in einem Mischdepot aus einer Festzinsanlage und einem Aktien-ETF der Aktienanteil sein darf, damit am Ende der Laufzeit das eingesetzte Kapital erhalten bleibt. Der Aktienanteil ist am niedrigsten, wenn man als schlimmstes Szenario einen Totalverlust annimmt.

Festzins (in %)	Anlagedauer (Jahre)	Möglicher Aktienanteil (in Prozent) bei einem kalkulierten Verlust von …					
		30 %	40 %	50 %	60 %	…	100%
1,0	5	14,5	11,3	9,3	7,8		4,9
1,0	6	17,0	13,3	11,0	9,3		5,8
1,0	7	19,4	15,3	12,6	10,7		6,7
1,0	8	21,6	17,2	14,2	12,1		7,7
1,0	9	23,8	19,0	15,8	13,5		8,6
1,0	10	25,9	20,7	17,3	14,8		9,5
1,5	5	20,5	16,2	13,4	11,4		7,2
1,5	6	23,8	18,9	15,7	13,5		8,5
1,5	7	26,8	21,5	18,0	15,5		9,9
1,5	8	29,7	24,0	20,2	17,4		11,2
1,5	9	32,3	26,4	22,3	19,3		12,5
1,5	10	34,9	28,6	24,3	21,1		13,8

Quelle: Finanztest

einem Mischdepot aus einer Festzinsanlage und einem Aktien-ETF der Aktienanteil sein darf, damit am Ende der Laufzeit das eingesetzte Kapital erhalten bleibt.

Beispiel: Unterstellen wir mal, dass das Festgeld 1 Prozent Rendite bringt. Dann dürfte der Aktienanteil zwischen 4,9 Prozent und 9,5 Prozent betragen – wenn Sie einen Totalverlust der Aktien erwarten. Rechnen Sie nur mit Verlusten zwischen 50 und 90 Prozent – was auch ungewöhnlich hoch ist, darf der Aktienanteil auch höher sein. Bei höheren Festgeldrenditen könnte der Aktienanteil noch größer sein.

Auch sehr risikoscheue Anleger sollten sich an der Faustformel „10 bis 15 Prozent Aktien gehen immer" orientieren. Mit einer solchen Aktienquote besteht bei sehr geringem Risiko die hohe Wahrscheinlichkeit, höhere Renditen als mit reinen Festgeldern zu erzielen.

Anlagestrategie für pragmatische Anleger

Für Anleger, die bereit sind, sich öfter um ihre Anlagen zu kümmern, bestimmt sich das Verhältnis von sicheren, kalkulierbaren Zinsanlagen zu chancenreicheren aktienbasierten Anlagen nach dem individuellen Risikoprofil.

Wollen Sie nur geringe Risiken eingehen, ist eine Aufteilung der Anlagen entsprechend dem defensiven Pantoffel-Portfolio eine gute Richtschnur. 75 Prozent des Anlagevermögens werden dann in festverzinsliche Anlagen gesteckt. Dafür kommen Tages- und Festgelder sowie Anleihen solider Schuldner wie beispielsweise Staatsanleihen gut bewerteter europäischer Staaten und Unternehmen oder Pfandbriefe in Betracht. Einfacher ist allerdings ein gemanagter Fonds oder ETF, der sich auf solche Emittenten festverzinslicher Wertpapiere konzentriert. Da so ein Rentenfonds in viele unterschiedliche Papiere anlegt, ist das Risiko, das durch den Ausfall eines Emittenten entstehen kann, stark minimiert.

Die Obergrenze für Anfänger dieser Geldanlage sollte ein Aktienanteil von 50 Prozent sein. Dies entspricht der Gewichtung eines ausgewogenen Pantoffel-Portfolios. Höhere Aktienanteile oder auch andere Beimischungen schwankungsreicherer Anlagen sollten Sie als Einsteiger zunächst nicht einplanen. Haben Sie aber einen sehr langen Anlagehorizont, weil Sie beispielsweise Ihr Geld für die Altersvorsorge zurücklegen wollen und in den nächsten 20 Jahren nicht benötigen, können Sie auch eine 75-prozentige Aktienquote in Erwägung ziehen.

Ein ausgewogenes Pantoffel-Portfolio hätte in der Vergangenheit eine Rendite von 5,7 Prozent erzielt und aus 100 000 Euro wären in 30 Jahren gut 521 000 Euro geworden. Der höchste Jahresverlust während dieser Anlagedauer hätte allerdings schon 19 Prozent betragen. Fragen Sie sich, ob Sie mit einer solchen Wertschwankung Ihrer Aktienanlagen noch ruhig geblieben wären oder ob Sie diese dann panisch verkauft hätten.

Im letzteren Fall wäre Ihre Rendite weitaus geringer gewesen. Aus Ihrer Antwort ergibt sich, ob Ihre Risikobereitschaft eine 50-prozentige Aktienquote zugelassen hätte. Auch hätten Sie im Anlagezeitraum bei einem ausgewogenen Pantoffel-Portfolio insgesamt acht Anpassungen vornehmen müssen. Der Aufwand wäre also etwas größer als bei der defensiven Variante.

Anlagestrategie für engagierte Anleger

Ein offensives Pantoffel-Portfolio mit einem Aktienanteil von 75 Prozent hätte in der Vergangenheit eine Rendite von 6,7 Prozent erzielt und aus 100 000 Euro knapp 635 000 Euro gemacht. Anleger mit einem solchen Portfolio hätten allerdings zwischenzeitlich negative Wertschwankungen von 29 Prozent aushalten müssen. Bei einer Anlage des gesamten Geldes in einen Aktien-ETF wäre der höchste Jahresverlust sogar 39 Prozent gewesen. Solch hohe Aktienanteile sind für Anfänger nicht zu empfehlen. Auch für engagierte Anleger sollten die renditeträchtigeren Anlagen maximal 50 Prozent am Gesamtvermögen betragen. Mit zunehmendem Wissen und Erfahrung in der Geldanlage können Sie diese Grenze dann natürlich auch ausweiten. Sie können sich aber statt einem bequemen Pantoffel-Portfolio mit nur zwei Geldanlagen (50 Prozent Renten-ETF, 50 Prozent Aktien-ETF) ein individuelles Portfolio aufbauen. Als Anlagespektrum stehen Ihnen die in den Kapiteln

- **Basisanlagen** für Einsteiger (ab S. 93),
- **Beimischungen** zu den Basisanlagen (ab S. 115) und
- **Risikoreiche** Anlagen (ab S. 133)

im Einzelnen beschriebenen Basisanlagen zur Verfügung: zum Beispiel Festgelder, Rentenfonds, Basis-Aktienfonds und ETF sowie verschiedene Beimischungen (Branchen- und Regionenfonds, Offene Immobilienfonds). Zu kleinen Anteilen kommen auch Einzelaktien, Gold- und Rohstoffe sowie Crowdfunding-Beteiligungen in Betracht, vorausgesetzt, der Anteil „sicherer" Anlagen in Ihrem Gesamtportfolio beträgt rund 50 Prozent.

Benötigte Rendite für Kapitalverdopplung

Gewünschter Zeitraum für Kapitalverdopplung (in Jahren)	Benötigte Rendite p. a. (in Prozent)
7	10,4
10	7,2
15	4,7
20	3,5
25	2,8
30	2,3

Behalten Sie Ihre persönlichen Ziele im Auge

Auch wenn die vorgenannten Anlagestrategien eine gute Richtschnur für Sie und Ihr Risikoprofil sind, kann es sein, dass Sie dennoch davon abweichen müssen.

Dies kann und sollte der Fall sein, wenn Sie damit Ihre speziellen Anlageziele nicht erreichen können. Dabei spielen insbesondere die Faktoren Anlagehorizont und Rendite eine wichtige Rolle, wie die Beispiele zu den Anlagezielen im ersten Kapitel „Sie haben Geld übrig?“ (ab S. 11) gezeigt haben.

Konflikt zwischen Anlagedauer und Verfügbarkeit

Benötigen Sie kurzfristig Geld für einen Immobilienkauf, eine Weltreise oder größere Anschaffungen, müssen Sie vor allem auf die Liquidierbarkeit Ihrer Anlagen achten. Keine der vorgenannten Anlagestrategien kommt in einem solchen Fall für Sie in Betracht, da diese schon aufgrund der möglichen Schwankungen der Aktienanlagen alle einen Anlagehorizont von fünf Jahren oder mehr voraussetzen.

Wenn Sie in den Beispielfällen nicht genügend liquide Mittel bereithalten, müssen Sie vielleicht genau dann Ihre Aktienanlagen verkaufen, wenn diese gerade einen heftigen Kursverlust hinter sich haben – so wie etwa der Kursrutsch Anfang des Jahres 2020. Wie die Grafik auf S. 112/113 zeigt, gleichen sich Kurseinbrüche nach einigen Jahren wieder aus. Diesen Zeitraum sollten Sie mit liquiden Rücklagen überbrücken können.

Konflikt zwischen Risikobedürfnis und Renditeerwartung

Wenn Sie sich als sicherheitsbewusster Anleger eingeordnet haben, der möglichst wenig Risiko eingehen will, Ihr Ziel aber ist, so früh wie möglich in den Ruhestand zu gehen, sollten Sie Ihre gewählte Strategie vielleicht noch einmal überdenken.

Dann müssten Sie nämlich höhere Renditen erzielen, als mit der defensiven Ausrichtung möglich ist. Die Tabelle „Benötigte Rendite für Kapitalverdopplung“ auf S. 68 zeigt, in welchem Maße die erzielte Rendite die Anlagedauer verkürzen kann, um das eingesetzte Kapital zu verdoppeln.

Dies nur als zwei Beispiele weiterer möglicher Konflikte. Prüfen Sie kritisch, ob die von Ihnen gewählte Anlagestrategie mit Ihren individuellen Zielen kompatibel ist.

Nachhaltig anlegen

Wenn es für Sie wichtig ist, Ihr Geld in Projekte und Unternehmen anzulegen, die sich an gewisse ethisch-ökologische Standards halten, gibt es auch für diese Ziele entsprechende Anbieter und Investmentmöglichkeiten.

Klimaschutz und Nachhaltigkeit gehören zu den Topthemen unserer Zeit. Die Vereinten Nationen haben mit der Agenda 2030 17 Nachhaltigkeitsziele für die globale Entwicklung verabschiedet (17ziele.de). Daran anknüpfend hat die EU-Kommission einen Aktionsplan für nachhaltige Finanzen aufgelegt, mit der Idee, durch ein nachhaltiges Finanzwesen den Klimaschutz und eine nachhaltige Entwicklung zu unterstützen. Aber nicht alle Anleger wollen warten, bis die Politik bestimmte Maßnahmen umsetzt. Immer mehr wollen bereits seit einigen Jahren bei Ihren Investments sogenannte ESG-Kriterien beachtet wissen. Die Abkürzung ESG steht für „Environment Social Governance", also Umwelt, Soziales und Unternehmensführung. Sie hat sich in der Finanzwelt etabliert, um auszudrücken, ob und wie bei Anlagestrategien ökologische und sozial-gesellschaftliche Aspekte sowie die Art der Unternehmensführung berücksichtigt werden.

Ethische Banken

Für die Anlage von Tages- oder Festgeld können Sie sich eine nachhaltige Bank suchen. Das sind zunächst einmal Banken wie andere auch – sie unterliegen der gleichen staatlichen Aufsicht und bieten in jedem Fall auch die gesetzliche Einlagensicherung von 100 000 Euro. Auch nachhaltige Banken verleihen das bei ihnen eingelegte Geld der Anleger weiter, finanzieren damit aber vor allem Projekte, die mit dem Thema Nachhaltigkeit zu tun haben. Was diese Banken nicht als Kredit vergeben, zum Beispiel für Ökobauernhöfe, Solaranlagen oder soziale Einrichtungen, legen sie am Kapitalmarkt in Wertpapiere an. Sie investieren das Geld aber zum Beispiel nicht in Waffenhersteller, Unternehmen mit Kinderarbeit oder Kohleförderer und Ölproduzenten.

Die von den ethischen Banken gebotenen Zinsen können mit den Sparzinsen von Sparkassen, Volks- und anderen Filialbanken mithalten, echte Schnäppchen wie bei Angeboten von Direktbanken im Internet oder Zinsportalen findet man aber nicht.

Bekannte Nachhaltigkeitsbanken sind zum Beispiel die GLS Bank, die Umweltbank und die niederländische Triodos Bank.

Nachhaltige Zinsanlagen

Wollen Sie bei Ihrer Hausbank bleiben, können Sie nach Klima-, Umwelt- oder Ökosparbriefen fragen. Die Banken stecken das mit diesen Anlagen gesammelte Geld zweckgebunden in nachhaltige Projekte. Allerdings handelt es sich meist um zeitlich und regional beschränkte Angebote.

Weitere Informationen finden Sie unter test.de/oekozinsen.

Nachhaltige Fonds

Auch im Fonds- und ETF-Bereich finden Sie nachhaltige und klimafreundliche Fonds, die manchmal auch als Ökofonds bezeichnet werden. Das sind zum Beispiel Fonds, die bei ihren Investitionen bestimmte ESG-Standards beachten und die „Sustainable Development Goals" der Vereinten Nationen (UN) berücksichtigen. Das Angebot an ethisch-ökologischen ETF ist allerdings noch nicht groß. Das Gros der Angebote machen gemanagte Fonds aus.

Gentechnik, fossile Brennstoffe, Kernenergie, Rüstung, Umweltverschmutzung, Menschen- und Arbeitsrechtsverletzung und Korruption sind Ausschlusskriterien.

Häufig arbeiten solche Fonds mit Ausschlusskriterien. Dabei werden Aktiengesellschaften oder Anleiheherausgeber, die auf kontroversen Geschäftsfeldern agieren, als mögliche Investments des Fonds herausgefiltert: Etwa Gentechnik, Rüstung oder fossile Brennstoffe und Kernenergie, auch zweifelhafte Geschäftspraktiken wie ein negatives Umweltverhalten, Menschen- und Arbeitsrechtskontroversen oder Korruption werden aus dem Anlageuniversum der Fonds aussortiert. Eine andere Herangehensweise ist das sogenannte Best-in-Class-Prinzip. Dabei werden nicht von vornherein bestimmte Branchen ausgeschlossen, sondern Unternehmen, die in ihrer Branche in Sachen Nachhaltigkeit am besten abschneiden, bevorzugt. Dann kann auch ein Ölkonzern zum Anlageuniversum eines Fonds gehören, wenn er nachhaltiger arbeitet als andere Ölfirmen.

Siegel für nachhaltige Geldanlagen

Bei nachhaltigen Geldanlagen gibt es viele Siegel, mit dem Anbieter für ihre Produkte werben, wie zum Beispiel:

- **Im Netzwerk des UN Global Compact** sind Unternehmen und Organisationen vertreten, die besonders auf Transparenz, Arbeits- und Menschenrechte, Korruption und Umweltschutz achten.

- **Das FNG-Siegel** (Siegel des Forums für Nachhaltige Geldanlage) ist der Qualitätsstandard für nachhaltige Investmentfonds im deutschsprachigen Raum. Die Methodik des FNG-Siegels basiert auf einem Mindeststandard. Dazu zählen Transparenzkriterien und die Berücksichtigung von Arbeits- und Menschenrechten, Umweltschutz und Korruptionsbekämpfung, wie sie im UN Global Compact zusammengefasst sind. Auch müssen alle Unternehmen des jeweiligen Fonds explizit auf Nachhaltigkeitskriterien hin analysiert werden. Investments in Unternehmen aus den Bereichen Atomkraft, Kohlebergbau und Kohleverstromung, Fracking, Waffen und Rüstung sind tabu. Darüber hinaus können hochwertige Nachhaltigkeitsfonds mit bis zu drei Sternen ausgezeichnet werden.

- **Das Europäische Transparenzlogo für Nachhaltigkeitsfonds** wird an die Unterzeichner eines Transparenzkodex verliehen und soll Anlegern die Möglichkeit geben, schnell und sicher festzustellen, ob und wo sie Informa-

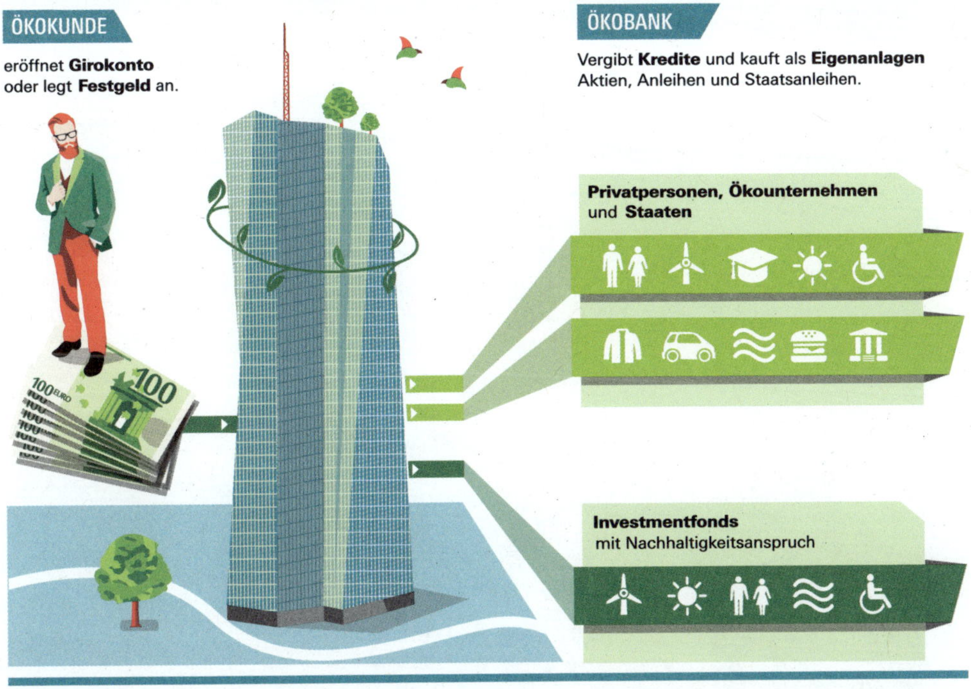

tionen über die nachhaltige Anlagestrategie eines Investmentprodukts finden.

- **Das PRI-Siegel** (Principles for Responsible Investment) steht für Mitglieder einer 2006 gegründeten Investoreninitiative in Partnerschaft mit der Finanzinitiative des UN-Umweltprogramms UNEP und dem UN Global Compact. Das von den Vereinten Nationen unterstützte Investorennetzwerk hat mittlerweile über 4000 Unterzeichner, die sich zu sechs von der Initiative erstellten ESG-Prinzipien für verantwortungsvolle Investments verpflichtet haben.

Datenbanken

Da letztlich jeder Fondsmanager andere Kriterien bei der Auswahl nachhaltiger Aktien und Anleihen anwendet, sollten Sie sich immer genau anschauen, ob diese Kriterien auch in Ihrem Sinne sind.

Das Forum Nachhaltige Geldanlagen hat eine Datenbank für ethisch-ökologische Fonds aufgebaut, auf der Anleger abfragen können, nach welchen Kriterien die dort gelisteten Fonds ihre Wertpapier-Auswahl treffen (forum-ng.org/fng-nachhaltigkeitsprofil). Auch in der Fondsdatenbank der Stiftung Warentest können Sie Filter für Nachhaltigkeitskriterien setzen und werden über Ausschlusskriterien informiert.

Schritt für Schritt alles vorbereiten

Bevor Sie Ihr Geld investieren können, müssen Sie wissen, wie man Konten und Depots eröffnet, wo Sie die besten Angebote finden und wie Sie Transaktionen im Onlinebanking durchführen. Neben den Direktbanken buhlen im Internet diverse Websites, Banking-Apps und automatische Vermögensverwalter (Robo-Advisors) um das Geld und die Aufmerksamkeit der Anleger.

Um Geld anlegen zu können, müssen Sie zunächst noch ein paar Vorbereitungen treffen. Sie wollen nicht unbedingt bei Ihrer Hausbank bleiben? Sie sind bereit, zu einer oder mehreren Banken zu wechseln, die bessere Konditionen bieten? Dann sollten Sie wissen, wie man ein Konto und ein Depot eröffnet. Der Aufwand dafür ist überschaubar. Stellt man die benötigte Zeit ins Verhältnis zu den besseren Erträgen oder günstigeren Angeboten, die Sie bei einer anderen Bank erhalten, ergibt sich meist ein respektabler Stundenlohn.

Vermutlich werden Sie sich für das Onlinebanking entscheiden. Damit diese Bankgeschäfte sicher ablaufen, benötigen Sie Transaktionsnummern. Wir zeigen Ihnen, welche Verfahren die Banken nutzen.

Und weil das Internetzeitalter ständig komplexer wird, bietet der Markt viele Handy-Apps an. Wie sinnvoll und sicher sind sie? Stiftung Warentest hat die Angebote unter die Lupe genommen (siehe S. 88). Außerdem haben wir uns zusätzliche Hilfsangebote im Netz angeschaut. Viele sind empfehlenswert.

Konten und Depots eröffnen

Die passenden Bankangebote zu finden und Wertpapiere zu kaufen, ist nicht schwer.

Mit den richtigen Konten und Depots für Ihre Geldanlagen können Sie viel Geld sparen und damit die Rendite Ihrer Anlagen verbessern.

So finden Sie das passende Tages- oder Festgeldkonto

Im derzeitigen Zinsumfeld gibt es akzeptable Tages- und Festgeldangebote nur noch bei Direktbanken im Internet. Wenn Sie wissen, für welche Laufzeiten Sie Angebote suchen, nutzen Sie am einfachsten die Produktfinder der Stiftung Warentest für die besten Tages- und Festgeldangebote im Internet unter test.de/zinsen.

Der Produktfinder Tagesgeld vergleicht die Angebote und Konditionen von rund 90 Großbanken, bundesweiten und überregionalen Privatbanken sowie in- und ausländischen Onlinebanken.

Der Produktfinder Festgelder und Sparbriefe enthält die Zinskonditionen für Laufzeiten zwischen einem Monat und zehn Jahren von über 700 ausgewählten lang laufenden Festgeldangeboten. Alle 14 Tage werden die Datenbanken aktualisiert.

Sie können im Produktfinder verschiedene Filter einstellen, um die Suche zu personalisieren. So können Sie unter anderem wählen, dass nur die Top-5-Angebote angezeigt werden oder nur Angebote, die auch für Minderjährige gelten oder als Gemeinschaftskonten geführt werden können. Zinsangebote, die Sie dann besonders interessieren, können Sie in einer Vergleichsmaske direkt miteinander vergleichen und speichern oder als PDF ausdrucken.

Um in die Auswertung von Finanztest aufgenommen zu werden, müssen die Zinsangebote bestimmte Kriterien erfüllen:

- **Es werden nur Zinsangebote** mit verbraucherfreundlichen Bedingungen in die Datenbank aufgenommen. Zum Beispiel bleiben Angebote mit Zusatzkosten oder Kombiprodukte, bei denen üblicherweise die eine Hälfte des Anlagebetrags in die Zinsanlage und die andere Hälfte in Investmentfonds fließen, außen vor.
- **Die Einlagensicherung** muss stimmen. Es werden nur Banken aus europäischen Staaten aufgenommen, deren Einlagensicherung und Wirtschaft für eine größere Krise gerüstet scheint.
- **Bei den Tagesgeldern** werden im Produktfinder dauerhaft gute Angebote

gekennzeichnet. Das sind Tagesgeldkonten, die in den vergangenen 24 Monaten dauerhaft zu den besten Angeboten gehört haben. Bei solchen Tagesgeldern ist die Wahrscheinlichkeit hoch, dass nicht kurz nach Eröffnung des Kontos die Zinsen drastisch gesenkt werden, weil der Anbieter seine „Produktoffensive" beendet.

Für Wertpapiere brauchen Sie ein Depot

Wie bereits erwähnt: Für Bankeinlagen wie Tages- und Festgelder benötigen Sie ein entsprechendes Konto, für Wertpapiere – diese erkennen Sie an der Wertpapierkennnummer (WKN) oder der ISIN – benötigen Sie ein Depot.

In einem Depot werden Wertpapiere – etwa Aktien, Anleihen, gemanagte Fonds, ETF und Zertifikate – verwahrt. Früher gab es Wertpapiere als echte Papierstücke, heutzutage werden sie elektronisch verarbeitet. Das Depot ist dabei eine Art Konto, auf dem Zu- und Abgänge von Wertpapieren verbucht werden. Die Depotstelle – eine Bank oder Investmentgesellschaft – kümmert sich darum, dass Gelder aus Verkäufen oder Ausschüttungen wie Zinsen oder Dividenden dem sogenannten Verrechnungskonto gutgeschrieben oder die Erträge wieder angelegt werden. Die Depotstelle schickt regelmäßig Abrechnungen über alle Buchungen und einen Depotauszug an den Anleger.

Wie finde ich die richtige Bank für mein Depot?

Mit sicheren Zinsanlagen lässt sich in Zeiten niedrigster Marktzinsen nicht viel verdienen. Umso wichtiger ist es, bei den Kosten Ihrer Geldanlagen genau hinzuschauen. Beim Wertpapierdepot können Sie besonders einfach Kosten minimieren und damit die Rendite Ihrer Anlagen verbessern.

Auch wenn sich in vielen Lebensbereichen aktives Handeln auszahlt, ist das bei der Geldanlage nicht unbedingt genauso. Jede Aktivität ist hier meist mit Kosten verbunden und mindert das Gesamtergebnis. Entscheiden Sie sich von Anfang an für zu Ihnen passende Anlagen und Bankverbindungen, müssen Sie vielleicht mehrere Jahre keine großen Wechselaktionen durchführen und sparen damit Geld. Eine alte Börsenweisheit lautet: „Hin und her macht Taschen leer." Das bedeutet, je mehr ein Anleger handelt, desto höher sind natürlich auch seine Kosten. Studien wie die der Wirtschaftsprofessoren Hackethal und Meyer im Auftrag von Finanztest aus dem Jahr 2015 belegen überdies, dass häufiges Kaufen und Verkaufen von Wertpapieren sogar ohne Berücksichtigung der Kosten zu oft schlechteren Anlageergebnissen führt.

Wie viel Sie als Neuanleger mit Ihrem Depot sparen können, hängt entscheidend von Ihrem zukünftigen Nutzungsverhalten ab. Je nachdem, ob Sie viel oder eher wenig handeln wollen, gibt es passende Preismodelle bei unterschiedlichen Banken. Die beiden

Checkliste

So eröffnen Sie ein Konto bei einer Direktbank

Einfach in vier Schritten:

☐ **Angebot suchen.** Gehen Sie auf die Homepage des Anbieters, dessen Angebot Sie zum Beispiel per Produktfinder von Finanztest ausgewählt haben. Suchen Sie dann das Sie interessierende Produkt, etwa ein Festgeldkonto, auf der Homepage der Direktbank. Wenn Sie das Produkt anklicken, finden Sie neben den Informationen zum Festgeld oft einen Button „Konto eröffnen" o. Ä.

☐ **Kontoeröffnungsantrag ausfüllen.** Lassen Sie sich dann durch das Menü für die Neueröffnung führen. Viele Direktbanken bieten hier bereits sehr übersichtliche Masken an. Manchmal müssen Sie nur Ihre Adressdaten angeben und bekommen die Kontoeröffnungsunterlagen per Post. Meist lassen Banken Sie alles direkt am PC eingeben, und Sie können mit den ausgedruckten Unterlagen den nächsten Schritt, die Identitätsprüfung, angehen.

☐ **Identität nachweisen.** Jede Bank ist gesetzlich verpflichtet, die Identität ihrer Kunden zu überprüfen. Direktbanken nutzen dazu verschiedene Verfahren, etwa das **PostIdent-Verfahren.** Dafür nehmen Sie Ihre Kontoeröffnungsunterlagen und Ihren Personalausweis mit zu einer Postfiliale. Der Postmitarbeiter überprüft die Angaben in Ihrem Ausweis und leitet die Unterlagen an die Direktbank weiter. Manche Banken nutzen eine Identitätsprüfung per **Videochat.** Dazu brauchen Sie PC oder Smartphone mit stabiler Internetverbindung und eine Webcam. Ein Mitarbeiter der Bank oder eines externen Dienstleisters führt dann die Identitätsprüfung durch. Er fragt Sie nach Ihrem Namen und Geburtsdatum. Dann halten Sie Ihren Personalausweis in die Kamera; er wird fotografiert und gescannt. Der Mitarbeiter vergleicht das Ausweisbild mit Ihrem Gesicht.

☐ **Eröffnungspaket.** Liegen Eröffnungsunterlagen samt Identifizierung Ihrer neuen Bank vor, wird Ihnen ein „Eröffnungspaket" mit den wichtigsten Informationen zu der Bank zugesandt. Die für Sie relevanten Daten sind die Kontonummer, Ihre persönliche Identifikationsnummer (PIN) und die entsprechenden Unterlagen zum gültigen TAN-Verfahren. Sobald Ihre neue Kontonummer da ist, können Sie Geld darauf überweisen. Bei manchen Banken können Sie das schon vor der Bestätigung tun. Dann wird der Anlagebetrag ab dem Tag des Eingangs verzinst – vorbehaltlich der Annahme des Antrags durch die Bank.

entscheidenden Faktoren für die Gesamtkosten sind die Depotgebühren und die Orderentgelte.

Wenn Sie langfristig in Wertpapiere anlegen und wenig handeln möchten, ist die kostenlose Verwahrung der Papiere, also ein kostenloses Depot, für Sie der wichtigste Punkt. Bei vielen Direktbanken werden Sie hier fündig. Manche Direktbanken knüpfen ein kostenloses Depot noch an einfach zu erfüllende Voraussetzungen, wie die Einrichtung eines Sparplans oder eines zusätzlichen kostenlosen Girokontos. Bei Filialbanken zahlen Kunden hingegen häufig über 50 Euro im Jahr für ein Depot oder auch wesentlich mehr, wenn die Gebühren sich prozentual nach der Höhe des Depots richten.

Wenn es um den zweiten Kostenblock, die Ordergebühren, geht, ist ein Wechsel zu einer Direktbank schon ein Gebot der Vernunft. Filialbanken und Sparkassen lassen sich Aufträge zum Kauf oder Verkauf von Wertpapieren meist mit einer Provision von rund 1 Prozent des Betrags bezahlen. Bei einer Order über beispielsweise 50 000 Euro fallen also 500 Euro Gebühren an. Die meisten Direktbanken sind hier wesentlich preiswerter. Häufig verlangen sie 0,25 Prozent der Anlagesumme, wobei sich die endgültigen Orderpreise aus einer prozentualen Gebühr und einer Festpreiskomponente zusammensetzen. Gewöhnlich ist die prozentuale Gebühr gedeckelt auf einen Festpreis von höchstens 75 Euro. Für Anleger am günstigsten sind sogenannte Flatfees, also betragsunabhängige Festkosten. Je öfter Sie Wertpapiere handeln, umso höher ist Ihr Einsparpotenzial, wenn Sie die passende Bank für Ihre Ziele wählen.

Dazu kommen bei Filial- und Direktbanken noch Fremdspesen wie Börsenplatzgebühr und Maklercourtage. Viele Banken reichen die Fremdspesen direkt an die Anleger weiter, manche verlangen Pauschalpreise, die aber nicht immer alle Fremdspesen enthalten. Je nach Börsenplatz und Wertpapiergattung fallen die Fremdspesen unterschiedlich aus. Bei einer Order über beispielsweise 5 000 Euro liegen sie meist zwischen 2 und 5 Euro. Auch hier arbeiten manche Banken mit Pauschalpreisen.

→ Der Börsenhandelsplatz Xetra

Sofern Wertpapiere an verschiedenen Handelsplätzen angeboten werden, haben Sie beim Kauf oder Verkauf die Wahl, über welchen Börsenplatz Ihre Order ausgeführt werden soll. Gerade für wenig erfahrene Anleger ist hier Xetra eine vernünftige Wahl. Xetra ist die elektronische Plattform der Deutsche Börse AG und dominiert mit großem Vorsprung den Wertpapierhandel in Deutschland. Regionalbörsen wie Stuttgart, München oder Hamburg haben selbst zusammengenommen bei Aktien oder ETF nur einen Bruchteil des Umsatzes, der tagtäglich über Xetra abgewickelt wird. Wenn Sie Ihre

Orders über Xetra aufgeben, können Sie davon ausgehen, dass diese zu fairen, marktgerechten Konditionen ausgeführt werden. Gemanagte Fonds sind nicht über Xetra handelbar, hier sind die Börsen Frankfurt und Hamburg sowie die Plattform Tradegate recht handelsstark.

Mit einer Depotkostenuntersuchung hat Finanztest die tatsächlichen Endpreise (inklusive Nebenentgelte, auf die die Bank keinen Einfluss hat) für Anleger erfasst: test.de/Depotkosten.

Dort finden Sie für unterschiedlich große Modelldepots mit einer, vier und zwölf Orders pro Jahr die günstigsten Anbieter. Nicht erfasst sind in diesem Test Sonderaktionen einzelner Anbieter. So bieten Direktbanken für Neukunden oft deutlich bessere Konditionen – allerdings zeitlich befristet.

Wie eröffne ich ein Depot?

Die Depoteröffnung bei einer Direktbank läuft ähnlich wie die Eröffnung eines neuen Tages- oder Festgeldkontos: Zunächst laden Sie das Formular für die Kontoeröffnung von der Internetseite der Bank herunter und füllen es aus. Oft können Sie es auch direkt am PC ausfüllen. Danach folgt die Identitätsprüfung (PostIdent oder Videochat).

Ein paar Tage nach der Anmeldung schickt die Onlinebank die Depotunterlagen per Post. Dazu gehören neben der neuen Kontonummer für das Verrechnungskonto sowie der Depotnummer auch das Passwort und PIN-Nummern, die Sie zur Depoteröffnung brauchen. Das Verrechnungskonto ist das Konto, auf das Sie von Ihrem Girokonto bei Ihrer „Hausbank“ Geld überweisen, um Wertpapierkäufe vorzunehmen. Auf dieses Verrechnungskonto werden zum Beispiel auch Ausschüttungen von Fonds, Dividenden oder Anleihezinsen gezahlt. Bei den neuen Smartphonebrokern läuft die Anmeldung ausschließlich über VideoIdent. Anleger haben dort keine oder allenfalls marginale Orderkosten. Solche Broker sind vor allem für ein junges, internetaffines Publikum attraktiv.

Orderkosten sparen für Filialbankkunden. Wenn Sie trotz der viel geringeren Kosten nicht zu einer Direktbank wechseln wollen, sollten Sie bei Ihrer Hausbank zumindest auf Onlinebanking umsteigen. Bei vielen Filialbanken sind die Orderkosten deutlich niedriger, wenn Sie den Auftrag selbst am Computer eingeben. Das ist dann sinnvoll, wenn Sie für den Kauf oder Verkauf keine Beratung brauchen.

Melden Sie sich mit der zugeschickten Kontonummer und mindestens einem Passwort auf der Internetseite der Bank an. Anschließend müssen Sie nur noch Geld für den Kauf der Wertpapiere von Ihrem Girokonto auf das neue Verrechnungskonto überweisen, dann kann es losgehen.

So kaufen Sie Wertpapiere in fünf Schritten

Wenn Sie wissen, welches Wertpapier Sie kaufen wollen, loggen Sie sich bei der neuen Bank, bei der Sie Ihr Depot eröffnet haben, ein.

1. **Wertpapier mit ISIN/WKN eindeutig spezifizieren.** Sie benötigen für einen Wertpapierkauf zunächst die zwölfstellige Kennnummer ISIN, das unverwechselbare Merkmal jedes Wertpapiers. Die ISIN beginnt mit dem Länderkürzel des Wertpapiers. Ist beispielsweise ein Fonds in Irland aufgelegt, beginnt die ISIN mit IE, bei einer deutschen Anleihe steht DE am Anfang und eine Aktie aus den USA entsprechend US. Wenn Sie die ISIN nicht kennen, kommen Sie in der Regel auch mit der sechsstelligen WKN (Wertpapierkennnummer) weiter. Sie finden die ISIN/ WKN meist über die Suchfunktion Ihrer Onlinebanking-Maske oder notfalls durch Googeln im Internet.
2. **Stückzahl festlegen.** Anschließend müssen Sie die Stückzahl angeben, also wie viele Wertpapiere Sie kaufen wollen. Sie haben sich vermutlich bereits überlegt, wie viel Geld Sie investieren wollen. Schauen Sie sich zunächst den aktuellen Kurs des Wertpapiers an (siehe auch S. 90 „Direktbanken und Börsen als Informationsquellen“). Dann können Sie ermitteln, wie viele Papiere Sie kaufen können. Aus der Division „Kaufsumme durch Stückpreis je Wertpapier“ ergibt sich die Stückzahl, die Sie sich leisten können. Wollen Sie beispielsweise 5 000 Euro in einen Fonds investieren und ein Anteil des Fonds kostet 40 Euro, können Sie 125 Stück kaufen.
3. **Der richtige Börsenplatz.** Wertpapiere werden in der Regel an verschiedenen Börsen gehandelt. Die Eingabemasken beim Onlinebanking zeigen meist eine Vorauswahl der Börsen, an denen ein Handel für das gewünschte Papier stattfindet. In Deutschland werden beispielsweise die meisten Aktienorders über den Handelsplatz Xetra an der Frankfurter Wertpapierbörse abgewickelt. Wird ein Wertpapier auch an einer der Regionalbörsen wie Berlin, Düsseldorf, Hamburg, Hannover, München oder Stuttgart gehandelt, können sich die Kurse unterscheiden. Denn die Börsen sind unabhängig voneinander, und die Kurse hängen von Angebot und Nachfrage an der jeweiligen Börse ab. Sie sollten aber nicht nur auf den zuletzt gehandelten Kurs schauen und

dann an der vermeintlich günstigsten Börse kaufen. Auch wenn der Kurs einer Aktie zum Zeitpunkt der Orderaufgabe an einer Regionalbörse am günstigsten war, kann es passieren, dass dort zu diesem Preis kein weiterer Umsatz zustande kommt, weil es an entsprechenden Verkäufern fehlt. Im Vergleich zu Xetra werden an den Regionalbörsen oft nur geringe Stückzahlen bei Aktien umgesetzt. Der Spread, also die Differenz zwischen Kauf- und Verkaufskurs, ist dort deshalb häufig höher.
Grundsätzlich sollten Sie ein Wertpapier dort kaufen, wo dessen größter Umsatz stattfindet. Das garantiert in der Regel transparente, marktnahe Preise und eine zeitnahe Ausführung der Order. Bei einer Direktbank werden in der Übersichtsmaske zu einem Wertpapier die Umsätze, also das Volumen der gehandelten Papiere, an den verschiedenen Handelsplätzen angezeigt. Wollen Sie ausländische Papiere kaufen, die nicht an einer deutschen Börse gehandelt werden, müssen Sie als Handelsplatz eine ausländische Börse angeben, an der die Aktie gelistet ist. Beachten Sie immer die Gebühren, die beim Wertpapierhandel im Ausland entstehen, und mögliche Währungsschwankungen, wenn die Aktien dort nicht in Euro notiert sind.

4 **Limit setzen.** Da sich die Kurse von Wertpapieren ständig ändern, sollten Sie bei Börsenorders stets ein Limit setzen. Damit verhindern Sie, dass Sie zu einem zu hohen Preis kaufen oder zu billig verkaufen. Bei einem Kauflimit wird Ihre Order nur ausgeführt, wenn der Preis des Wertpapiers nicht darüber liegt. Bei einem Verkauf bedeutet ein Limit, dass nicht verkauft wird, wenn Sie nicht mindestens den vorgegebenen Preis erzielen. Ohne ein Limit wird die Order „billigst" (bei Kauf) beziehungsweise „bestens" (bei Verkauf) ausgeführt. Das heißt, sobald sich ein Käufer beziehungsweise Verkäufer findet, kommt der Handel zustande. Der Preis kann dann unter Umständen weit von Ihren Vorstellungen entfernt liegen.
Sie können bei Limit-Orders festlegen, wie lange diese gelten sollen. Wird eine Wertpapierorder nicht am Tag der Auftragserteilung ausgeführt, wird die Bank versuchen, dies am Folgetag zu tun. Sofern Sie nichts anderes angegeben haben, bleibt der Auftrag bis zum Monatsende (Ultimo) gültig. Ein Nachteil bei Limit-Orders ist, dass manchmal nur ein Teil des Auftrags zum festgelegten Preis ausgeführt werden kann. Die Restausführung erfolgt erst später oder aber gar nicht. Gerade bei seltener gehandelten Wertpapieren kann das dazu führen, dass

die Order nur häppchenweise ausgeführt wird und mit jeder Teilausführung Gebühren entstehen. Teilausführungen am gleichen Tag verursachen bei vielen Banken aber nur einmal Gebühren. Mit einer Fill-or-kill-Order (erfülle oder vernichte) können Sie festlegen, dass der Auftrag nur vollständig oder aber gar nicht ausgeführt wird.

5 **Auftrag freigeben.** Nachdem Sie alle Daten in die Ordermaske eingegeben und bestätigt haben, erhalten Sie diese nochmals zur Kontrolle. Zur Freigabe müssen Sie dann eine Transaktionsnummer (TAN) eingeben, die nur für diesen Auftrag gilt. Solange Sie also nicht die TAN eingegeben haben, kann nichts passieren. Bis dahin können Sie den Ordervorgang jederzeit abbrechen.

Für Transaktionen brauchen Sie eine TAN

Ohne Onlinebanking ist es schwierig, attraktive und kostengünstige Geldanlagen abzuschließen. Am Markt gibt es verschiedene technische Verfahren und die Banken nutzen diese unterschiedlich.

→ **Im September 2019** sind aufgrund der europäischen Zahlungsdiensterichtlinie PSD2 neue Regeln für das Onlinebanking in Kraft getreten, die elektronische Zahlungen sicherer machen sollen. Zwar gilt das neue EU-Recht nicht für Wertpapierkäufe, allerdings bieten Banken, die neben Girokonten auch Wertpapierdepots führen, dafür dieselben Onlinebanking-Verfahren an. Das iTAN-Verfahren, bei dem Kunden aus einer Liste eine bestimmte Transaktionsnummer (TAN) auswählen mussten, entspricht nicht mehr den aktuellen Sicherheitsanforderungen. Die Verfahren müssen dynamisch sein, also aus den konkreten Auftragsdaten einer Überweisung oder Wertpapiertransaktion TANs erzeugen. Ihre Bank wird Ihnen die von ihr genutzten Verfahren vorschlagen. Sie können dann das Verfahren auswählen, mit dem Sie gut klarkommen. Derzeit am sichersten sind wohl ChipTAN, BestSign und PhotoTAN – jeweils mit Lesegerät und QR-TAN. Folgende Verfahren werden derzeit von Banken angeboten:

ChipTAN – auch SmartTAN

Sie benötigen dafür einen TAN-Generator mit Tastatur, Anzeige und Kartenschlitz für Ihre Girocard, den Sie bei Ihrer Bank oder im Elektronikhandel erhalten. Bei allen auf dem Markt befindlichen Varianten stecken Sie die Girocard in das Gerät und geben die Überweisungs- oder Orderdaten am PC ein. Dort erscheint dann eine Grafik (Flickercode, farbige Grafik oder QR-Code), die Sie mit dem Gerät scannen. Durch die Grafiken werden die Transaktionsdaten an den Generator übertragen, der daraus die TAN erzeugt. Mit der TAN geben Sie Ihren Auftrag frei.

BestSign

Für dieses Verfahren benötigen Sie ein Zusatzgerät, das einem USB-Stick ähnelt und das Sie durch die Eingabe einer Identifikationsnummer mit Ihrem Konto verknüpfen müssen. Anschließend bekommen Sie per Post einen Code, mit dem Sie das Gerät aktivieren. Dann müssen Sie das Zusatzgerät mit Ihrem PC verbinden. Geben Sie die Auftragsdaten am PC ein, zeigt das Gerät dies noch einmal an. Sind die Daten korrekt, bestätigen Sie das per Knopfdruck. Eine sichtbare TAN ist nicht beteiligt.

PhotoTAN

Auch für die PhotoTAN brauchen Sie ein spezielles Gerät – ein Lesegerät, das Sie bei Ihrer Bank registrieren lassen müssen. Dieses Lesegerät wird so programmiert, dass nur Sie es nutzen können. Nachdem Sie die Auftragsdaten am Computer eingegeben haben, wird daraus eine farbige Grafik auf dem Bildschirm erzeugt. Diese müssen Sie mit dem Lesegerät scannen und es zeigt anschließend die Daten Ihres Auftrages und die TAN an.

QR-TAN

Dafür benötigen Sie ein Smartphone und eine App, mit der Sie einen QR-Code lesen können. Wenn Sie die Orderdaten am PC eingegeben haben, erscheint ein QR-Code auf dem Bildschirm des PCs. Mit der QR-TAN-App können Sie den Code scannen und eine TAN generieren.

AppTAN – andere Namen: VR-SecureGo, easyTAN, TAN2go, PushTAN, Sparda-SecureApp

Für diese Verfahren müssen Sie eine App Ihrer Bank auf ein Smartphone laden und aktivieren. Die App ist passwortgeschützt. Nachdem Sie Ihre Auftragsdaten am PC eingegeben und eine TAN angefordert haben, starten Sie die App, die Ihnen dann die TAN anzeigt.

SMS-TAN (auch MobileTAN, mTAN)

Für dieses Verfahren benötigen Sie kein Smartphone, ein einfaches Handy genügt. Sie teilen der Bank dessen Nummer mit und erhalten Ihre TANs als SMS.

Neue Trends: Banking-Apps und Robo-Advisors

Auch bei der Geldanlage macht die Digitalisierung nicht halt. Handy-Apps und digitale Vermögensverwalter buhlen um Anleger.

40 Prozent der Onlinebanking-Kunden in Deutschland verwenden ihr Handy laut dem Digitalverband Bitkom für ihre Bankgeschäfte. Die meisten informieren sich über Kontostand und Umsätze, deutlich weniger überweisen aufgrund Sicherheitsbedenken Geld mit dem Smartphone. Doch Mobilebanking per App wird mittlerweile als so sicher wie Onlinebanking betrachtet.

Sie müssen aber selbstverständlich darauf achten, dass Sie Apps und Betriebssystem immer auf dem aktuellen Stand halten und die Apps nur aus den offiziellen App-Stores herunterladen.

Eine beliebte Funktion von Banking-Apps ist die Fotoüberweisung. Mit ihr können Sie Ihr Smartphone über die Rechnung halten, ein Foto auslösen und die App liest Empfänger, IBAN, Verwendungszweck und Betrag automatisch aus. Wichtige „klassische" Funktionen der Apps sind Überweisungen, Kontostands- und Umsatzabfragen. Positiv ist auch, wenn Apps multibankenfähig sind, also Überweisungen von Konten verschiedener Banken ausführen können oder Girokonten mehrerer Banken eingebunden werden, sodass deren Umsätze und Kontostände mit einer App einsehbar sind. Die App sollte auch einen Informationsservice (per Push-Nachricht, SMS oder E-Mail) über Kontobewegungen in Echtzeit anbieten. Dann können Sie Fehlbuchungen bemerken und schnell reagieren.

Robo-Advisors

Anleger, die sich nicht selbst um ihre Wertpapieranlagen kümmern wollen, können dies einem professionellen Vermögensverwalter anvertrauen. Diese Dienstleistung kostet aber natürlich Geld. Und eine Garantie für bessere Anlageergebnisse, als „normale" Privatanleger sie erzielen würden, gibt es nicht. Eine günstigere und modernere Form der Vermögensverwaltung versprechen sogenannte Robo-Advisors.

Dahinter verbergen sich keine Roboter und auch keine Berater (Advisor), sondern Onlineanbieter, die das Geld standardisiert und nach vorgegebenen Algorithmen anlegen und verwalten. Viele Anbieter sind als Finanzportfolioverwalter durch die BaFin zugelassen.

Anleger müssen dort zunächst standardisierte Fragen beantworten, etwa zu Alter,

Wer kennt sich aus?

Banking-Apps sollen Geldgeschäfte leichter und mobiler machen. Die Stiftung Warentest hat im Sommer 2020 insgesamt 38 Banking-Apps für Smartphones von Banken und Drittanbietern wie Vergleichsportalen und Softwareunternehmen untersucht. Die Ergebnisse finden Sie unter: test.de/Banking-Apps.

gewünschter Anlagedauer, eigenen Finanzkenntnissen, Anlagezielen und Risikomentalität. Die „Robos" erstellen dann Anlagevorschläge, bei denen je nach Anlagedauer und Risikoeinstellung Quoten für Aktien- und Anleihenanlagen zwischen null und 100 Prozent möglich sind. Die meisten Anbieter arbeiten bei der Zusammenstellung der Portfolios für den Anleger mit ETF.

Ist der Anleger mit dem Vorschlag einverstanden, schließt er einen Vermögensverwaltungsvertrag mit dem Anbieter des Robo-Advisors ab, wenn es sich um einen Finanzportfolioverwalter handelt. Der „Robo" und sein Algorithmus verwalten dann das Portfolio. Zunächst wird das Geld wie vorgeschlagen angelegt, bei späteren Umschichtungen handelt er alleine, ohne sich zuvor mit dem Anleger nochmals abzustimmen. Robos ohne Lizenz zur Finanzportfolioverwaltung müssen sich vor jedem Anpassen des Portfolios die Genehmigung des Anlegers einholen.

Robo-Kosten und Transparenz

Auch wenn Robo-Advisors meist günstiger als klassische Vermögensverwalter sind, sind sie oft noch lange keine Schnäppchen. Hier gibt es unter den Anbietern deutliche Preisunterschiede, und hohe Kosten müssen nun einmal erst wieder hereinverdient werden, bevor eine Rendite für den Anleger erwirtschaftet werden kann. Für die günstigsten Robos muss der Anleger jährlich rund 0,6 Prozent der Anlagesumme entrichten. Darin enthalten sind die Robo-Gebühr und die laufenden Fondskosten. Der teuerste Robo kostete bei der letzten großen Untersuchung von Finanztest im Jahr 2018 0,95 Prozent vom verwalteten Vermögen zuzüglich laufender Kosten der enthaltenen Fonds. Mit insgesamt 1,87 Prozent Kosten pro Jahr war dieser Robo damit dreimal so teuer wie die günstigen.

Robo-Advisors, die aufgrund der Vorgaben des Anlegers nur in sichere Portfolios ohne Aktien anlegen, rechnen sich nicht. Die Ertragsaussichten solcher Portfolios sind im derzeitigen Zinsumfeld zu gering, als dass nach Kosten noch etwas verdient werden könnte.

Transparenz ist wichtig. Robo-Advisors müssen ihre Anleger gut informieren. Nur dann können sie verstehen und überprüfen, was ihnen vorgeschlagen wird, und die durch den Robo vorgenommenen Umschichtungen nachvollziehen. Als Grundlage für Ihre Anlageentscheidung sollte Ihnen gezeigt werden, wie das Depot aufgebaut ist, welche konkreten Produkte verwendet werden und wie das Vermögen sich über die Jahre entwickeln könnte. Auch die zu erwartenden Risiken und Kosten sollten transparent sein. Eine regelmäßige und verständliche Information durch den Robo ist wichtig.

Bei der Verwaltung des Portfolios beschränken sich manche Robos darauf, die Anfangsgewichtung der einzelnen Portfoliobausteine (etwa Aktien- und Anleihen-ETF) nach standardisierten Vorgaben wieder herzustellen, wenn eine Anlageklasse aufgrund der Wertentwicklung ein höheres Gewicht erreicht hat. Dies nennt man Rebalancing (mehr dazu auf S. 150 „Zielanpassung und Rebalancing"). Andere Anbieter tauschen auch Fonds aus oder verändern die Asset Allocation, also die Zusammenstellung verschiedener Anlageklassen, wenn der Algorithmus dies in unterschiedlichen Marktphasen für geboten hält. Ob die künstlichen Vermögensverwalter langfristig – vor allem nach Kosten – bessere Ergebnisse erzielen als Anleger mit einfachen oder individuellen Anlagestrategien, wird sich erst in einigen Jahren zeigen. Derzeit sind die Robo-Advisors für einen Vergleich noch nicht lange genug am Markt.

Das Depot auf dem Smartphone

Eine neue Gruppe von Anbietern für Depots und Wertpapierhandel sind die sogenannten Smartphonebroker.

Sie locken mit extrem niedrigen oder gar keinen Kosten für Depot und Wertpapiertransaktionen:

- **Gratisbroker** und **Justtrade:** Der Handel für Anleger ist kostenlos, die Mindestorderhöhe liegt aber bei 500 Euro.
- **Trade Republic:** leitet nur Fremdkosten in Höhe von 1 Euro pro Order weiter.
- **Scalable Capital** hat mehrere Depotvarianten: Für „Prime Broker" zahlen Sie pauschal 2,99 Euro / Monat und können dafür beliebig Wertpapiere kaufen und verkaufen. „Free Broker" hat keine laufenden Kosten, aber jeder Kauf oder Verkauf kostet 0,99 Euro.

Ihr Geld verdienen diese „Neo-Broker" vor allem über Provisionen von Dritten, etwa den Handelsplatzbetreibern. Anleger können bei diesen Anbietern über eine App

Was die Neobroker bieten

	finanzen.net zero	Justtrade	Scalable Capital	Trade Republic
Internetadresse	finanzen.net/zero/	justtrade.com	scalable.capital	traderepublic.com
Nutzung per App (1)	ja	ja	ja	ja
Nutzung über Browser	ja	ja	ja	nein
Depoteröffnung: Postident	nein	nein	ja	nein
Depoteröffnung: Videoident	ja	ja	ja	ja
Depotführende Bank	Baader Bank	Sutor Bank	Baader Bank	Trade Republic Bank
Jährliche Depotgebühr (€)	0,00	0,00	35,88 (0,00) (2)	0,00
Depotübertrag von einem anderen Institut	nein	nein	ja (3)	ja (3)
Guthabenzins (Prozent p. a.)	0,00	–0,50	0,00	0,00
Börsliche Handelsplätze	Gettex	LS Exchange, Quotrix, Tradegate	Gettex, Xetra	LS Exchange
Handelszeiten	8–22 Uhr	7.30–23 Uhr	8–22 Uhr	7.30–23 Uhr
Kosten für eine Order (€)	0,00	0,00	0,99 / 0,00 (2)	1,00
Mindestordergröße, Kauf (€)	500	500	keine	keine
Handelb. ETF / geman. Fonds	300 / 2100	1000 / entfällt	1500 / 2000	1500 / entfällt
Handelbare Aktien	3600	7300	6000	7500
Handelbare Derivate	60000	ca. 500000	keine (geplant)	40000
Angebotene ETF-Sparpläne	250	keine	ca. 1300 (2)	ca. 1500 (4)

(1) Mit Smartphone und Tablet. **(2)** Modell „Prime Broker" für 2,99 € / Monat bietet unbegrenzt viele Wertpapierkäufe und -verkäufe ab 250 € sowie kostenlose ETF-Sparplanausführungen ab 25 €. Order bis 250 € kosten 0,99 €. Im Modell „Free Broker" ohne Grundpreis kosten Wertpapierorder und ETF-Sparplanausführungen 0,99 Euro, der erste Sparplan ist kostenlos. Sogenannte Prime-ETFs sind grundsätzlich kostenlos. Xetra-Trading kostet grundsätzlich 3,99 € / Ordner plus 0,01 % (mind. 1,50 €) Handelsplatzgebühr. **(3)** Nur beim jeweiligen Anbieter handelbare Wertpapiere können übertragen werden. **(4)** Kostenlose Ausführung.

Stand: 1. Juni 2021

oder den Browser handeln. Das Angebot an Wertpapieren ist geringer als bei den meisten Direktbanken und Anleger können nicht über die Börsenplattform Xetra oder ausländische Börsen handeln.

Für viele Kleinanleger ist das aber ausreichend. Besonders die kostenlosen ETF-Sparpläne machen sie interessant. Der Wechsel eines bestehenden Depots zum Smartphonebroker ist nicht immer möglich. Wenn Anleger ihren bisherigen Wertpapierbestand behalten wollen, müssen sie dann den neuen Broker für ein Zweitdepot nutzen.

Die neuen Smartphonebroker sind besonders interessant, wenn Anleger sich mit geringeren Anlagesummen ein breit gestreutes Depot aus Einzelaktien aufbauen wollen. Dafür benötigt man üblicherweise mindestens 20 verschiedene Werte. Wenn es kaum bis keine Kaufkosten gibt, können Anleger zum Beispiel 15000 Euro auf 20 bis 30 Aktien verteilen und damit eine akzeptable Streuung erreichen.

Nachteile der Neo-Broker

Die günstigen Kosten haben natürlich auch Nachteile. Die Neo-Broker sind personell eher dünn besetzt und anders als herkömmliche Banken und Direktbanken nicht einfach telefonisch erreichbar. Probleme werden meist über E-Mail oder Chatfunktionen gemeldet. Die Depoteröffnung erfolgt meist nur über das Videoident-Verfahren. Im Bildschirmdialog mit einem Callcentermitarbeiter benötigen Sie als Anleger neben Ihrer Bildschirmkamera und dem Personalausweis mitunter etwas Geduld.

Nützliche Helfer bei der Geldanlage

Das Internet bietet Ihnen eine Fülle von Recherchemöglichkeiten und Hilfsmitteln, die Sie bei der Geldanlage unterstützen.

→ **Die Datenbanken** von Finanztest sind ein hervorragendes Hilfsmittel, um die besten Angebote für Ihre Anlagen im Zins- und Fondsbereich zu finden. Bei der Auswahl der besten Tages- und Festgelder hilft Ihnen test.de/zinsen. Die passenden aktiven Fonds und ETF finden Sie unter test.de/fonds.

Daneben gibt es im Internet einige nützliche und sogar kostenlose Tools, die Sie auf Ihrem Weg zum Geldanlageprofi nutzen können, wenn Sie sich eingehender mit dem Thema Geldanlage beschäftigen wollen.

Direktbanken und Börsen als Informationsquellen

Eine weitere Anlaufstelle bei der Suche nach aktuellen Informationen zu Aktien, aktiven Fonds, ETF und deren Kursen sind die Internetseiten der Direktbanken. Dort finden Sie Kurscharts, Übersichten, Kennzahlen und Porträts.

Geben Sie dafür einfach die Wertpapierkennnummer, ISIN oder den Namen des Produkts, für das Sie sich interessieren, in das Suchfenster auf der Startseite ein.

Probieren Sie ruhig verschiedene Direktbanken aus, um herauszufinden, mit welcher Seite Sie gut zurechtkommen und wo Sie die benötigten Informationen bequem finden. Das muss nicht die Bank sein, bei der Sie auch Ihr Depot haben.

Bekannte Direktbanken in Deutschland sind zum Beispiel

- ing.de
- dkb.de
- comdirect.de
- consorsbank.de

Auch Finanzportale wie onvista.de bieten gute Recherchemöglichkeiten zu den meisten Anlageklassen. Allein auf ETF ist die Seite justetf.de spezialisiert. Sie liefert viele Informationen rund um die Anlage mit ETF.

Beim Analysieren und Vergleichen von Fondsentwicklungen sind einige wichtige Punkte zu beachten: Die Wertentwicklungen sollten in Euro berechnet werden, eventuelle Ausschüttungen sollten rechnerisch reinvestiert werden und nur wirklich identische Zeiträume können verglichen werden.

Unter allen an der Börse Frankfurt gehandelten ETP (Exchange Traded Products), zu denen auch ETF und ETC gehören, können Sie mit dem „ETP-Sucher“ boerse-frankfurt.de/etps/search das für Sie passende Produkt finden.

Die Anleihen-, Fonds- und ETF-Finder können Sie insbesondere dann nutzen, wenn Sie nicht mehr nur in Basisanlagen investieren wollen, sondern daneben gewisse Beimischungen in Ihr Portfolio aufnehmen wollen. Sie sollten dann schon einige Geldanlagekenntnisse besitzen und bereit sein, gewisse Risiken einzugehen.

Rechenhilfen

Sie wollen verschiedene Szenarien durchrechnen, wie viel aus einem bestimmten Anlagebetrag in einigen Jahren zu unterschiedlichen Zinssätzen werden kann?

Das und noch viel mehr können Sie mit zinsen-berechnen.de. Die Internetseite bietet leicht zu bedienende Rechentools in Bereichen wie Anlegen und Sparen, Börse, Vorsorge und Steuern.

Dort finden Sie unter anderem Zinsrechner für die einmalige Geldanlage, für Zuwachssparen mit steigenden Zinssätzen,

Sparrechner für die regelmäßige Anlage, Renditerechner für Geldanlagen und Entnahmeplanrechner für Renten aus Kapitalvermögen.

Immobilienseiten

Planen Sie, demnächst oder in ein paar Jahren eine Immobilie zur Selbstnutzung oder zum Vermieten anzuschaffen, können Sie bereits jetzt anfangen, sich mit dem Immobilienmarkt vertraut zu machen.

Ein gutes Gefühl für Angebot und Nachfrage in bestimmten Orten bekommen Sie, wenn Sie bei Immobilienportalen wie immo welt.de oder immobilienscout24.de sogenannte Suchagenten einrichten. Damit können Sie sich per E-Mail über Objektangebote auf der jeweiligen Vermittlungsplattform informieren lassen, die den von Ihnen definierten Vorgaben entsprechen.

Wenn Sie eine Weile beobachten, zu welchen Preisen und wie lange Verkaufs- oder Vermietungsangebote von Immobilien mit bestimmten Ausstattungsmerkmalen online sind, bekommen Sie ein Gefühl für den Markt in Ihrer Wunschgegend.

Testen und trainieren Sie Ihre Risikokompetenz

Unter Risikokompetenz versteht man in den Verhaltenswissenschaften ein Maß für die Fähigkeit, Wahrscheinlichkeiten zu verstehen – und zwar nicht nur im Hinblick auf die allgemeine Intelligenz oder die Fähigkeit, sie zu berechnen, sondern auch für die Fähigkeit, die Risiken zu verstehen, die diese Wahrscheinlichkeiten bedeuten, und wie riskant sie wirklich sind.

Risikokompetenz ist auch bei der Geldanlage wichtig. Während die Risikobereitschaft zeigt, wie viel Risiko ein Anleger bereit ist, bei der Geldanlage einzugehen, zeigt die Risikokompetenz, inwieweit er das konkrete Risiko verstanden hat.

Vielleicht überschätzt ein nicht sehr risikobereiter Anleger die Risiken mancher Geldanlageformen. Das kann dann beispielsweise zur Folge haben, dass er selbst kleine Beimischungen von chancenreicheren Anlagen wie etwa einem Aktien-ETF gar nicht in Betracht zieht und damit wichtige Renditebausteine bei seinen Anlagen außer Acht lässt.

Während die Risikobereitschaft oft ein individuelles, persönliches Merkmal ist, das weitgehend stabil und unveränderlich ist, lässt sich die Risikokompetenz in der Praxis verbessern.

Eine verbesserte Risikokompetenz hilft Ihnen, Wahrscheinlichkeiten besser einzuschätzen und damit realistischere Investitionsentscheidungen zu treffen.

Das kommt Ihnen auch bei der Vermeidung von Anlagefehlern zugute, mehr dazu ab S. 149 „Was bei der Geldanlage sonst noch wichtig ist".

Basisanlagen für Einsteiger

Mit nur wenigen Basisanlagen lässt sich ein risikogestreutes und ertragsstarkes Portfolio aufbauen. Festverzinsliche Anlagen bilden dabei das sichere Fundament. Globale Aktienfonds und ETF sorgen für höhere Renditechancen.

Festgeld und Anleihen bieten die Möglichkeit, Geld sicher festverzinslich anzulegen. In diesem Kapitel lernen Sie, wo ihre Vor- und Nachteile liegen und welche Idee hinter einer sogenannten Festgeldtreppe steckt.

Bequemer als die Anlage in Festgelder ist die Investition in Rentenfonds. Was Festgeld, Anleihen und Rentenfonds eint: Die zu erwartende Rendite bleibt überschaubar.

Ganz anders läuft es mit globalen Aktienfonds und ETF. Sie locken mit höheren Renditechancen.

Schön und gut, werden Sie jetzt vielleicht sagen. Doch wie findet man die passenden Fonds – oder besser den roten Faden im Angebotsdschungel? Und wie gelingt mir im richtigen Leben die richtige Mischung von Sicherheit und Rendite? Wir zeigen Ihnen, welche konkreten Angebote für Sie geeignet sind. Und in Sachen Strategie empfiehlt Stiftung Warentest gerade für Neulinge das „Pantoffel-Portfolio“ (siehe S. 107). Sie werden staunen, wie stabil und bequem so ein Schuh gerade für unerfahrene Anleger sein kann.

Sicher und flexibel: Die Festgeldtreppe

Mit der Strategie einer Festgeldtreppe können Anleger längerfristig in festverzinsliche Anlagen investieren und dennoch zu einem gewissen Grad flexibel und liquide bleiben.

Wollen Sie für einen bestimmten Zeitraum Geld in sichere Zinsanlagen investieren, beispielsweise für ein, drei oder fünf Jahre, können Sie Festgelder oder Anleihen sehr sicherer Emittenten wählen. Dann wissen Sie genau, welchen Betrag Sie am Ende der Laufzeit zurückbekommen. Haben Sie hingegen keinen festen Anlagezeitraum vor Augen, sondern wollen zum Beispiel für die Altersvorsorge einen Teil Ihres Geldes sicher anlegen, kann die sogenannte Festgeldtreppe eine interessante Alternative für Sie sein.

Bei festverzinslichen Anlagen müssen Sie immer im Hinterkopf haben, dass sich die allgemeinen Marktzinsen während der Laufzeit Ihrer Anlage ändern können. Sind Sie in einem Festgeld investiert, können Sie nicht auf positive Entwicklungen reagieren. Steigen beispielsweise die Marktzinsen, ein Jahr, nachdem Sie Ihren Betrag für fünf Jahre festgelegt haben, werden neue Angebote für Fünf-Jahres-Festgelder bessere Konditionen als Ihre Anlage bieten. Sie müssen aber noch vier Jahre warten, bis Ihr festgelegtes Geld wieder frei wird. Auch bei einem unerwarteten Geldbedarf, beispielsweise wenn Sie plötzlich Hausreparaturen vornehmen müssen oder ungeplant ein neues Auto benötigen, kommen Sie nicht an Ihr in lang laufende Festgelder investiertes Kapital.

Haben Sie in Anleihen investiert, können Sie diese zwar während der Laufzeit meist verkaufen, es besteht aber die Gefahr, dass Sie dann Kursverluste hinnehmen müssen, wenn zwischenzeitlich die Marktzinsen gestiegen sind. Denn dann kaufen andere Anleger Ihnen Ihre Anleihe mit den schlechteren Zinsen nur gegen einen Abschlag ab. Wollen Sie Kursverluste vermeiden, müssen Sie die Anleihe bis zum Ende der Laufzeit halten, da diese dann zu 100 Prozent vom Herausgeber (Emittent) der Anleihe bedient wird (sofern dieser liquide bleibt).

Bei Rentenfonds ist das Risiko eines Ausfalls eines Anleiheemittenten zwar stark minimiert, da im Fonds viele Anleihen verschiedener Herausgeber gebündelt sind. Steigen aber die allgemeinen Marktzinsen, betrifft dies grundsätzlich alle schon ausgegebenen Anleihen, sodass auch Rentenfonds dann Kursverluste erleiden.

Festgeld, Rentenfonds und Anleihen im Vergleich

	Festgeld	Rentenfonds	Anleihen
Laufzeit	Meist 1 bis 10 Jahre; Wiederanlage nach Ende der Laufzeit erforderlich	Unbegrenzt; Wiederanlage erst nach Verkauf erforderlich	Von wenigen Tagen bis unendlich; man kann Anleihen einteilen in: Geldmarkt (0 bis 1 Jahr), kurz- (1 bis 3 Jahre), mittel- (3 bis 7 Jahre), langfristig (mehr als 7 Jahre)
Verwahrung	In der Regel ein Konto je abgeschlossenem Festgeld; bei Zinsportalen Übersicht über mehrere Konten bei verschiedenen Banken	Als Wertpapier Teil des Depots	Als Wertpapier Teil des Depots
Sicherheit	Auf gesetzliche Einlagensicherung achten: insoweit kein Verlustrisiko	Keine Einlagensicherung; Fondsvermögen ist Sondervermögen; Kursverluste möglich	Von Bonität des Schuldners (Emittent) abhängig; keine Einlagensicherung
Verfügbarkeit	Während Anlagedauer kein Zugriff auf Kapital	Jederzeit veräußerbar	Jederzeit veräußerbar (aber von Liquidität z. B. an Börse abhängig)
Erträge	Festgelegte Zinserträge	Erträge der Anleihen im Fonds können ausgeschüttet werden oder im Fonds verbleiben (Thesaurierung)	Je nach Ausgestaltung, meist regelmäßige Zinserträge
Kosten	Festgeldkonten i. d. R. kostenlos	Laufende Fondskosten; evtl. Abschlusskosten oder Handelskosten und Depotkosten	Handelskosten und evtl. Depotkosten

Treppenstrategie: Sie investieren in fünf Festgelder (oder Anleihen) mit einer Laufzeit von einem bis fünf Jahren. Immer wenn eine Anlage ausläuft, kaufen Sie eine neue mit fünfjähriger Laufzeit.

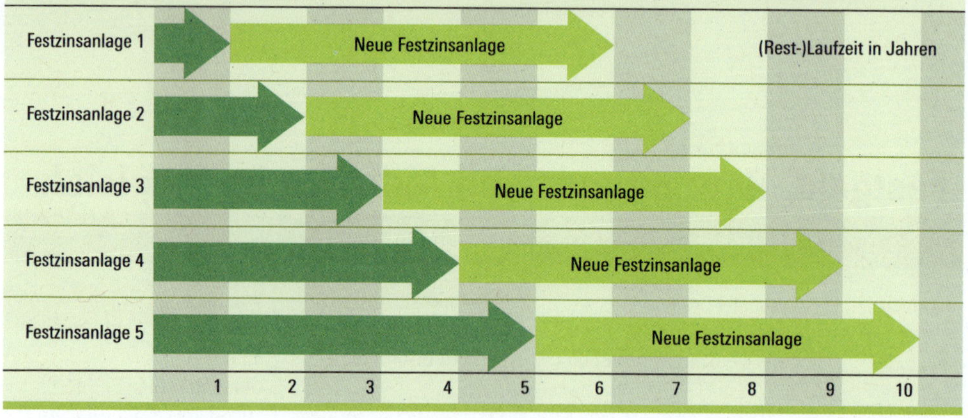

Wesentliche Unterschiede bei der Festzinsanlage in Festgelder, Anleihen und Rentenfonds zeigt die Tabelle „Festgeld, Rentenfonds und Anleihen im Vergleich".

So funktioniert die Festgeldtreppe

Bei der Festgeldtreppe handelt es sich um eine Art Kompromiss zwischen dem Wunsch nach Flexibilität bei Marktzinsänderungen oder außerplanmäßigem Geldbedarf und möglichst hoher sicherer Rendite. Sie ist kein fertiges Anlageprodukt, das Sie bei einer Bank kaufen können, sondern eine Anlagestrategie für Festgelder, bei der Sie Ihre Anlagesumme auf verschiedene Laufzeiten verteilen.

Beispiel: Sie möchten 50 000 Euro im Festgeldbereich anlegen. Dann teilen Sie die Summe in gleiche Tranchen von beispielsweise jeweils 10 000 Euro. Sie legen jeden Teilbetrag unterschiedlich lange fest, hier im Beispiel ein, zwei, drei, vier und fünf Jahre. Werden nach zwölf Monaten die ersten 10 000 Euro fällig, legen Sie sie wieder zu den dann gültigen Konditionen für fünfjährige Festgelder fest.

Zwar haben Sie mit der Festgeldtreppe anfangs eine geringere Gesamtzinserwartung, als wenn Sie den gesamten Betrag für fünf Jahre festlegen. Denn je länger Sie Kapital festlegen, umso höhere Zinsen erhalten Sie in der Regel. Der Vorteil der Festgeldtreppe ist aber vor allem ihre Flexibilität: Sind die Zinsen in der Zwischenzeit gestiegen, erwirtschaftet das wieder angelegte Geld bereits bessere Renditen. Damit nicht genug: Steigen die Zinsen in den Folgejahren ebenfalls, wachsen Schritt für Schritt auch die übrigen Erträge, wenn Sie mit den anderen jeweils freigewordenen Tranchen dasselbe tun. Sinken die Zinsen wider Erwarten, riskieren Sie mit dieser Strategie zwar Verluste gegenüber der Anlage in nur ein lang laufendes Festgeld. Dafür kommen Sie bei der Festgeldtreppe jedes Jahr zumindest an einen Teil Ihres Geldes heran und können dies für einen Notbedarf oder andere Anlageklassen verwenden.

Zur Optimierung der Festgeldtreppe suchen Sie sich bei verschiedenen Direktbanken das jeweils beste Angebot für die jeweilige Laufzeit. So hat vielleicht Bank A gute Zinsen für Festgelder von einem, zwei und drei Jahren Laufzeit, ist aber bei längeren Laufzeiten nur unterdurchschnittlich. Dann legen Sie Ihre Tranchen für vier und fünf Jahre eben bei Bank B an, die dafür wesentlich bessere Konditionen bietet.

Nicht empfehlenswerte Varianten der Festgeldtreppe

Sie können die längste Laufzeit Ihrer Festgeldtreppen-Anlagen zwar selbst bestimmen und entsprechend dem Aufwand, den Sie betreiben wollen, die anderen Laufzeiten einteilen. So könnten Sie beispielsweise auch zehn Tranchen mit Laufzeiten zwischen einem und zehn Jahren wählen. Abgesehen von der höheren Arbeit, die es macht, zehn verschiedene Festgelder herauszusuchen, ist es in Zeiten mit einem sehr niedrigen Zinsniveau sinnvoller, nur eine Treppe mit Laufzeiten bis vier oder fünf Jahren aufzubauen. Bei länger laufenden festverzinslichen Anlagen können Sie auf einen Anstieg des allgemeinen Zinsniveaus nicht hinreichend reagieren.

Sie könnten die Festgeldtreppe auch mit Anleihen erweitern und auch Anleihen mit der gewünschten Laufzeit als einzelne Treppenstufen verwenden. Derzeit lohnt das aber nicht, denn Anleihen mit einer ausreichend hohen Bonität bringen aktuell auch nicht mehr Rendite als Festgelder.

Rentenfonds

Rentenfonds sind eine bequeme Form, um breit gestreut in festverzinsliche Wertpapiere zu investieren. Die Fonds unterscheiden sich unter anderem nach der Art und Laufzeit der gehaltenen Anleihen sowie der Währung der Papiere. Bei Marktzinssteigerungen drohen zunächst Verluste.

Rentenfonds sind Fonds, die sich auf festverzinsliche Wertpapiere konzentrieren. Sie legen ihr Kapital in erster Linie in Anleihen an. Anleihen werden auch als Renten bezeichnet, weil die Anleger regelmäßige (Zins-)Zahlungen erhalten – wie bei einer Rente. Da ein Rentenfonds in viele unterschiedliche Papiere anlegt, ist das Risiko, dass Anlegern durch den Ausfall eines Emittenten Verluste entstehen, im Gegensatz zum Einzelinvestment in Anleihen stark minimiert. Eine gesetzliche Einlagensicherung wie bei Festgeldern gibt es aber bei Anleihen und Rentenfonds nicht.

Rentenfonds können täglich an die Fondsgesellschaft zurückgegeben oder über die Börse verkauft werden. Anders als Anleihen haben sie auch kein Fälligkeitsdatum, sodass Anleger sich nicht regelmäßig um die Wiederanlage kümmern müssen.

Die Rendite von Rentenfonds und Renten-ETF

Rentenfonds gehören zu den Investmentfonds und so gibt es auch hier zwei große Gruppen: gemanagte (aktive) Fonds oder ETF. Während bei Ersteren ein Fondsmanager die Auswahl der Anleihen vornimmt, bilden ETF einen Index nach.

Die Rendite von Rentenfonds setzt sich aus Zinserträgen und aus Kursgewinnen oder -verlusten der Anleihen bei Änderungen der allgemeinen Marktzinsen zusammen. Im derzeitigen Niedrigzinsniveau können die Marktzinsen kaum noch fallen. Für Anleger in Rentenfonds würde eine mögliche Zinswende zunächst Verluste bedeuten. Denn andere Investoren kaufen lieber die neuen, besser verzinsten Papiere oder akzeptieren die alten, schlechter verzinsten nur noch mit einem Preisabschlag. Diese Kursverluste wirken sich natürlich auch auf Fonds aus, die die Anleihen in ihrem Fondsvermögen halten. Erst mit einem Zeitverzug würden sie in den Genuss der höheren Zinsen neuer Anleihen kommen.

Den umgekehrten Verlauf konnten Anleger in den Jahren nach der Jahrtausendwende beobachten. Damals fielen die durchschnittlichen Zinsen von Staatsanleihen aus dem Euroland von 5 auf 0,5 Prozent. Im gleichen Zeitraum betrug die Wertentwicklung 5,1 Prozent pro Jahr. Rentenfonds mit diesen Anleihen hätten in dieser Zeit ihren Wert mehr als verdoppelt.

→ Rückgabe an Fondsgesellschaft bei aktiven Fonds

ETF und aktiv gemanagte Fonds, die an der Börse gehandelt werden, können dort ge- und verkauft werden. Manche aktive Fonds werden aber nicht über die Börse gehandelt, ein Verkauf kann nur über die Fondsgesellschaft durch Rückgabe der Anteile erfolgen. Die Rücknahme seitens der Fondsgesellschaft erfolgt zum Rücknahmepreis, der meist einmal täglich berechnet wird. Vorteil der Rückgabe an die Fondsgesellschaft: Es fallen dafür keine Gebühren und Transaktionskosten wie beim Verkauf über die Börse an. Sie können auch an der Börse gehandelte aktive Fonds an die Fondsgesellschaft zurückgeben. Wählen Sie beim Verkauf in der Ordermaske Ihrer Bank den Handelsplatz „Fondsgesellschaft" statt einen der Börsenplätze.

Kosten von Rentenfonds

Da in Niedrigzinszeiten die Möglichkeiten von Rentenfonds, Renditen mit Anleihen zu erwirtschaften, begrenzt sind, sind die Kosten der Produkte ein entscheidender Faktor. Die laufenden Kosten von aktiven Fonds liegen oft zwischen 0,5 und 1 Prozent, der Ausgabeaufschlag kann 2,5 bis 3 Prozent des Kaufpreises betragen. Diese Kosten muss ein Rentenfonds erst einmal wieder verdienen, damit für den Anleger etwas übrig bleibt. Renten-ETF sind günstiger. Ihre jährlichen Verwaltungskosten liegen oft unter 0,2 Prozent. Da sie nur über die Börse gekauft werden können, hängen die Kaufkosten von Ihrer Bank ab. Je nach Anlagesumme ist der Börsenkauf aber deutlich günstiger als der Kauf mit Ausgabeaufschlag. Dazu kommen die Gebühren für die Nutzung des Börsenplatzes, siehe S. 77 „Wie finde ich die richtige Bank für mein Depot?“.

Rentenfonds Euro

Die Chancen und Risiken von Rentenfonds hängen insbesondere von der Anlagestrategie und dem Anlageschwerpunkt ab. Am sichersten sind Fonds, die sich auf deutsche Staatsanleihen und Staatsanleihen anderer solider Länder der Eurozone konzentrieren. Die Ausfallwahrscheinlichkeit ist bei Euro-Staatsanleihen vermutlich gering und es bestehen keine Wechselkursrisiken, da die vom Fonds gehaltenen Anleihen auf Euro lauten. Während Renten-ETF aus diesem Segment ausschließlich einen Index nachbilden, der Staatsanleihen aus dem Euroraum beinhaltet, mischen Fondsmanager aktiver Fonds häufig auch andere Papiere wie beispielsweise Unternehmensanleihen oder Pfandbriefe im Fondsvermögen. Wenn Sie auf aktive Rentenfonds Euro setzen wollen, sollten Sie vorher und auch während der Laufzeit regelmäßig überprüfen, ob Ihr Fonds noch zu den guten Produkten in seiner Vergleichsgruppe gehört. Renten-ETF Euro sind da bequemer. Diese können Sie einfach laufen lassen. Ebenfalls als sichere Anlage geeignet sind Rentenfonds Euro, die Staats- und Unternehmensanleihen mischen.

Weitere Rentenfondsarten

Neben der Basisanlage „Rentenfonds Euro“ gibt es auch Fonds, die sich beispielsweise auf Anleihen aus Europa, Großbritannien oder den USA konzentrieren. Anleger sollten beachten, dass sie hier ein Währungsrisiko haben, weil die Papiere in den Fonds nicht mehr nur auf Euro, sondern auch auf Pfund, Schweizer Franken oder US-Dollar lauten. Chancenreicher, aber mitunter auch viel riskanter sind Fonds, die Anleihen von Unternehmen oder auch von Schwellenländern kaufen. Hochzins-Rentenfonds (englisch „High Yield Funds“) investieren gar in Anleihen von Staaten und Unternehmen mit einer geringen Kreditwürdigkeit.

Insbesondere die Hochzins-Rentenfonds sind nichts für Geldanlage-Anfänger. Wenn Sie Ihre sicheren Anlagebausteine mit Rentenfonds oder Renten-ETF abdecken wollen, sollten Sie bei Rentenfonds Euro bleiben. Natürlich können Ihre Festzinsanlagen auch aus einem Mix aus Festgeldern (oder einer Festgeldtreppe) und Rentenfonds bestehen.

Basis Aktien-ETF

An Aktienanlagen kommen Sie heutzutage nicht mehr vorbei. Breit gestreute Welt-Aktien-ETF oder aktive Welt-Aktienfonds bilden eine solide Basis für Ihr Depot.

Für Anleger mit einem Anlagehorizont von sieben und mehr Jahren sind Aktien-ETF ein sinnvoller und wichtiger Anlagebaustein. Das Problem ist nur, welche ETF sind die richtigen? An der Deutschen Börse werden über 1400 ETF gehandelt. Da kann die Auswahl einen Geldanlage-Anfänger durchaus überfordern. Aber keine Angst, so kompliziert ist es nicht. Nur eine begrenzte Anzahl an Aktien-ETF kommt als Basisanlage für Sie in Betracht.

Welt-Aktien-ETF als Basis

Für Einsteiger und zum langfristigen Vermögensaufbau eignen sich vor allem ETF auf Indizes, die das globale Aktienspektrum breit abdecken. Spiegelt der Index viele Werte wider, ist im Gegensatz zur Anlage in Einzelaktien das Risiko stark minimiert, in „genau die falschen" Unternehmen investiert zu sein. Wirtschaftliche oder juristische Probleme oder die Verwicklung in Skandale sorgen bei einzelnen Unternehmen immer wieder dafür, dass deren Aktienkurs abstürzt. Hat dieses Unternehmen einen großen Anteil am Portfolio eines Anlegers, kann das die Gesamtrendite stark herunterziehen. Anders ist es, wenn die Aktie nur eine von vielen anderen ist, wie dies bei einem breit gestreuten Aktien-ETF der Fall ist.

Welt-Aktien-ETF bilden Aktienindizes nach, die aus weltweiten und in unterschiedlichen Geschäftsfeldern tätigen Aktien-Unternehmen bestehen. Anleger können sicher sein, dass diese Fonds im Falle steigender Aktienmärkte Wertsteigerungen erzielen. Kriselt die Weltwirtschaft, kann dies auch zu Kursrückgängen der ETF führen. Denn eines müssen Sie bei ETF immer im Hinterkopf behalten: Der ETF macht die Entwicklung des Index voll mit, ob es auf- oder abwärts geht. Anders als bei aktiven Fonds gibt es keinen Manager, der die Wertentwicklung des Fonds durch geschickte Auswahl von Aktien und Käufe und Verkäufe zur richtigen Zeit beeinflussen kann.

Bei einem Börsencrash kommen Verluste für Anleger aber nur zum Tragen, wenn er seinen ETF zu einem ungünstigen Zeitpunkt verkaufen muss. Deshalb sollten Sie nur das Geld in Aktien-ETF fließen lassen, das Sie längerfristig entbehren können. Dann können Sie zwischenzeitliche Wertverluste gelassen aussitzen.

Welchen Anteil eine Aktie an einem Index und damit im ETF hat, richtet sich nach

MSCI World und MSCI ACWI

Der MSCI World ist die erste Wahl für Anleger, die nur auf Industrieländer setzen wollen. Der MSCI ACWI (All Country World) empfiehlt sich für Anleger, die auch Schwellenländer in ihr Portfolio integrieren möchten.

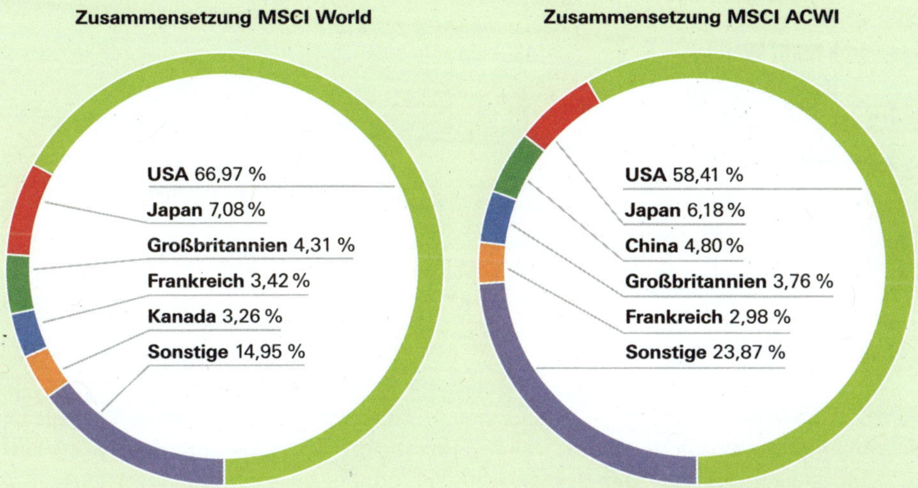

Quellen: MSCI, Stand: 30. April 2021

ihrer Marktkapitalisierung, auch Börsenwert genannt. Dieser ergibt sich, indem man alle frei handelbaren Aktien mit dem aktuellen Börsenkurs multipliziert.

Große teure US-amerikanische Toptitel wie etwa Microsoft oder Apple haben entsprechend ihres hohen Börsenwerts auch einen größeren Anteil in den Weltindizes. Während die US-amerikanischen Unternehmen darin auf einen Anteil von 50 bis 60 Prozent kommen, folgen die weiteren Länder wie Japan, Großbritannien, Frankreich und Deutschland mit großem Abstand.

Geeignete ETF für Anfänger und den langfristigen Vermögensaufbau sind solche auf die Welt-Indizes MSCI World, MSCI All Country World (ACWI), MSCI All Country World IMI und FTSE All World (mehr dazu auf den folgenden Seiten).

Der in New York ansässige US-amerikanische Finanzdienstleister MSCI ist einer der größten und wichtigste Indexanbieter. Die vorgenannten breiten Weltindizes von MSCI unterscheiden sich darin, ob sie Schwellenländer (Emerging Markets, kurz EM) und kleine Aktien (Small Caps) berücksichtigen.

→ Schwellenländer

Schwellenländer sind Staaten, die den Stand eines Entwicklungslandes verlassen haben und sich auf der Schwelle zu einer bedeutsamen industrialisierten Volkswirtschaft befinden. Zu diesen Emerging Markets zählen laut der Klassifizierung von MSCI beispielsweise (noch) China, Südkorea, Indien, Brasilien, die Türkei und Südafrika.

Die Indexfamilie des MSCI

Anleger können sich die Index-Welt selbst zusammenbauen oder einen Gesamtindex kaufen.

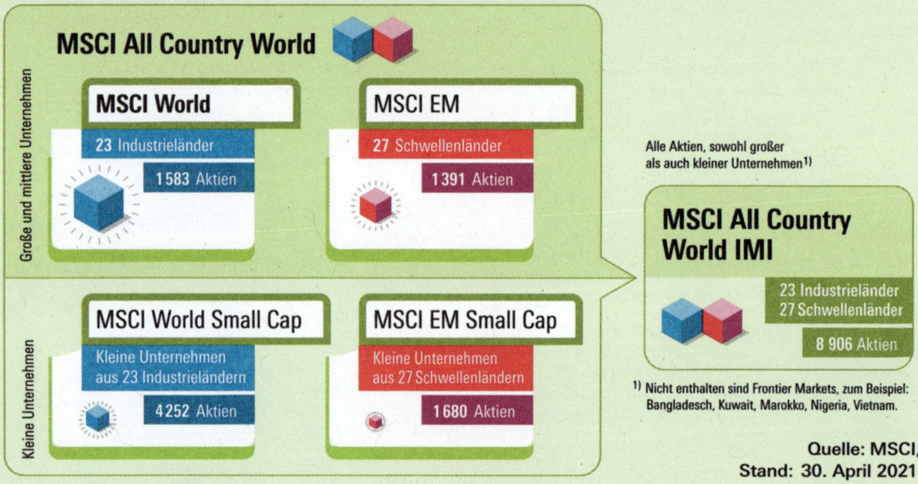

Quelle: MSCI,
Stand: 30. April 2021

Hier ein kleiner Steckbrief des MSCI und seiner Varianten sowie des FTSE:

- **MSCI World:** Mit einem ETF, der sich am MSCI World Index orientiert, setzen Anleger ausschließlich auf große und mittelgroße Aktien aus Industrieländern. Der Index beinhaltet rund 1 600 Aktien aus 23 Industrienationen. Es gibt mehrere ETF auf diesen Index, die von verschiedenen Anbietern aufgelegt wurden (siehe Info „Die großen ETF-Anbieter in Deutschland"). Der mit Abstand größte Anbieter ist iShares, gefolgt von Xtrackers und Lyxor.
- **MSCI All Country World (ACWI):** Dieser Index enthält auch große und mittelgroße Aktien aus Schwellenländern. Er eignet sich daher sehr gut für Anleger, die nicht nur Industrieländer in ihrem ETF haben wollen. Neben den Aktien des MSCI World enthält der MSCI ACWI noch über 1100 Aktien aus 27 Schwellenländern. Insgesamt sind es rund 3 000 Titel. Das Verhältnis Industrie- zu Schwellenländer beträgt ungefähr 90 zu 10.
- **MSCI All Country World IMI (Investible Markets Index):** Ein ETF auf diesen Index bietet mit knapp 9 000 Aktien das mit Abstand größte Aktienspektrum. Er bündelt zusätzlich zu den beiden anderen Indizes auch kleine Unternehmen aus Industrie- und Schwellenländern, wie in der oben abgebildeten Grafik „Die Index-Familie des MSCI" zu sehen ist.
- Beim **FTSE All World** handelt es sich um einen Welt-Index, der von dem britischen Anbieter FTSE zusammengestellt und angepasst wird. Er umfasst 3 900 Aktien großer, mittelgroßer und einiger kleiner Unternehmen aus Industrie- und Schwellenländern. Die Unterschiede zum MSCI ACWI sind überschaubar.

→ Die großen ETF-Anbieter in Deutschland

Wenn Sie nach ETF schauen, tauchen im Namen des jeweiligen Produkts meist auch die Anbieter auf, die den ETF auflegen und Anteile daran verkaufen. In Deutschland sind das:

iShares ist die ETF-Sparte des Vermögensverwalters Blackrock und der Weltmarktführer im ETF-Markt. iShares bietet ETF auf alle wichtigen Aktien-, Anleihen- und Rohstoffindizes (ishares.com).

Xtrackers gehört zur Deutschen Bank und bietet europaweit die zweitgrößte ETF-Auswahl (https://etf.dws.com/de-DE).

Lyxor ist eine Tochter der französischen Großbank Société Générale und nach Xtrackers der größte ETF-Anbieter in Europa. An der Deutschen Börse werden über 100 ETF dieses Anbieters gehandelt, die die wichtigsten Indizes abdecken (lyxoretf.de).

Amundi gehört zu 75,5 Prozent der französischen Bank Crédit Agricole (amundietf.com).

UBS ist eine der bedeutendsten Banken Europas. Ihre ETF sind insbesondere bei währungsgesicherten Produkten dominant (ubs.com).

Vanguard ist der zweitgrößte Anbieter von ETF in den USA und seit Oktober 2017 auf dem deutschen Markt vertreten (de.vanguard).

Deka ETF gehört zur Deka Investment GmbH und damit zum Sparkassenverbund (deka-etf.de).

Sowohl iShares als auch die Sparkassengesellschaft Deka haben fast ausnahmslos replizierende ETF im Angebot, also ETF, die die Originalwerte kaufen. Die meisten anderen Fondsgesellschaften bieten eine gemischte Palette mit einem Überhang an Swap-ETF. Die Gesellschaften Comstage und Amundi setzen fast ausschließlich auf Swap-Fonds.

Aus Sicht von Finanztest ist es für Anleger nicht wichtig, von welchem Anbieter ein ETF stammt, die Unterschiede sind marginal. Erste Wahl bei den Basis-Welt-ETF sind die folgenden – hier können Anleger nichts falsch machen. Wir nennen den Anbieternamen und dahinter die ISIN.

MSCI World

- **Amundi** (LU 168 104 359 9)
- **HSBC** (IE 00B 4X9 L53 3)
- **Invesco** (IE 00B 60S X39 4)
- **iShares** (IE 00B 4L5 Y98 3)
- **Lyxor** (FR 001 031 577 0)
- **UBS** (LU 034 028 516 1)
- **Xtrackers** (IE 00B J0K DQ9 2)

FTSE All World

- **Vanguard** (IE 00B 3RB WM2 5)

MSCI All Country World

- **iShares** (IE 00B 6R5 225 9)
- **Lyxor** (LU 182 922 021 6)
- **SPDR** (IE 00B 44Z 5B4 8)
- **Xtrackers** (IE 00B GHQ 0G8 0)

MSCI All Country World IMI (Investible Markets Index)

- **SPDR** (IE 00B 3YL TY6 6)

Globale Nachhaltigkeits-ETF

Wenn Sie Wert auf ethisch-ökologisch orientierte globale ETF legen, wird die Auswahl immer größer.
In diesem Bereich sind zum Beispiel folgende ETF schon länger am Markt:

- **Der Index, den der UBS MSCI Socially Responsible** (LU 062 945 974 3) nachbildet, enthält rund 400 Aktien aus 23 Ländern. Firmen, die Geld mit Atomkraft, Waffen, Tabak, Alkohol, Glücksspiel, gentechnisch veränderten Lebensmitteln oder Pornografie verdienen, kommen nicht in den Index.
- **Der iShares Dow Jones Global Sustainability Screened** (IE 00B 57X 3V8 4) bündelt 500 Aktien aus 36 Ländern. Atomkraft und gentechnisch veränderte Lebensmittel sind bei ihm im Gegensatz zum UBS-ETF nicht ausgeschlossen.

Automatische Anpassung

Ein Vorteil von ETF ist, dass sie nicht statisch sind, sondern sich automatisch aktuellen Entwicklungen anpassen. Sicherheitsbedürftige wie engagierte Anleger brauchen sich um nichts kümmern und sind trotzdem immer auf dem neuesten Stand. Auch wenn sich Börsengewichte aufgrund neuer Entwicklungen verschieben, wird das in den globalen Indizes berücksichtigt. So können Sie sicher sein, dass die Länder- und Branchenaufteilung Ihres ETF auch in vielen Jahren noch zeitgemäß ist. Apple, Amazon und Alphabet (Google) waren beispielsweise vor 20 Jahren noch nicht von Bedeutung. Damals gehörten Werte wie General Electric und Coca-Cola zu den Top-Positionen im MSCI World Index.

Anleger eines Welt-Aktien-ETF werden so auch automatisch an der wachsenden Bedeutung der Schwellenländer teilhaben. Wenn die an den aufstrebenden Börsen Asiens, Südamerikas, Osteuropas und Afrikas gelisteten Unternehmen wachsen und verstärkt internationale Investoren anziehen, wird sich das früher oder später auch in den Indizes niederschlagen.

Anleger in einen breit streuenden Welt-ETF haben die Gewissheit, dass sich ihr Investment immer annähernd so gut wie der breite Welt-Aktienmarkt entwickeln wird – nicht mehr, aber auch nicht weniger. Sie müssen die Zusammensetzung ihres ETF jahrelang nicht überprüfen. Das ist bei gemanagten Fonds anders. Denn hier entscheidet vor allem das Können des Fondsmanagements, ob der Fonds dauerhaft gute Ergebnisse bringt. Anleger sollten gemanagte Fonds daher nicht einfach laufen lassen, sondern regelmäßig deren Entwicklung kontrollieren.

Aktive Welt-Aktienfonds

Besser als der MSCI World Index abzuschneiden, ist das Ziel der meisten aktiv gemanagten Welt-Aktienfonds. Das schaffen aber nicht viele Fonds dauerhaft. Anleger müssen daher genauer hinsehen, für welches Produkt sie sich entscheiden.

Natürlich gibt es neben den Welt-Aktien-ETF, die einfach einem Index wie dem MSCI World folgen, auch aktiv gemanagte Aktienfonds Welt. Bei diesen suchen Fondsmanager auf der ganzen Welt Unternehmen, in deren Aktien sie erfolgversprechend investieren können. Meist konzentrieren sie sich dabei auf die Industrienationen, etwa die USA, Japan, Deutschland und andere westeuropäische Staaten. Die Anlagen solcher Fonds sind so in der Regel über viele Länder, Währungen und Branchen verteilt. Schwellenländer sind allerdings oft entweder gar nicht oder nur zu einem kleinen Teil berücksichtigt.

Für Einsteiger in die Fondsanlage kommen weltweit anlegende Fonds zwar als Basisinvestment in Betracht. Sie sollten aber immer überlegen, ob nicht passiv gemanagte Aktien-ETF die erfolgversprechendere und bequemere Anlageform sind. Es gibt zwar einige wenige aktive Welt-Aktienfonds, die es über Jahre hinweg schaffen, besser oder zumindest nicht schlechter als Welt-Aktien-ETF zu wirtschaften, Sie müssen aber genau hinschauen, um die richtigen zu finden.

In der Fondsbewertung von Finanztest (www.test.de/fonds) sind Top-Fonds mit fünf oder vier Punkten gekennzeichnet. Diese Bewertung berücksichtigt auch das Chance-Risiko-Profil der untersuchten Fonds (siehe „Die Fondsdatenbank“, S. 106).

Die Marktorientierung aktiver Fonds

Bei aktiven Aktienfonds Welt kann man sehr marktnahe Fonds und solche, die eher marktunabhängig anlegen, unterscheiden.

Marktnahe Fonds orientieren sich meist am MSCI World Index und investieren daher hauptsächlich in den entwickelten Märkten der Industriestaaten. Wie sehr sich Fondsmanager vom Markt leiten lassen, zeigt die Kennzahl „Marktorientierung" in der Finanztest-Fondsbewertung. Je größer die Zahl, desto ausgeprägter ist die Marktnähe des Fonds. Eine 100-prozentige Übereinstimmung bedeutet, dass ein Fonds steigt und fällt wie sein Vergleichsindex. Ein ETF auf den MSCI World Index hat also eine Marktorientierung von 100 bis 98, wenn der MSCI World der Referenzindex ist.

Das Fondsvermögen marktunabhängigerer weltweit anlegender Fonds unterscheidet sich hingegen deutlicher vom MSCI World Index. Hier versuchen die Fondsmanager besser abzuschneiden, indem sie beispielsweise auch in Aktien kleinerer Unternehmen, sogenannte Small Caps, investieren. Oder sie mischen Aktien bei aus Ländern, die im Index nicht vorkommen. Oder der Fondsmanager gewichtet die Aktien anders, als sie im Index vertreten sind, um besser als der Vergleichsmaßstab abzuschneiden. Das kann funktionieren – oder auch nicht. Wenn Sie sich für einen marktferneren Fonds entscheiden, müssen Sie regelmäßig überprüfen, ob der Fonds noch gute Ergebnisse erzielt. Denn es kommt häufiger vor, dass der Fondsmanager kein glückliches Händchen mehr bei der Auswahl der richtigen Aktien hat, auch wenn er jahrelang sehr gut gearbeitet hat.

Geldanlage-Einsteiger sollten als Basisanlage also besser auf einen weltweit anlegenden ETF setzen. Höchstens als Beimischung erscheinen aktive Weltfonds sinnvoll. Nur Fonds, die anders als der Markt investieren, können diesen übertreffen. Um eine gewisse Risikostreuung zu bekommen, machen daher nur marktfernere Fonds als Beimischung Sinn. Kaufen Sie hingegen marktnahe aktive Fonds, haben Sie sowohl im ETF als auch im aktiven Fonds annähernd die gleichen Werte, zahlen aber die weitaus höheren Kosten für den aktiven Fonds.

Die Fondsdatenbank der Stiftung Warentest eignet sich für Einsteiger ebenso wie für Experten. Sie beinhaltet fast 20 000 Fonds inklusive Kennzahlen und Charts. 8 000 davon besitzen eine detailliertere Finanztest-Bewertung. In der Datenbank können Sie Fonds, für die Sie sich interessieren, nicht nur finden, sondern auch vergleichen und natürlich beobachten. Darüber hinaus finden Sie hier alle Finanztest-Artikel zu Fonds und ETF der letzten Jahre. Mehr auf www.test.de/fonds.

Ganz bequem – die Pantoffelstrategie

Bequem wie ein Pantoffel. Das ist der Leitsatz der gleichnamigen Anlagestrategie, die von Finanztest entwickelt wurde. Sie ist aber nicht nur bequem, sondern verspricht auch gute Renditechancen. Und für jeden Anlegertyp gibt es eine passende Portfoliogewichtung.

Aktienbasierte Anlagen sind in diesen Niedrigzinszeiten ein Muss. Sie sind aber keine sichere Geldanlage, da der Wert von Aktien immer schwankt. Finanztest hat mit dem Pantoffel-Portfolio eine Anlagestrategie entwickelt, die gerade für Anfänger der Geldanlage geeignet ist. Zwischen 3 und 6 Prozent Rendite pro Jahr konnten Anleger damit in der Vergangenheit bei vertretbarem Risiko erzielen.

Das Pantoffel-Portfolio lässt sich mit den Kenntnissen, die Sie durch die bisherige Lektüre dieses Ratgebers bereits besitzen, leicht einrichten und die weitere Verwaltung ist einfach und bequem. Wegen dieser Bequemlichkeit wurde auch der Name Pantoffel-Portfolio gewählt.

Das Pantoffel-Portfolio besteht aus zwei Teilen: einem Sicherheits- und einem Renditebaustein. Als Renditebaustein dienen Aktienfonds, den Sicherheitsbaustein bilden in der „reinen“ und einfachsten Form sichere Tagesgelder.

Der Sicherheitsbaustein

Als Sicherheitsbaustein eignen sich neben Tagesgeld auch Festgelder. Bei längeren Laufzeiten können Anleger auch Rentenfonds Euro mit sicheren Anleihen, vorzugsweise ebenfalls ETF, wählen. Hierfür kommen ETF infrage, die einen Index aus Staatsanleihen oder einen gemischten Index aus Staats- und Unternehmensanleihen abbilden.

Die Anleihen sollten dabei auf Euro lauten. US-Anleihen passen nur, wenn sie in Euro abgesichert sind, sonst hätten Sie ein Währungsrisiko und keine sichere Anlage mehr. Wegen der aktuell niedrigen Zinsen haben Rentenfonds allerdings ein recht hohes Zinsänderungsrisiko. Wenn die allgemeinen Marktzinsen steigen, machen die Rentenfonds erst einmal Verlust. Wer bereit ist, einerseits solche Kursverluste auszusitzen, andererseits aber Wert darauf legt, seinen Sicherheitsbaustein jederzeit verkaufen zu können, kann auf Renten-ETF setzen. Sie erzielen langfristig möglicherweise höhere Renditen als Tagesgeld und können im Gegensatz zu Festgeld jederzeit flüssig gemacht werden.

Tagesgeld bringt fast keine Zinsen, Rentenfonds haben ein Zinsänderungsrisiko. Beide Anlagen können aber täglich veräußert werden. Anleger, die höhere Zinserträge bei geringem Risiko wollen und eine eingeschränkte Flexibilität in Kauf nehmen, können als Sicherheitsbaustein auch eine Festgeldtreppe einbauen.

Geeignete Anleihen-ETF für den Sicherheitsbaustein

Rentenfonds Staatsanleihen Euro (diese ETF investieren in Staatsanleihen der Eurozone):

- **Lyxor Euro MTS All Maturity Investment Grade** (ISIN: LU 165 049 047 4)
- **Amundi Gov. Bond EuroMTS Broad IG** (LU 168 104 626 1)
- **Xtrackers Eurozone Government Bond** (LU 029 035 571 7)
- **SPDR BB Barclays Euro Gov Bond** (IE 00B 3S5 XW0 4)
- **iShares Core Euro Government Bond** (IE 00 B 4WX JJ6 4)
- **iShares Euro Gov. Bond Capped 1.5–10.5** (DE 000 A0H 078 5)
- **Lyxor iBoxx EUR Liq. Sov. Div. Overall** (LU 044 460 564 5)

Rentenfonds Euro (investieren in Staats- und Unternehmensanleihen):

- **iShares Euro Aggregate Bond** (ISIN: IE 00B 3DK XQ4 1)
- **SPDR BB Barclays Euro Aggregate Bond** (IE 00B 41 R YL6 3)

Der Renditebaustein

Der Renditebaustein des Pantoffel-Portfolios wird mit Aktien-ETF bestückt. Empfehlenswert ist ein ETF auf den weltweiten Aktienindex MSCI World (ab S. 101). Damit sind Sie mit nur einer Anlage breit in den weltweiten Aktienmärkten der Industriestaaten investiert. Ein Pantoffel-Portfolio mit dieser Zusammensetzung wird von Finanztest als Welt-Pantoffel-Portfolio bezeichnet.

Wenn Sie daneben auch Schwellenländer mit im Depot haben wollen, gibt es zwei Lösungen. Entweder wählen Sie statt des MSCI World Index einen der anderen Weltindizes, die auch einen Schwellenländeranteil aufweisen. Das sind MSCI All Country World (ACWI), MSCI All Country World IMI und FTSE All World. Das ist die einfache Lösung. Oder Sie wählen die kompliziertere Variante und kaufen zwei ETF: zum einen MSCI World ETF und zum anderen einen MSCI Emerging Markets-ETF. Dieser Schwellenländerindex setzt sich aus rund 1400 Aktien aus 27 Emerging Markets zusammen. Die größten Anteile im Index haben derzeit China, Südkorea, Taiwan, Indien und Brasilien.

Durch den Kauf von zwei ETF auf den Welt- und den Schwellenland-Index können Sie das Verhältnis Industrieländer zu Schwellenländern in Ihrem Portfolio selbst bestimmen. Kaufen Sie beispielsweise bei einer Anlagesumme von 20 000 Euro für den Renditebaustein für 15 000 Euro den MSCI World ETF und für 5 000 Euro den MSCI Emerging Markets-ETF, beträgt Ihr Verhältnis Industrie- zu Schwellenländern 75 zu 25 Prozent. Die Pantoffel-Empfehlung ist eine andere: 80 Prozent der Anlagesumme, das heißt hier 16 000 Euro, fließen in den MSCI World ETF, 20 Prozent in den Schwellenländerfonds.

Nachteil dieser selbst konstruierten Gewichtung sind aber der Aufwand und die höheren Gebühren, die beim Umschichten („Rebalancing", siehe S. 150) anfallen. Einsteiger sollten daher lieber auf die „Ein-ETF-Variante" setzen. Ein Pantoffel-Portfolio, das auch Schwellenländer beinhaltet, nennt Finanztest ein Tiger-Pantoffel-Portfolio.

Die richtige Portfoliogewichtung für jeden Anlegertyp

Für die richtige Gewichtung von Sicherheits- und Renditebausteinen empfiehlt Finanztest die drei Varianten defensiv, ausgewogen und offensiv.

Das defensive Pantoffel-Portfolio besteht zu 25 Prozent aus Aktienfonds – am einfachsten einem ETF auf einen Welt-Aktienindex – und zu 75 Prozent aus Zinsanlagen. Dies ist der richtige Pantoffel für vorsichtige und sicherheitsbedürftige Anleger, die sich nicht viel um ihre Anlagen kümmern wollen. Am einfachsten ist es, wenn die Zinsanlagen aus Tagesgeld bestehen. Damit ist aber keine Rendite zu erzielen. Festgeldkonten, eine Festgeldtreppe oder ein Renten-ETF bedeuten etwas mehr Aufwand für den Anleger.

Für pragmatische Anleger, die bereit sind, sich regelmäßig um ihre Anlagen zu kümmern und höhere Risiken einzugehen, ist der ausgewogene „Fifty-fifty-Pantoffel" die richtige Wahl. Dieses Pantoffel-Portfolio setzt sich zu 50 Prozent aus einem Welt-Aktien-ETF und zu 50 Prozent aus Zinsanlagen zusammen.

Engagierte Einsteiger, die sich näher mit der Geldanlage beschäftigen wollen, sollten ebenfalls mit dem „Fifty-fifty-Pantoffel" beginnen. Je sicherer Sie mit dem Investieren werden, umso mehr können Sie den

Für Behutsame und Draufgänger

Das Pantoffel-Portfolio besteht aus zwei Bausteinen: einem sicheren und einem risikoreichen Teil. Es gibt drei Varianten.

Defensiv: Portfolio für Vorsichtige

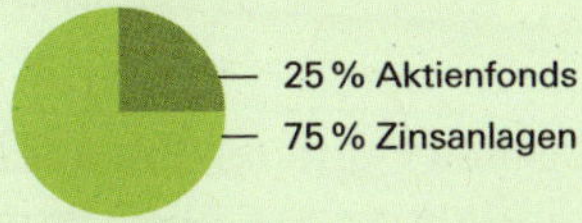

Ausgewogen: Das Fifty-fifty-Portfolio

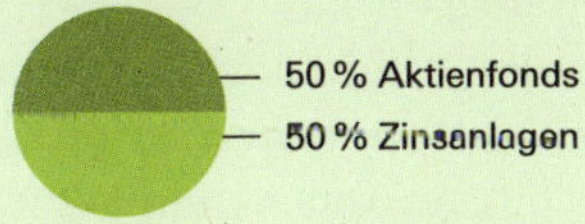

Offensiv: Portfolio für Risikobereite

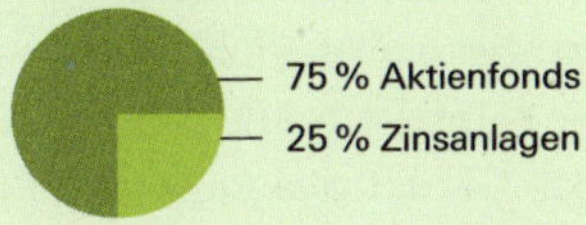

ausgewogenen Pantoffel ausbauen, indem Sie weitere Aktien-ETF oder aktive Fonds beimischen (siehe S. 115 „Beimischungen zu den Basisanlagen“).

Bei einem langfristigen Anlagehorizont kann das Portfolio durchaus bis zu 75 Prozent aus einem Welt-Aktien-ETF bestehen, also „offensiv“ ausgerichtet sein.

Je mehr Wissen und Erfahrung Sie ansammeln, desto individueller können Sie Ihre Anlage selbstverständlich gestalten und damit das Gerüst des Pantoffel-Portfolios verlassen.

Nur bei Bedarf umschichten

Bei der Einmalanlage haben Anleger und gerade Einsteiger in die Geldanlage oft Angst vor einem Aktiencrash und warten daher in guten Börsenphasen zu lange ab, ehe sie investieren. Meistens lassen sie dabei wertvolle Zeit verstreichen. Denn ein Erfolgsprinzip des Pantoffel-Portfolios ist, in Krisen günstige Kaufgelegenheiten zu nutzen.

Beim Pantoffel-Portfolio sollten Anleger (nur) dann eingreifen, wenn die ursprüngliche Aufteilung nicht mehr stimmt. Das kann zum Beispiel der Fall sein, wenn die Aktien stark im Wert gefallen sind, sodass die Aktienquote im Portfolio geringer ist, als gewünscht.

Gerade in fallenden Märkten könnte das dem einen oder anderen schwerfallen – wenn ein Aktien-ETF abgestürzt ist, möchte man nicht unbedingt noch nachkaufen. Doch unterm Strich hat sich ein solch antizyklisches Verhalten bisher meist ausgezahlt. Denn dann kaufen Sie Aktien, wenn sie günstig sind. Lief der Aktienmarkt hingegen sehr gut, verkaufen Sie einen Teil der Aktien, wenn sie teuer sind und viel einbringen.

Sie müssen nicht bei jeder kleinen Abweichung reagieren – das wäre schließlich auch nicht bequem. Oft anpassen macht Arbeit und kostet Geld. Die Experten und Expertinnen von Finanztest haben verschiedene Modelle geprüft und festgestellt, dass die Anpassung nach einem Schwellenwert am besten ist. Dabei fasst der Anleger sein Depot so lange nicht an, bis sein ETF so stark gestiegen oder gefallen ist, dass die Aufteilung von Sicherheits- zu Renditebaustein um beispielsweise 10 Prozentpunkte von der Zielgewichtung abweicht. Die „überschüssigen“ Anteile der zu hoch gewichteten Anlageklasse (Zinsanlagen oder Aktien-ETF) werden verkauft und in die untergewichtete umgeschichtet.

Anleger müssen ihr Depot dazu aber nicht ständig im Auge behalten. Es genügt, wenn sie ihre Bestände einmal im Jahr überprüfen – und zusätzlich dann, wenn die Berichte über die Aktienmärkte in den Medien besonders erschütternd oder euphorisch klingen. Dann könnte das Depot aus dem Gleichgewicht geraten sein.

Es ist auch kein Problem, wenn Sie nicht sofort bemerken, dass die Gewichte der Portfoliobausteine sich verschoben haben. Wichtig ist, dass Sie sich zumindest einigermaßen an eine einmal gewählte Anpassungsmethode und den Überprüfungsintervall (zum Beispiel jährlich) halten.

Beispiel: Ein Anleger steckt 20 000 Euro in den Welt-Pantoffel und kauft je zur Hälfte Aktienfonds Welt und Rentenfonds Euro (ausgewogener „Fifty-fifty-Pantoffel“). Die Schwelle ist überschritten, wenn die ursprüngliche Gewichtung um mehr als 10 Prozentpunkte überschritten wird, also der Anteil eines Fonds über 55 Prozent steigt – oder unter 45 Prozent fällt.

Angenommen, nach einem Jahr liegt der Rentenanteil bei 11 000 Euro, der Aktienanteil bei 13 000 Euro. Das Depot ist dann 24 000 Euro wert. Der Anleger rechnet nun aus, wie viel der Aktienanteil am Gesamtdepot ausmacht. Dafür teilt er 11 000 Euro durch 24 000 Euro. Heraus kommt 0,46 oder 46 Prozent. Das Depot kann so weiterlaufen.

Sollte nach zwei Jahren der Rentenanteil 11 200 Euro und der Aktienanteil 18 800 Euro betragen, sieht die Sache anders aus. Das Depot ist 30 000 Euro wert. Der Anleger teilt den Aktienanteil von 18 800 Euro durch den Depotwert von 30 000 Euro. Das ergibt 0,63 oder 63 Prozent. Jetzt sollte er etwas tun.

Bei hälftiger Aufteilung sollten je 15 000 Euro im Aktien- und im Rentenfonds liegen. Der Anleger verkauft also Aktienfondsanteile im Wert von 3 800 Euro und kauft dafür Rentenfondsanteile.

Unter test.de/pantoffelrechner finden Sie einen Rechner im Internet, der Ihnen beim Umschichten hilft. Dort können Sie auch noch Transaktionskosten berücksichtigen, die bei einer erforderlichen Umschichtung anfallen. Würde man im vorigen Beispiel etwa Handelskosten von 1 Prozent für den Verkauf der Aktienanteile annehmen, blieben zur Wiederanlage im Zinsbereich noch 3 762 Euro übrig.

Ganz einfach zum Pantoffel-Portfolio: Eine Zusammenfassung

1. **Ob defensiv,** ausgewogen oder offensiv: Alle Pantoffelstrategien sind bequem, weil Sie sich nicht übermäßig mit Ihrem Portfolio beschäftigen müssen.
2. **Ihr Anlagehorizont** sollte mehr als fünf, besser zehn Jahre betragen.
3. **Ihre Anlagesumme** sollte mindestens 5 000 Euro betragen, je nach Bank und Gebühren besser 10 000 Euro.
4. **Überlegen Sie,** wie risikoreich Sie Ihre Anlagesumme aufteilen wollen. Für sicherheitsbedürftige, vorsichtige Einsteiger empfiehlt sich die defensive Aufteilung mit 25 Prozent Aktienanteil und 75 Prozent Zinsanteil. Für risikofreudigere, engagierte Geldanlage-Anfänger ist die „Fifty-fifty“-Auswahl die richtige Wahl.
5. **Suchen Sie sich** je nach Ihren Präferenzen und dem Aufwand, den Sie betreiben wollen, ein Tagesgeldkonto oder Festgelder für eine Festgeldtreppe. Für längere Laufzeiten sind auch Rentenfonds Euro eine Alternative. Legen Sie dann den Ihrer Aufteilung aus

Trotz übler Crashs ging es langfristig steil nach oben

Die internationalen Aktienmärkte kennen langfristig nur eine Richtung: aufwärts. Doch alle paar Jahre bremst ein Crash den Aufschwung. Nach der Jahrtausendwende gab es abrupte Wechsel zwischen rasanten Aktienrallyes und extremen Kurseinbrüchen.

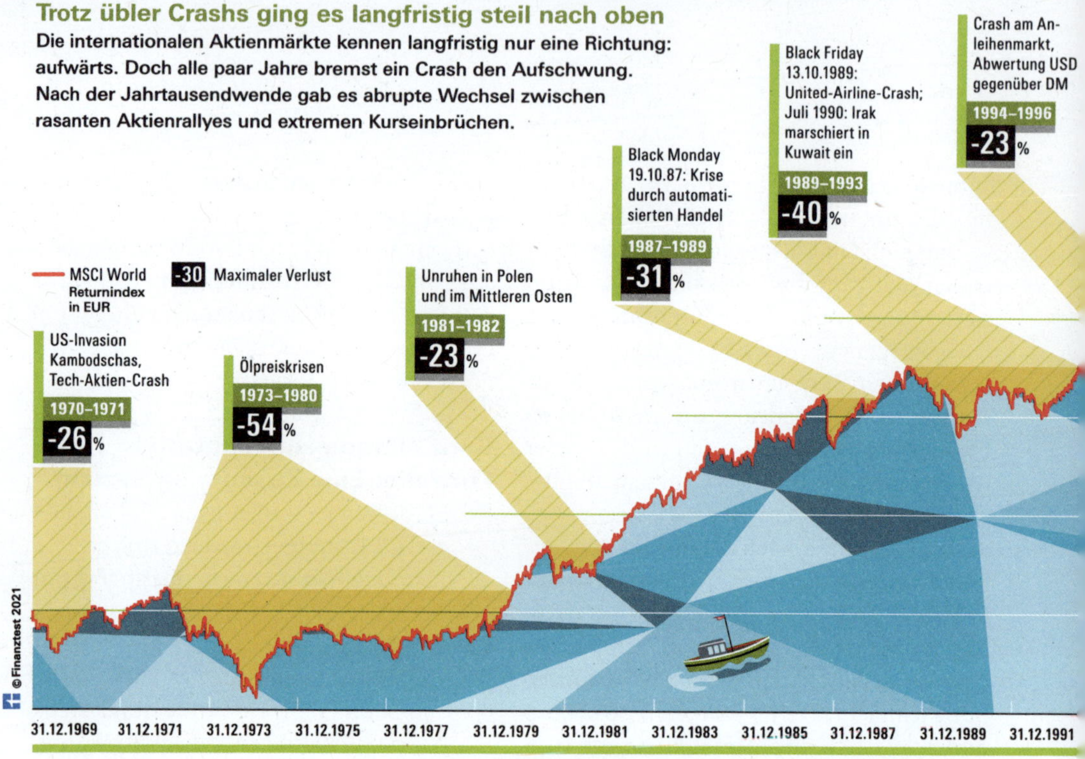

Punkt 3 entsprechenden Anteil für den Sicherheitsbaustein an.

6. **Kaufen Sie** bei der Bank, bei der Sie Ihr Depot führen, Ihren Renditebaustein (am einfachsten einen Welt-Aktien-ETF).
7. **Weicht ein Baustein** mehr als 10 Prozentpunkte von der gewünschten Gewichtung ab, sollten Sie Ihr Depot anpassen und wieder ins Gleichgewicht bringen. Tragen Sie sich in Ihren Kalender ein, wann Sie die Aufteilung das nächste Mal überprüfen wollen.

Trotz Krisen aufwärts

Wie die Grafik oben zeigt, gab es in den vergangenen Jahren und Jahrzehnten einige Crashs an den internationalen Aktienmärkten, bei denen die Kurse mitunter sehr stark eingebrochen sind. Der langfristige Trend war aber immer aufwärts gerichtet.

Die größten Verluste machen Anleger, die mitten in oder gar am Ende einer Baisse (so der Fachbegriff für einen Markt mit fallenden Kursen) ihre Aktien panisch verkaufen – zu Preisen, die womöglich weit unter ihren Kaufkursen liegen.

Die Strategie, dann neu zu kaufen, wenn die Kurse wieder steigen, funktioniert ebenfalls selten. Denn Anleger können nicht vorhersehen, wie stark eine Abwärtsbewegung ist oder wann es wieder aufwärts geht. Wer erst kauft, wenn die Erholungsbewegung

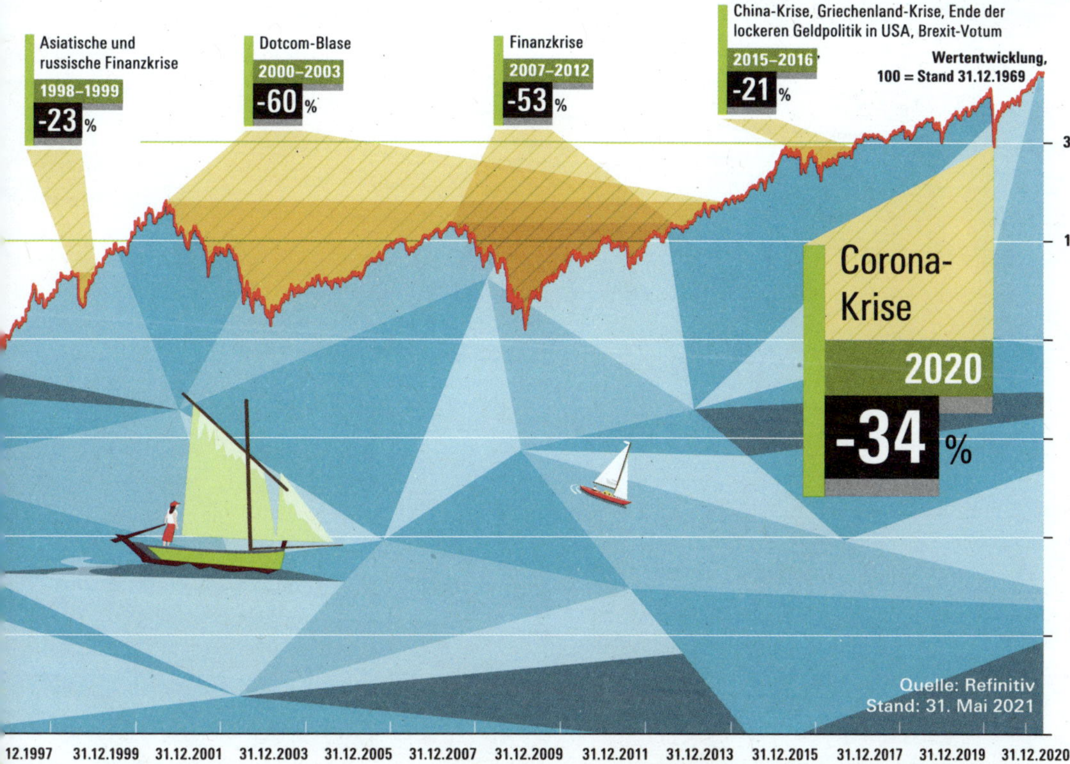

schon einen Großteil des vorherigen Crashs wieder gutgemacht hat, verpasst entscheidende Renditemöglichkeiten.

So stoppte etwa im Zuge der Finanzkrise der Niedergang des MSCI World im Frühjahr 2009 unvermittelt. Es gab nicht das geringste Anzeichen, dass dies der Tiefpunkt sein könnte. Viele Anleger trauten der Erholung lange Zeit nicht und schauten in den Folgejahren nur zu, wie die Aktienmärkte immer weiter stiegen. Im Herbst 2015 hatte sich der Wert des MSCI World seit dem Tief 2009 bereits verdoppelt.

Die im Nachhinein richtige Strategie für Anleger mit einem Pantoffel-Portfolio wäre gewesen, den Aktienanteil, also den Renditebaustein des Pantoffel-Portfolios, aufzustocken, als dieser wegen des Crashs die Zielgewichtung unterschritt. Wer so vorging, kaufte günstig ein und nahm die anschließenden Kurssteigerungen mit.

Betrachten Sie die Schwankungen des Aktienmarktes als Ihren Freund und nicht als Ihren Feind. Profitieren Sie von der Torheit anderer, statt an ihr teilzunehmen.

Warren Buffett, USA-Großinvestor, einer der reichsten Menschen der Welt

Beimischungen zu den Basisanlagen

Mit Regionen-, Branchen- oder speziellen Themenfonds und ETF können engagierte und risikofreudige Anleger versuchen, ihre Basisanlagen noch etwas auszugestalten. Das Fundament des Portfolios sollten aber immer die Basisanlagen bilden.

Nicht wenige Anleger fangen nach einer Weile an, auch links und rechts vom MSCI World Index Ausschau zu halten. Fachbegriffe werden verinnerlicht, der Wirtschaftsteil wird aufmerksamer – oder erstmalig – gelesen und Artikel zu Finanzthemen ergeben plötzlich Sinn.

Auch wenn die vermeintlich schnelle Rendite lockt, muss Neuanlegern oft von der jeweiligen Anlageform abgeraten werden. Viele der angebotenen Produkte sind zu teuer oder haben doch zu viele Haken. Dennoch gibt es interessante Beimischungen, die auch für Anfänger geeignet sind.

So ist zum Beispiel die Ausrichtung auf nachhaltige Anlagen vielen Anlegern wichtig. Kriterien aus den Bereichen Ökologie, Soziales und gute Unternehmensführung möchten immer mehr Menschen auch bei ihrer Geldanlage berücksichtigt wissen. In diesem Bereich hat die Finanzindustrie sich inzwischen einiges einfallen lassen und es gibt auch Regionen-Indexfonds mit nachhaltiger Ausrichtung.

Aktien-ETF für Kontinente und Regionen

Wollen Sie beispielsweise verstärkt auf Europa oder Schwellenländer setzen, bieten entsprechende Regionenfonds Anlagemöglichkeiten.

Sicherheitsbedürftige sowie pragmatische Anleger, die zwar bereit sind, sich regelmäßig um ihre Anlagen zu kümmern, aber nur ein geringes Risiko eingehen wollen, sind mit den im vorigen Kapitel „Basisanlagen für Einsteiger" (siehe ab S. 93) vorgestellten Anlageformen eigentlich bestens bedient. Wir stellen Ihnen nachfolgend Anlageideen vor, mit denen Sie Ihr Basisdepot ausgestalten können.

Wenn Sie den zusätzlichen Aufwand oder die möglichen Risiken scheuen, ist es völlig in Ordnung, bei den Basisanlagen zu bleiben. Wecken einzelne der vorgestellten Anlageideen Ihr Interesse, können Sie in Erwägung ziehen, diese als geringe Beimischung zu Ihrem Basisdepot dazuzukaufen. Risikofreudigere und engagierte Einsteiger können mit diesem und dem nächsten Kapitel ihr Wissen über Geldanlagen weiter ausbauen und chancen-, damit aber auch risikoreichere Investitionsmöglichkeiten kennenlernen.

Regionen-ETF

Ein Welt-Aktien-ETF bietet eine breite Mischung an Aktien aus aller Welt. Im MSCI World sind aber Schwellenländer gar nicht vertreten und auch im MSCI All Country World Index und im FTSE All World Index liegt der Anteil nur bei rund 12 Prozent.

Da mehr als die Hälfte der Unternehmen mit den höchsten Börsenwerten aus den USA kommen, dominieren diese die Welt-Indizes mit circa 60 Prozent deutlich. Wollen Sie den Anteil an US-Unternehmen in Ihrem Depot herunterschrauben, weil Sie anderen Regionen der Welt größeres Potenzial zutrauen, gibt es dafür die Möglichkeit, Regionen-ETF beizumischen.

Regionen-ETF – wie auch aktiv gemanagte Regionenfonds – beschränken die Auswahl der infrage kommenden Aktien auf bestimmte Kontinente oder Regionen der Welt. Aktien-ETF Europa investieren beispielsweise nur in Europa, Asienfonds nur in Asien und Aktienfonds Nordamerika nur in Nordamerika. Die Palette der Regionenfonds geht aber über diese grobe Einteilung der Weltregionen hinaus. So finden interessierte Anleger auch Aktienfonds mit den Anlageschwerpunkten Lateinamerika, Australien, Nahost und Nordafrika, Osteuropa

Nur ein kleines Rädchen im Weltindex

Die Gesamtheit aller Schwellenländer, vereinigt im Index MSCI Emerging Markets, hat im Weltindex MSCI All Country World einen Anteil von weniger als 12 Prozent.

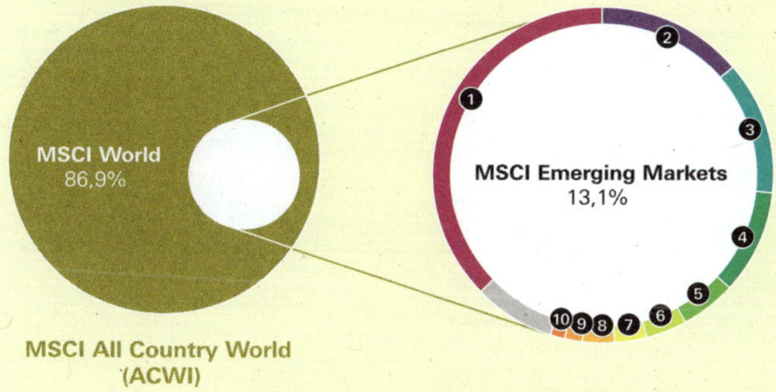

Anteil Länder (in Prozent)

1	**China**	4,9
2	**Taiwan**	1,8
3	**Südkorea**	1,7
4	**Indien**	1,3
5	**Brasilien**	0,7
6	**Südafrika**	0,5
7	**Russland**	0,4
8	**Saudi Arabien**	0,4
9	**Mexiko**	0,2
10	**Thailand**	0,2

Andere Länder (alphabetisch): Ägypten, Argentinien, vereinigte Arabische Emirate, Chile, Griechenland, Indonesien, Katar, Kolumbien, Kuwait, Malaysia, Pakistan, Peru, Philippinen, Polen, Tschechien, Türkei, Ungarn

Quelle: Thomson Reuters, Stand: 31. Mai 2021

oder auch Pazifik. Mitunter gibt es auch Regionenfonds und -ETF, die einzelne Länder ausnehmen, wie zum Beispiel ein Aktienfonds Asien/Pazifik ex Japan. Das bedeutet dann, dass Japan vom Anlageuniversum des Fonds ausgeschlossen ist.

Angeboten werden auch Fonds, die gegen Währungsschwankungen abgesichert (englisch „hedged") sind. Diese Fonds tragen die Währung, gegen die sie abgesichert sind, in der Regel im Namen. Sie heißen dann zum Beispiel „GBP hedged" (Wechselkurs Euro britisches Pfund wird abgesichert), „CHF hedged" (Schweizer Franken) oder „AUD hedged" (Australischer Dollar).

Emerging Markets-ETF

Für sicherheitsbedürftige und pragmatische Einsteiger in die Geldanlage gibt es keinen zwingenden Grund, dem Depot neben der Basisanlage eines Welt-ETF noch weitere Regionen-ETF beizumischen.
Schätzen Sie den Anteil der Nichtindustriestaaten im Welt-ETF für zu gering ein, weil Sie den Schwellenländern aufgrund ihrer meist jüngeren Bevölkerung und des nach westlichen Maßstäben großen Nachholbedarfs an Konsumgütern ein höheres Wachstumspotenzial zutrauen? Dann könnten Sie zusätzlich zu Ihrem Basis-Welt-ETF in einen Emerging Markets ETF investieren.

Empfehlenswert ist ein ETF auf den MSCI Emerging Markets-Index oder den FTSE Emerging Index. Der MSCI Index repräsentiert rund 1 200 große und mittelgroße Unternehmen aus 26 Schwellenländern. Bei den Indexanbietern wie MSCI zählt China nicht zu den Industrienationen und macht fast ein Drittel des Emerging Markets-Index aus. Auch Südkorea, Taiwan, Indien, Russland und Brasilien gelten dort als Schwellenland.

Der MSCI Emerging Markets brachte deutschen Anlegern in den letzten 30 Jahren eine bessere Rendite als der MSCI World, in den letzten zehn Jahren aber nicht. Die Kursschwankungen der Aktienmärkte von Schwellenländern sind oft deutlich höher

Schwellenländer enttäuschten in den vergangenen 10 Jahren

Im Langfrist-Chart liegt der MSCI EM noch vor dem MSCI World – dank guter Renditen um 1990 herum und in den Nuller-Jahren. Auf 10-Jahressicht liegt der MSCI EM jedoch hinter dem MSCI World.

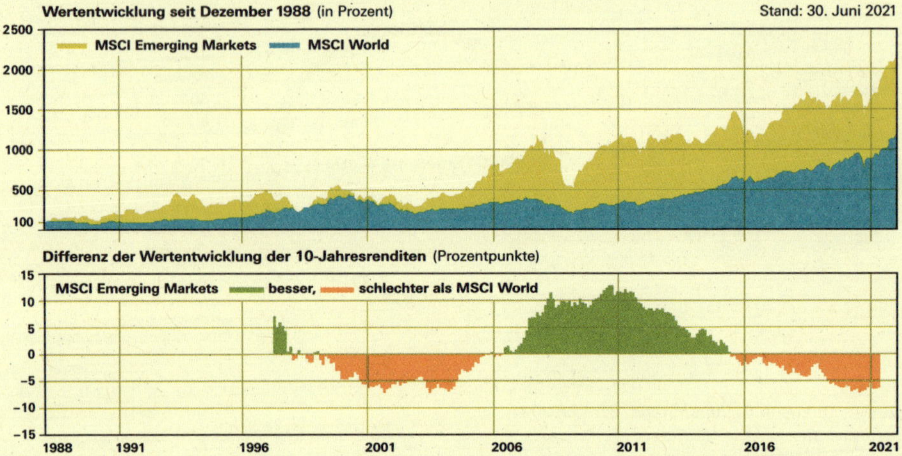

als an etablierten Börsenplätzen. In der Vergangenheit gab es in den Schwellenländern höhere Kurseinbrüche als beispielsweise in den USA oder Westeuropa.

Die Entwicklung der Schwellenländer ist sehr dynamisch. Vor 30 Jahren sah der MSCI Emerging Markets-Index noch völlig anders aus als heute. Die aktuell größten Länder – allen voran China, Taiwan und Südkorea – waren etwa 1989 noch gar nicht dabei und statt damals nur 10 Ländern enthält der Index heute 27 Länder.

Neben dem Indexanbieter MSCI berechnet das Konkurrenzunternehmen FTSE einen weltumspannenden Schwellenländerindex. Der FTSE Emerging Index entwickelte sich in den vergangenen zehn Jahren sehr ähnlich wie der MSCI Emerging Markets.

Der Hauptunterschied besteht darin, dass Südkorea bei FTSE nicht als Schwellenland, sondern als Industrieland geführt wird und somit im Emerging Markets-Index nicht vertreten ist.

Das Einsteiger-Portfolio mit erhöhtem Schwellenland-Anteil

Sicherheitsbedürftige Anleger und auch pragmatische Anleger, die keine größeren Risiken in ihrem Portfolio wollen, sollten, wie bereits ausgeführt, auf die Beimischung von Schwellenland-ETF zu ihrem Basis-Welt-Fonds verzichten.

Pragmatische und engagierte Anleger, die bereit sind, höhere Risiken bei der Wertentwicklung ihrer Aktienanlagen zu akzeptieren, können hingegen einen Emerging Markets-ETF beimischen. Um die Schwellenländer, die auch schon teilweise in Ihrem Welt-ETF enthalten sind, nicht zu stark überzugewichten, sollte das Verhältnis Welt- zu Schwellenland-ETF in Ihrem Depot maximal 70 zu 30 sein.

Beispiel: Sie sind ein pragmatischer oder engagierter Anleger mit einer Aktienquote von 50 Prozent und wollen 80 000 Euro anlegen. Dann investieren Sie 40 000 Euro im sicheren Zinsbereich (Tages-, Festgeld,

Schwellenländerindizes im Vergleich – China dominiert nur bei den Großen

Die Ländermischung im Schwellenländerindex für kleine Aktiengesellschaften (Small Caps) ist speziell: Während China den normalen Index, den MSCI Emerging Markets, dominiert, steht im Small Cap-Index das kleine Taiwan an erster Stelle.

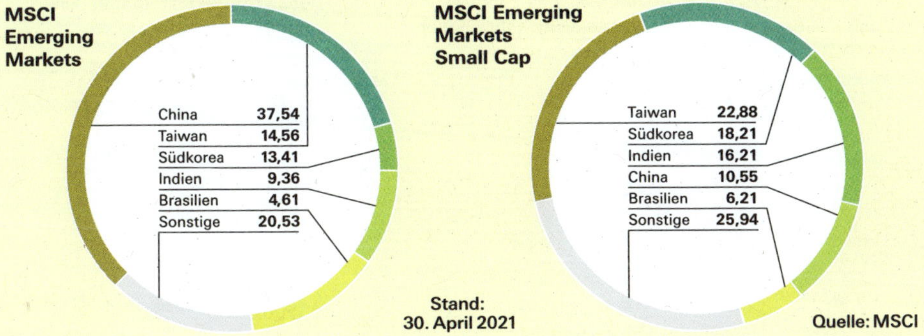

Festgeldtreppe und/oder Rentenfonds). Von den übrigen 40 000 Euro sollten Sie maximal 12 000 in einen Emerging Markets-ETF und 28 000 in einen Welt-ETF nur mit Industrieländern anlegen (mehr dazu und weitere Beispiele ab S. 121).

Beispiele für empfehlenswerte Aktien-ETF Schwellenländer

- **Amundi MSCI Emerging Markets** (ISIN: LU 168 104 537 0)
- **HSBC MSCI Emerging Markets** (IE 00B 5 SS QT1 6)
- **Lyxor MSCI Emerging Markets** (FR 001 042 906 8)
- **Invesco MSCI Emerging Markets** (IE 00B 3DWVS8 8)
- **Xtrackers MSCI Emerging Markets** (LU 029 210 764 5)
- **UBS MSCI Emerging Markets** (LU 048 013 287 6)
- **Vanguard FTSE Emerging Markets** (IE 00B 3VV MM8 4)

Mehr Europa im Depot

Die USA sind im MSCI World Index mit etwa 60 Prozent vertreten und nach wie vor die wichtigste Nation der Börsenwelt. Vielleicht wollen Sie aber die USA nicht ganz so hoch gewichten und stattdessen den Europaanteil Ihres Depots erhöhen. Einsteiger können dazu ihrem Welt-ETF einen Aktien-ETF beimischen, der sich an einem Europa-Index orientiert.

Für Anleger und insbesondere Einsteiger geeignete Europa-ETF sind solche, die die Indizes Stoxx Europe 600 oder MSCI Europe nachbilden. Diese beiden großen Europaindizes investieren rund zur Hälfte in Aktien aus dem Euroraum. Die andere Hälfte sind Unternehmen aus dem Nichteuroraum wie die Schweiz und Großbritannien. Aktuell können Unwägbarkeiten nach dem Brexit bei den Europa-Indizes immer wieder zu Währungsturbulenzen führen, langfristig orientierte Anleger können hier aber gelassen bleiben.

Im Vergleich zum Weltindex MSCI World sind in den Europa-Indizes Firmen aus dem Internetgeschäft kaum vertreten.

Die beiden Europaindizes im Überblick

Der Stoxx Europe 600 Index ist der breiter gestreute Index. Er umfasst die 600 nach Börsenwert größten Unternehmen aus 18 europäischen Ländern, darunter auch die Schweiz, Großbritannien und Schweden. Der MSCI Europe hingegen umfasst derzeit circa 400 Unternehmen mit großem und mittlerem Börsenwert aus 15 europäischen Ländern. Hinsichtlich der Länderverteilung und den größten Positionen sind beide Indizes aber sehr ähnlich.

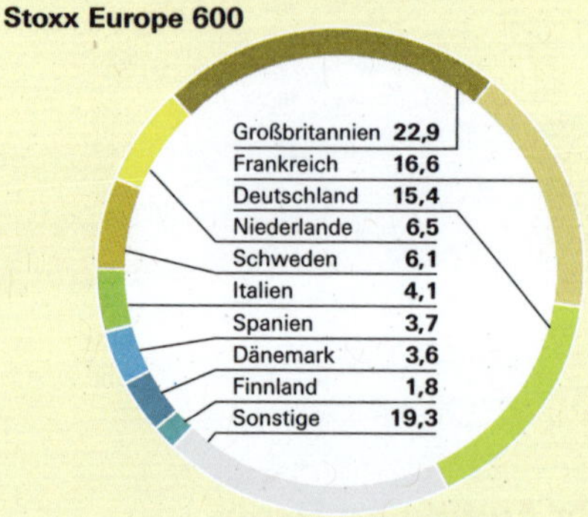

Stand: 31. März 2021, Quelle: Stoxx

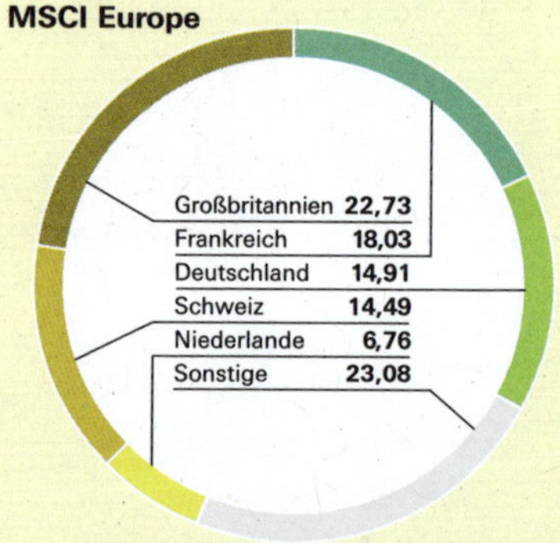

Stand: 30. April 2021, Quelle: MSCI

Denn zu Konzernen wie Amazon, Facebook oder Alphabet (früher Google) gibt es keine europäischen Alternativen. Anleger, die die Internetbranche für überbewertet halten, können daher mit einer erhöhten Europaquote den Anteil der Internetriesen im Depot herunterschrauben, ohne die Streuung zu vernachlässigen.

Beachten sollten Anleger dabei aber, dass der geringe Technologiesektor auch ein großer Schwachpunkt des europäischen Aktienmarktes ist. Neben den Internetkonzernen kommen auch die wichtigsten Computer- und Softwareunternehmen aus den USA.

Ernsthafte Konkurrenten wie Tencent und Alibaba kommen aus China. Das deutsche Schwergewicht SAP ist nach seinem Börsenwert international eher ein Leichtgewicht. Ein ETF-Depot mit einem zu geringen Technologieanteil wäre nicht zeitgemäß.

Im MSCI World Index notieren knapp 90 Prozent der Anlagen nicht in Euro, sondern in anderen Währungen. Deshalb hat auch das Wechselspiel von Euro und US-Dollar Einfluss auf die Wertentwicklung des Index. Langfristig spielt das keine große Rolle, da sich Währungsschwankungen in der Vergangenheit im Laufe der Jahre stets ausgeglichen haben. Haben Sie aber mit Fremdwährungen und Wechselkursrisiken eher ein ungutes Gefühl, kann eine Aufstockung der Europa-Indizes beruhigend wirken. Wollen Sie dabei nur auf Länder der Eurozone und nicht ganz Europas setzen, käme dafür ein ETF auf den Euro Stoxx-Index in Betracht. Dieser investiert aktuell in rund 300 Werte aus Staaten der Eurozone, die im Stoxx Europe 600-Index enthalten sind.

Angeboten werden auch Aktienfonds und ETF, die in Europa, nicht aber in Großbritannien investieren. Diese haben im Namen häufig die Bezeichnung „ex UK" (ohne

Europa-Portfolio für sicherheitsbedürftige und risikoscheue Anleger

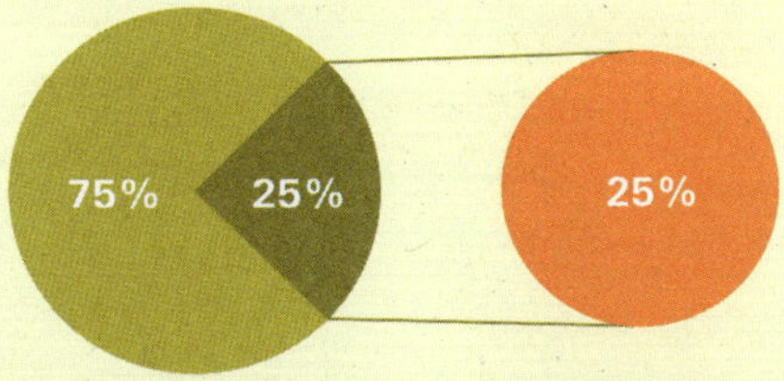

United Kingdom) oder auch „Continental European“ (Kontinentaleuropa).

Dax und Euro Stoxx 50 sind nicht genug

Deutsche Anleger haben oft zur heimischen Wirtschaft und zu den hier ansässigen Unternehmen einen besonderen Bezug. Sie finden zum Beispiel über diese leichter Informationen als zum Börsengeschehen im Ausland. Da könnte es manchen Anleger stören, dass deutsche Unternehmen in den Welt- und Europa-Indizes unterrepräsentiert sind. Die Idee liegt nahe, statt der großen Europa-Indizes auf den Dax oder zumindest den Euro Stoxx 50-Index zu setzen.

- **Der Dax** spiegelt als deutscher Leitindex die Entwicklung der 40 größten und umsatzstärksten Unternehmen wider, die im Prime Standard der Frankfurter Wertpapierbörse gelistet sind.
- **Der Euro Stoxx 50** umfasst die 50 größten Unternehmen der Eurozone. In ihm hat Deutschland zumindest ein Indexgewicht von 34 Prozent statt nur knapp 15 Prozent im MSCI Europe.

Doch Vorsicht: Dax und Euro Stoxx 50 eignen sich im Gegensatz zu den großen Welt- und Europa-Indizes aber nur als Beimischung. Denn sie sind nicht breit genug aufgestellt. Unter den 40 Aktien des Dax befinden sich zum Beispiel keine Nahrungsmittelhersteller und nur wenige Technologiewerte. Der Euro Stoxx 50, der bekannteste Index der Eurozone, ist in einigen Branchen dünn besetzt. Internetaktien fehlen auch hier, der Pharmasektor ist nur mit Sanofi prominent vertreten. Dafür machen Finanzdienstleistungen über 20 Prozent des Index aus. Wohlgemerkt: Dax und Euro Stoxx 50 sind keine schlechten Indizes. Sie eignen sich aber in keinem Fall als Basisanlagen im Depot.

Das reine Europa-Portfolio für Anfänger

Die Länder- und Branchenmischung des MSCI Europe Index ist gerade noch ausreichend. Wenn Sie aber trotzdem lieber nur auf Europa setzen wollen, ist es noch akzeptabel, statt in den Basis-Welt-ETF in einen der beiden großen Europa-ETF zu investieren.

Sicherheitsbedürftige und risikoscheue Anleger wählen folgende Aufteilung ihres Anlagebetrages:

Europa-Portfolio für sicherheitsbedürftige Anleger

Zinsbaustein:	60 000 Euro
Renditebaustein: Europa-ETF (MSCI Europe oder Stoxx Europe 600)	20 000 Euro
Gesamt	**80 000 Euro**

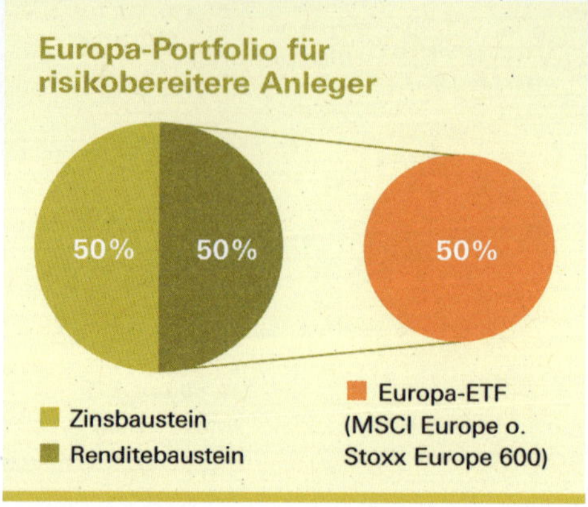

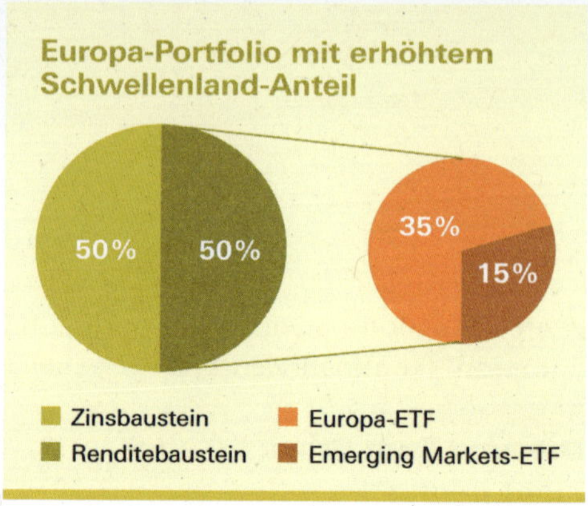

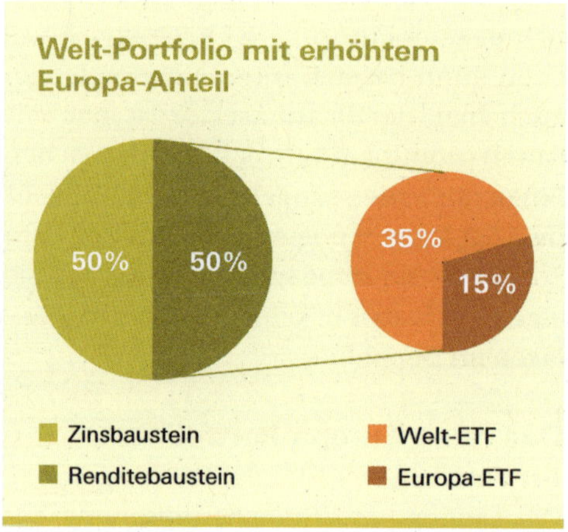

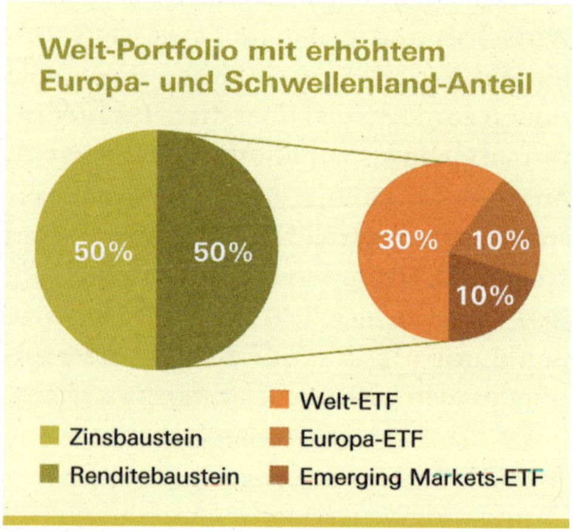

Risikobereitere pragmatische Anleger sowie engagierte Anleger mit einer Aktienquote von 50 Prozent teilen ihr Portfolio wie folgt auf:

Europa-Portfolio für risikobereitere Anleger

Zinsbaustein:	40 000 Euro
Renditebaustein:	
Europa-ETF (MSCI Europe oder Stoxx Europe 600)	40 000 Euro
Gesamt	**80 000 Euro**

Wollen Sie auch noch Emerging Markets-ETF beimischen, könnte die Aufteilung so aussehen (der Maximalanteil der Schwellenländer an den Aktienwerten sollte höchstens 30 Prozent betragen):

Europa-Portfolio mit erhöhtem Schwellenland-Anteil

Zinsbaustein:	40 000 Euro
Renditebaustein:	
Europa-ETF	28 000 Euro
Emerging Markets-ETF	12 000 Euro
Gesamt	**80 000 Euro**

Das Welt-Portfolio mit erhöhtem Europa-Anteil

Engagierte Anleger, die mehr als einen ETF in ihrem Depot halten und regelmäßig beobachten wollen, können neben einem ETF auf den Welt-Index noch einen ETF auf einen Europa-Index kaufen und damit den Europa-Anteil erhöhen. Das könnte dann so aussehen:

Welt-Portfolio mit erhöhtem Europa-Anteil

Zinsbaustein:	40 000 Euro
Renditebaustein:	
Welt-ETF	28 000 Euro
Europa-ETF	12 000 Euro
Gesamt	**80 000 Euro**

Wollen Sie dann auch noch den Schwellenland-Anteil individuell anheben, müssen Sie bereits drei ETF kaufen und im Auge behalten: einen Welt-Aktien-ETF (zum Beispiel auf den MSCI World), einen Europa-Aktien-ETF (zum Beispiel auf den MSCI Europe) und einen Emerging Markets-ETF (MSCI Emerging Markets). Der Schwellenland-Anteil sollte höchstens 30 Prozent des Aktienanteils ausmachen. Ein solches Portfolio könnte zum Beispiel so aussehen, wenn der Anteil Welt zu Europa zu Schwellenländern 60 zu 20 zu 20 beträgt:

Welt-Portfolio mit erhöhtem Europa- und EM-Anteil

Zinsbaustein:	40 000 Euro
Renditebaustein:	
Welt-ETF (60 % von 40 000)	24 000 Euro
Europa-ETF (20 % von 40 000)	8 000 Euro
Emerging Markets-ETF (20 % von 40 000)	8 000 Euro
Gesamt	**80 000 Euro**

Für Wissensdurstige: Weitere Fonds und ETF zum Beimischen

Es gibt viele weitere Möglichkeiten, ein aus Basis-Aktien-ETF bestehendes Depot auszugestalten. Achten Sie aber immer darauf, dass das Fundament aus Basis-Aktien-ETF groß genug bleibt.

→ **Natürlich gibt es** für besonders engagierte und interessierte Anleger noch mehr Möglichkeiten, ein Aktien-ETF-Depot zu strukturieren. Nachfolgend stellen wir Ihnen einige geeignete spezielle ETF-Strategien zur Beimischung vor, mit denen die Chance besteht, die Rendite des Depots noch zu erhöhen. Damit das Risiko aber noch vertretbar bleibt, muss die Depotbasis stimmen. Mindestens 70 Prozent des Aktienanteils sollten in einem breit gestreuten Welt-ETF angelegt sein. Den Rest, also bis zu 30 Prozent, können Sie dann auf „exotischere“ ETF verteilen. Keine der Beimischungen sollte einen Anteil von mehr als 10 Prozent haben.

Branchen- und Themen-ETF

Branchen-ETF investieren nur in einzelne Branchen und Wirtschaftszweige. Dies sind mitunter Wachstums- und Zukunftsbranchen, denen ein überdurchschnittliches Ertragspotenzial vorausgesagt wird. Branchenfonds und -ETF gibt es zum Beispiel für die Bereiche Automobile, Banken, Energie, Nahrungsmittel, Reise und Freizeit, Technologie, Chemie, Medien und – relativ neu – Robotik und Automatisierung.

Obwohl die Fonds meist weltweit anlegen, sind diese Märkte in der Regel recht eng, das heißt, die Auswahl an Unternehmen, in die ein Branchenfonds investieren kann, ist begrenzt. Bei diesen Fonds spielt oft der Zeitpunkt des Ein- und Ausstiegs eine entscheidende Rolle. Steigen Anleger früh genug in eine Branche ein, die am Beginn eines Aufwärtstrends oder sogar neuen Booms steht, sind hohe Gewinne möglich – vorausgesetzt, sie steigen rechtzeitig wieder aus. Dies gilt insbesondere für Branchen, die gerade von neuen und umwälzenden (das Fachwort dafür ist disruptiv) Entwicklungen profitieren. Negative Meldungen zu einem Unternehmen übertragen Börsianer oft auf Konkurrenzunternehmen der gleichen Branche. Die Folge ist dann, dass alle Aktien eines Branchenfonds oder -ETF Verluste hinnehmen müssen, weil keine Streuung über verschiedene Wirtschaftszweige vorliegt.

Themen-ETF konzentrieren sich auf bestimmte Anlagethemen wie zum Beispiel Infrastruktur, Lifestyle oder Wasser. Sie investieren in Indizes, in denen Unternehmen vertreten sind, die in diesen Bereichen tätig sind. Ebenso wie Branchen-ETF bieten sie die Chance auf überdurchschnittliche Renditen, wenn Anleger den richtigen Zeitpunkt erwischen und den ETF kaufen, bevor sich ein Thema zum vielbeachteten Anlagethema entwickelt. Aber hier besteht die Gefahr, dass es sich nur um eine kurzfristige Mode handelt und Anleger erst einsteigen, wenn die größten Gewinnsprünge schon erfolgt sind.

Bessere Streuung als mit Einzelaktien

Viele Anleger, die das Börsengeschehen aufmerksam verfolgen, versuchen häufig, durch die Auswahl von Einzelaktien ihre Anlageergebnisse zu verbessern. Durch den Einsatz von Branchen-ETF können sie das Risiko minimieren, auf eine Aktie zu setzen, die sich als Flop erweist, weil das Unternehmen etwa in einen Skandal verstrickt wird oder schlecht wirtschaftet. Statt zum Beispiel auf eine Einzelaktie wie den Nahrungsmittelgiganten Nestlé zu setzen, könnten Anleger auch auf einen Branchen-ETF setzen, der einen Index wie den Stoxx Europe 600 Food & Beverage (Nahrung und Getränke) nachbildet. Zwar ist auch in diesem Index die Nestlé-Aktie mit rund 30 Prozent vertreten, aber daneben gibt es mehr als 20 weitere bekannte Unternehmen, wie zum Beispiel das Brauerei-Imperium Anheuser-Busch InBev oder den Schokoladenspezialisten Lindt. Das Risiko im Vergleich zum Investment in die Einzelaktie Nestlé würde deutlich gesenkt.

Für Anleger, die sich nicht zwischen den großen Marktführern der Internet- und Technologiebranche wie Apple, Alphabet (früher Google), Facebook, Microsoft oder Amazon entscheiden können oder wollen, bietet ein ETF auf den US-Index Nasdaq eine Möglichkeit, breiter gestreut in diesen Markt zu investieren. Er enthält fast alle US-Giganten, die Anleger mit zukunftsweisenden Technologien in Verbindung bringen. Einen Index für alle genannten Branchenriesen gibt es aber nicht. Das liegt daran, dass Alphabet und Facebook von Indexanbietern wie MSCI als Kommunikationsunternehmen eingestuft werden, Facebook aber den Konsumgütern zugeordnet wird und nur Apple und Microsoft als Technologieunternehmen klassifiziert sind.

Nebenwerte-ETF

Eine weitere mögliche Ergänzung für das ETF-Depot sind Nebenwerte-ETF. Häufig entwickeln sich die Aktien kleinerer Unternehmen – sogenannte Small Caps – besser als die großen Börsenriesen (Large Caps oder Blue Chips genannt). Auf lange Sicht brachten ETF, die auf Indizes setzten, die die Entwicklung solcher Small Caps abbildeten, bessere Renditen als die bekannten Aktienindizes. Allerdings bedeuten höhere Renditen bei Aktien in der Regel auch höhere Schwankungen. Daher müssen Anleger in Krisenzeiten bei Nebenwerte-ETF mit wesentlich höheren Wertschwankungen umgehen können und wollen. ETF auf den Index MSCI World Small Cap bieten Anlegern die Möglichkeit, global auf kleine Aktien-

---

Länder-, Branchen- und Themen-ETF günstig kaufen.
Direktbanken bieten oft gerade für speziellere Anlagethemen wie etwa einzelne Länder, Dividendenstrategien, Nachhaltigkeit, Infrastruktur, Digitalisierung, künstliche Intelligenz und Immobilien ausgewählte ETF zu besonders günstigen Konditionen an. Dabei handelt es sich um ETF von ETF-Anbietern, mit denen die Bank im Rahmen von Kundenaktionen kooperiert: Bei diesen Angeboten erhalten Anleger häufig sowohl Einmalanlagen als auch Sparpläne ohne Gebühren oder zu sehr niedrigen Festgebühren.

gesellschaften zu setzen. Sie werden zum Beispiel angeboten von:

- **iShares** (ISIN: IE 00B F4R FH3 1)
- **SPDR** (IE 00B CBJ G56 0)

Auch mittelgroße Aktiengesellschaften, sogenannte Mid Caps, gehören zu den Nebenwerten. Auch sie können zur Beimischung im ETF-Depot in Betracht gezogen werden. Die Abgrenzung zu den Small Caps ist nicht immer eindeutig. Beim Indexanbieter MSCI sind Mid-Cap-Aktien immer zu gut 17 Prozent in den Standardindizes wie dem MSCI World Index enthalten.

Anleger, die in deutsche Nebenwerte investieren wollen, können auf ETF setzen, die sich an den Indizes MDax (mittelgroße Unternehmen) oder SDax (kleine Firmen) orientieren. Der MDax spiegelt die Entwicklung der 50 größten Unternehmen wider, die hinsichtlich Marktkapitalisierung und Umsatz auf die 40 Dax-Unternehmen folgen.

ETF auf den MDax sind zum Beispiel:

- **Deka MDax** (ISIN DE 000 ETF L44 1)
- **iShares MDax** (DE 000 593 392 3)
- **Lyxor Germany Mid-Cap MDax** (FR 001 185 723 4)
- **Lyxor MDax** (LU 103 369 363 8)

Der SDax bildet 70 kleinere deutsche Unternehmen ab, wie Maschinenbauer Jungheinrich, den Autozulieferer Schaeffler oder auch das Fußballunternehmen Borussia Dortmund. Ein geeigneter ETF wäre etwa der Lyxor SDax (ISIN LU 060 394 288 8). Auch wenn der SDax in den letzten Jahren besser gelaufen ist als sein großer Bruder Dax, besteht allerdings die Gefahr, dass die Werte kleiner Aktien in Krisenzeiten stärker schwanken als große Standardwerte.

Eine größere Vielfalt bietet der Russel 2000-Index. Mit einem ETF auf diesen Index beteiligen sich Anleger an 2000 kleinen amerikanischen Unternehmen.

Die größten ETF auf diesen Index sind der

- **Xtrackers Russell 2000** (ISIN IE 00B JZ2 DD7 9) und der
- **SPDR Russel 2000 US Small Cap** (IE 00B J38 QD8 4).

Eine vergleichbare Streuung wie der Russell 2000 besitzt der Index MSCI USA Small Cap. Hier bietet zum Beispiel iShares einen ETF an (ISIN IE 00B 3VW M09 8).

Dividenden-ETF als Beimischung

Neben Länder-, Branchen- und Themen-ETF gibt es auch solche, die bestimmte Anlagestrategien abbilden. Eine der ältesten Anlagestrategien ist es, auf dividendenstarke Aktien zu setzen. Denn Unternehmen, die hohe Dividenden ausschütten, sind häufig solide Konzerne mit etablierten Geschäftsmodellen und verlässlichen Einnahmen beispielsweise aus der Pharma-, Ernährungs- oder Versorgerbranche. Sie werden auch oft den eher defensiven Aktien zugeordnet, da sie weniger konjunkturabhängig sind.

Denn auch wenn die allgemeine Wirtschaft schwächelt, werden Medikamente, Lebensmittel und Strom gebraucht.

Mit Dividendenfonds können Anleger auf dividendenstarke Aktien setzen. Auch in diesem Anlagebereich gibt es aktiv gemanagte Fonds und ETF. Mit beiden Arten setzen Anleger auf eine Strategie, die in unterschiedlichen Marktlagen eine ordentliche, aber nicht unbedingt die beste Rendite verspricht. So schnitten Dividendenfonds in Zeiten boomender Aktienmärkte, in denen konjunkturabhängige Aktien besonders gut laufen, deutlich schwächer ab als beispielsweise der MSCI World Index. Dafür können Anleger darauf hoffen, mit defensiven Dividendenaktien in Börsenkrisen nicht so stark abzurutschen. In der Vergangenheit überzeugten die Dividendenindizes Stoxx Global Select Dividend 100 und der S&P Global Dividend Aristocrats durch sehr gute Risikobewertungen.

Langfristige Untersuchungen zeigen, dass etwa ein Viertel bis ein Drittel des durchschnittlichen Ertrags eines Aktieninvestments aus den Dividenden stammt. In manchen Indizes war der Anteil sogar noch höher (siehe Grafik „Dividenden sind ein wichtiger Ertragsbestandteil“ im Kapitel „Anlageprodukte, Konzepte und Strategien“ auf S. 48).

Das ist zwar mehr, als viele Anleger vermuten, aber es ist nur eine Seite der Medaille. Den Großteil der Rendite machten in der Vergangenheit Kursgewinne aus. Anleger, die nur auf Dividendenaktien setzten, verzichteten unter anderem auf hochrentable Aktien, die keine Dividenden zahlten, aber immense Kursgewinne verzeichneten, wie beispielsweise Amazon oder Alphabet (Google).

Dax-Dividenden-ETF nicht empfehlenswert

Auch Dividendenfonds sollten daher nur der Beimischung im Aktiendepot dienen. Ihr Anteil sollte 10 Prozent nicht übersteigen. Sie sollten auf eine breite Länder- und Branchenmischung achten.

Nicht empfehlenswert sind beispielsweise ETF auf den DivDax-Index. Hier werden aus den 40 Aktien des Dax die Titel mit der höchsten Dividendenrendite ausgewählt. Dadurch wird die ohnehin nur mäßige Risikostreuung des Dax zu weit eingeschränkt.

Breit streuende Dividenden-ETF

- **Der Stoxx Global Select Dividend 100 Index** ist eine Kombination dreier regionaler Dividendenindizes des Indexanbieters Stoxx. Jeweils 30 Aktien stammen aus dem europäischen und dem Asien-Pazifik-Raum, 40 Aktien aus Nordamerika. Bei der Auswahl der Indextitel spielen neben der Dividendenrendite – sie wird berechnet, indem die im letzten Jahr gezahlte Dividende durch den aktuellen Börsenkurs geteilt wird – auch die Kontinuität der Aus-

schüttungen und das Verhältnis der Ausschüttung zum Unternehmensgewinn eine Rolle. Der Index überzeugte in den vergangenen fünf Jahren vor allem durch sein geringes Risiko.
ETF auf diesen Index bieten iShares (ISIN: DE 000 A0F 5UH 1) und Xtrackers (LU 029 209 618 6) an.

- **Der FTSE All World High Dividend Yield Index** sucht aus den etwa 3200 Aktien im Weltindex FTSE All World rund 1400 Aktien mit der höchsten Dividendenrendite heraus. Die Marktnähe dieses Dividendenindex zum MSCI World Index ist mit 90 Prozent sehr hoch. Er eignet sich für Anleger als interessante Depotbeimischung, die eher auf defensive Aktien setzen wollen. Der ETF-Anbieter Vanguard bietet hier einen ETF an (IE 00B 8GK DB1 0).
- **Der S&P Global Dividend Aristocrats Index** setzt auf 96 weltweite Unternehmen mit hoher Dividendenrendite. Für die Aufnahme eines Titels in den Index ist eine „kontrollierte Dividendenpolitik mit steigenden oder beständigen Dividenden für mindestens zehn aufeinanderfolgende Jahre" Voraussetzung. Dieser Index weicht mit seiner Länder- und Branchenmischung deutlich vom Welt-Aktienindex MSCI World ab. Seine Marktnähe beträgt nur 76 Prozent, was ihn zu einer interessanten Ergänzung zu einem Welt-Aktien-ETF macht.

  Als ETF empfiehlt sich der SPDR-ETF (ISIN IE 00B 9CQ XS7 1).

Nachhaltigkeits- und Umweltfonds als Beimischung

Sie wollen bei der Aktienauswahl Wert auf nachhaltige Anlagen legen? Dann können Sie statt auf einen Basis-Welt-ETF auf einen der derzeit empfehlenswerten Nachhaltigkeits-ETF setzen. Das sind der

- **UBS MSCI World Socially Responsible ETF** (ISIN LU 062 945 974 3) und der
- **iShares DJ Global Sustainability Screened ETF** (IE 00B 57X 3V8 4).

Auch wenn diese Indizes verschiedene Kriterien zur Auswahl und zum Ausschluss von Unternehmen für den Index vorgeben, sind sie nicht in letzter Konsequenz klimafreundlich, da zum Beispiel fossile Brennstoffe nicht ausgeschlossen sind. Eine Alternative wäre hier der ETF Amundi Global Low Carbon (LU 160 214 422 9). Dieser bildet den MSCI World Low Carbon Leaders Index ab, dessen Ziel es ist, die CO_2-Emissionen im Vergleich zum „normalen" MSCI World Index zu halbieren. Auch in diesem Index gibt es aber keine Branchenausschlüsse. Ölkonzerne sind im Vergleich zum MSCI World in geringerem Umfang vertreten.

Derzeit gibt es noch keinen ETF für Anleger, die ein streng nachhaltiges und gleichzeitig klimafreundliches Pantoffel-Portfolio mit nur einem ETF als Risikobaustein anstreben. Das wird sich aber in der Zukunft vermutlich ändern, denn das Angebot steigt stetig. Wollen Sie Ihr Geld ausschließlich in Fonds anlegen, die sowohl klimafreundlich als auch nachhaltig investieren, bleiben nur aktiv gemanagte Fonds wie der Triodos Global Equities Impact (LU 027 827 241 3).

Bei diesem sind Anlagen in Unternehmen aus den Bereichen fossile Brennstoffe, Atomkraft oder umstrittener Landwirtschaft ausgeschlossen. Aktive Fonds müssen Sie jedoch regelmäßiger überprüfen als breit gestreute ETF.

Sie könnten aber auch gezielt spezielle Branchen-ETF aus den Bereichen der neuen Energien beimischen, zum Beispiel diese:

1. **Der iShares Global Clean Energy** (ISIN IE 00B 1XN HC3 4) investiert in die 30 Aktien des S & P Global Clean Energy Index. Dieser Index misst die Wertentwicklung der größten börsengehandelten Unternehmen mit Geschäftstätigkeit im Bereich Erzeugung, Ausrüstung und Technologien für saubere Energien.
2. **Der Lyxor New Energy** (FR 001 052 477 7) orientiert sich am World Alternative Energy Index. Dieser bildet die global 20 größten Unternehmen ab, die im Bereich der alternativen Energie tätig sind.

Eine Idee wäre es, beispielsweise bis zu 10 Prozent des Aktiendepots mit einem dieser beiden ETF zu befüllen.

Offene Immobilienfonds als Beimischung

Die Anlage in vermietete Immobilien kann sinnvoll sein, um das Risiko des Portfolios weiter zu streuen und mit „Betongold" eine Sachwertanlage zu besitzen.

Die Gesamtvermögensverteilung wird beim Kauf einer Wohnung oder eines Hauses zur Vermietung schnell sehr immobilienlastig, da hohe Anlagebeträge erforderlich sind. Mancher Anleger wird überdies von der Vorstellung abgeschreckt, Vermieter werden und sich mit Mietern und deren Anliegen beschäftigen zu müssen.

Eine Alternative zum Kauf einer einzelnen Immobilie bieten offene Immobilienfonds. Das sind Investmentfonds, die das Geld der Anleger im Unterschied zu Aktien- oder Rentenfonds nicht ausschließlich in Wertpapiere, sondern vor allem in Immobilien investieren.

Überwiegend legen sie in Gewerbeimmobilien wie Bürogebäude, Einkaufszentren oder Hotels an. In den Fonds sind oft mehrere Dutzend verschiedene Objekte aus unterschiedlichen Ländern und Regionen enthalten.

Gewerbeobjekte sind aber anders als Wohnimmobilien meist konjunkturabhängig. Läuft die Wirtschaft schlecht, werden beispielsweise weniger Büro- und Einzelhandelsflächen nachgefragt und die Mietpreise für diese sinken.

Viele offene Immobilienfonds versuchen solche Risiken zu minimieren, indem sie in verschiedene Gewerbeobjekte und -standorte investieren.

Ihre Erträge erwirtschaften offene Immobilienfonds mit Mieteinnahmen und Gewinnen aus dem Wiederverkauf der Immobilien. Sie investieren nicht immer das gesamte Geld der Anleger in Immobilien, sondern kaufen manchmal auch Zinspapiere.

Diese kurzfristig veräußerbaren Anlagen oder eine Kreditlinie brauchen sie, um Anleger auszahlen zu können, die ihre Anteile an die Fondsgesellschaft zurückgeben wollen.

„Geld allein macht nicht glücklich. Es gehören auch noch Aktien, Gold und Grundstücke dazu.

Danny Kaye, US-amerikanischer Schauspieler und Komiker (1911–1987)

Den Wert der einzelnen Gebäude und Grundstücke im Fondsvermögen legen unabhängige Gutachter in regelmäßigen Zeitabständen fest. Ob ein Objekt aber zu dem ermittelten Preis verkauft werden kann, ist ungewiss. Kurzfristige Schwankungen auf den Immobilienmärkten spiegeln sich daher nicht in den Preisen der Fondsanteile wider.

Früher konnte man Anteile an offenen Immobilienfonds börsentäglich an die Fondsgesellschaft zurückgeben. Während der Finanzkrise ab 2008 waren aber zahlreiche offene Immobilienfonds in Schieflage geraten, als eine große Zahl von Anlegern gleichzeitig aus diesen Fonds aussteigen wollte. Die Liquiditätsreserven der Fondsgesellschaften reichten nicht aus, um alle Rückgabewünsche erfüllen zu können. Einige Fonds mussten abgewickelt und die Immobilien verkauft werden.

Um solche Liquiditätskrisen künftig zu verhindern, wurden die gesetzlichen Regeln verschärft. Seit 2013 müssen Anleger zwölf Monate vorher kündigen, wenn sie Geld aus dem Fonds abziehen wollen.

Für Neuanleger gilt darüber hinaus eine Mindestanlagedauer von zwei Jahren. Anleger, die vor dem 22. Juli 2013 gekauft haben, können pro Kalenderhalbjahr 30 000 Euro abziehen. Wollen sie mehr Anteile verkaufen, müssen sie zwölf Monate vorher kündigen.

Diese Regeln gelten nur für die Rückgabe der Fondsanteile an die Fondsgesellschaft. Über die Börse können Anleger ihren offenen Immobilienfonds jederzeit ohne Betragsbeschränkung verkaufen – vorausgesetzt, es findet sich ein Käufer. Das ist häufig der Fall. Der Börsenkurs wird dabei im Wesentlichen durch Angebot und Nachfrage nach den Fondsanteilen bestimmt.

Informieren Sie sich

Offene Immobilienfonds sind keine Basisanlage, als die sie früher gerne verkauft wurden. Mehr als 10 Prozent Ihres Depotanteils sollten Sie auch in diese Anlageform nicht investieren. 70 Prozent Ihres in Renditebausteinen angelegten Geldes sollten wie gesagt in Basisanlagen wie einen Welt-ETF gehen.

Wählen Sie offene Immobilienfonds, die in mehreren Ländern vertreten sind und bei denen die Fondsimmobilien wenig Leerstände haben und die Mietverträge noch lange laufen.

Allein aufgrund der „Wesentlichen Anlegerinformationen“ können Sie keine fundierte Kaufentscheidung treffen. Machen Sie sich zusätzlich auf den Internetseiten der Anbieter über Anlagerichtlinien, Risiken und Fondsinhalte kundig. Dort finden Sie die regelmäßig aktualisierten Datenblätter und den Verkaufsprospekt für den Fonds. Mitunter gibt es Detailinformationen zu jeder einzelnen Immobilie, an der der Fonds beteiligt ist.

→ Unterscheiden Sie offene und geschlossene Immobilienfonds

Anders als offene Immobilienfonds sind geschlossene Immobilienfonds – auch Alternative Investmentfonds (AIF) genannt – unternehmerische Beteiligungen an wenigen Immobilien, zum Teil nur an einer einzigen. Der Initiator einer solchen Beteiligung sammelt Geld ein, um zum Beispiel ein Einkaufszentrum oder einen Bürokomplex zu finanzieren. Hat er genug Geld zusammengetragen, wird der Fonds für weitere Anleger geschlossen.

Die Anleger sind Mitunternehmer und am Erfolg und Misserfolg der Unternehmung beteiligt. Wie sie haften, hängt von der Rechtsform ab.

Bei einer KG (Kommanditgesellschaft) können Anleger ihr eingesetztes Geld verlieren, bei einer GbR (Gesellschaft bürgerlichen Rechts) haben sie eventuell sogar eine Nachschusspflicht (Nachzahlung).

Geschlossene Immobilienfonds sind im Gegensatz zu offenen Immobilienfonds auch keine Wertpapiere und somit nicht an einer Wertpapierbörse handelbar. Sie haben oft eine Mindestlaufzeit von zehn oder mehr Jahren und sind vor Ablauf dieser Zeit kaum oder nur mit Verlusten veräußerbar. Regelmäßige Untersuchungen von Finanztest haben gezeigt, dass Anleger lieber die Finger von diesen Anlagen lassen sollten.

Risikoreiche Anlagen

Sie können verschiedene Sachwerte wie Goldinvestments, Rohstoffanlagen und Einzelaktien zur Risikostreuung nutzen. Von geschlossenen Fonds und Crowdinvesting-Projekten sollten Anfänger – aber auch Fortgeschrittene – besser die Finger lassen: Totalverluste möglich!

Als engagierter Anleger möchten Sie noch mehr über Geldanlagemöglichkeiten wissen. Sie wollen auch risikoreichere Anlagen kennenlernen und verstehen. Das ist gut. Denn nur so können Sie einschätzen, ob die zusätzlichen Risiken im für Sie richtigen Verhältnis zu deren Renditechancen stehen. Während in den vorherigen beiden Kapiteln vor allem fondsbasierte Anlagen beschrieben wurden, erfahren Sie jetzt mehr über Anlagen in Einzelaktien, Rohstoffen und Beteiligungen.

Allen drei genannten Anlagen ist gemeinsam, dass auch sehr risikofreudige Anleger mit einem langen Anlagehorizont nur einen Teil ihres Vermögens darin investieren sollten. Das Verlustrisiko ist sonst viel zu hoch. Ganz wichtig: Die bereits vorgestellten Basisanlagen und Beimischungen sollten immer das Fundament der Geldanlage bilden.

Einzelaktien

Bessere Renditen als die breite Masse der Anleger – dieses Ziel haben alle, die sich gezielt mit Einzelaktien beschäftigen. Das ist aber leichter gesagt als getan und für Einsteiger eine kaum realistische Aussicht.

Anlagen in Einzelaktien eignen sich nur für Anleger, die sich in der Wirtschaftswelt auskennen und sich ständig mit ihren Investments beschäftigen wollen. Sie haben die Auswahl unter Tausenden von Aktienwerten. Aktien von den Unternehmen, die Sie vielleicht schon vom Namen und aus den Medien kennen, müssen nicht unbedingt die besten für Ihre Geldanlagen sein. Zu jeder Zeit gibt es Unternehmen, die besonders erfolgreich sind und solche, deren Aktien deutlich an Wert verlieren.

Um die potenziell erfolgreichen Aktien zu finden, müssen Sie den Aktienmarkt anhand einer Strategie filtern und sortieren. Auch die jeweilige Wirtschaftslage muss berücksichtigt werden, da diese unterschiedliche Auswirkungen auf die Entwicklung von Unternehmen hat. So gehen Fondsmanager von aktiv gemanagten Fonds vor. Diese sind aber Profis und haben meist einen großen Personalstab zur Verfügung, der sie bei den Recherchen und Analysen unterstützt.

Nur wenn Sie genug Zeit haben und den Aufwand nicht scheuen, sich gründlich in die Aktienanlage einzuarbeiten, kommen Einzelaktien für Sie in Betracht.

Folgendes spricht für Einzelaktien:

- **Mitbestimmungsrecht:** Aktionäre sind Mitinhaber „ihres" Unternehmens. Einmal im Jahr können sie auf der Hauptversammlung aktiv über die weitere Entwicklung mitbestimmen.
- **Keine regelmäßigen Kosten:** Anders als bei Investmentfonds zahlen Sie keine laufenden Gebühren für Ihre Aktien.
- **Zielgerichtetes Investment:** Beim Kauf eines Investmentfonds können Sie zwar die grobe Zielrichtung des Investments vorgeben – etwa indem Sie einen Aktienfonds Deutschland kaufen, der in deutsche großen Aktien investiert –, die Einzeltitelauswahl können Sie jedoch nicht beeinflussen. Wer glaubt, dass ein Unternehmen X besondere Ertragschancen bietet, kann mit dem Kauf der Aktie dieses Unternehmens zielgerichtet in dessen Entwicklung investieren.
- **Hohe Transparenz:** Im Einzeltiteldepot wissen Sie genau, welche Aktien Sie besitzen. Aktiv gemanagte Fonds geben die Vermögenszusammensetzung oft nur zu bestimmten Zeitpunkten bekannt (etwa in Halbjahresberichten).

Einzelaktien lieber nur als Beimischung

Ein reines Einzeltiteldepot müsste aus mindestens 15 verschiedenen Aktien verschiedener Branchen bestehen, um eine einigermaßen ausreichende Risikostreuung zu haben. Damit nicht die Kaufgebühren überproportional stark ins Gewicht fallen, müssten Sie insgesamt mindestens 37 500 Euro, 2 500 Euro je Einzelwert, investieren. Bei günstigen Direktbanken reichen circa 15 000 Euro, bei Neo-Brokern sind sogar weniger als 10 000 Euro ausreichend

Neben den Mindestanlagesummen bei einem Einzeltiteldepot ist der Aufwand mit ausländischen Aktien eine weitere Erschwernis für Anleger. Denn bei Dividenden ausländischer Aktienunternehmen werden oft Quellensteuern im Heimatland des Unternehmens erhoben. Diese betragen häufig 15 Prozent. Um die doppelte Belastung mit Steuern im Herkunftsland der Dividenden und im Wohnsitzland des Anlegers abzumildern, hat Deutschland mit über 80 Ländern weltweit Doppelbesteuerungs-Abkommen (DBA) abgeschlossen. In diesen ist festgelegt, welcher Prozentsatz letztlich im Herkunftsland verbleiben darf. Die ausländische Quellensteuer ist auf die deutsche Quellensteuer bis zu einem Betrag von 15 Prozent anrechenbar. Ist die ausländische Quellensteuer höher, können sich Anleger den Rest in teilweise mühsamen Verfahren vom ausländischen Fiskus erstatten lassen. Wie aufwendig und teuer das Erstattungsverfahren in der Praxis für Anleger ist, hängt vom jeweiligen Herkunftsstaat ab.

Die Core-Satellite-Strategie

Ein Einzeltiteldepot ist ein aufwendiges „Hobby“, das auch für sehr engagierte Einsteiger nicht zu empfehlen ist. Wenn Sie aber nicht ganz auf Einzelaktien verzichten möchten, könnte die Core-Satellite-Strategie für Sie interessant sein. Dabei wird das Depot in eine breit gestreute Kerninvestition aufgeteilt, dem „Core“, die von mehreren Einzelinvestitionen, also „Satellites“, umgeben ist.

Im Kern des Depots befinden sich ETF, die den Großteil des Anlagevermögens ausmachen und dafür sorgen, dass die Wertentwicklung zuverlässig an die Märkte gekoppelt ist. Hier bieten sich ein ETF auf den MSCI World oder den MSCI Europe an.

Die Satelliten-Anlagen stellen hingegen nur einen geringen Anteil des Gesamtportfolios dar. Sie sollen für einen Renditeschub sorgen und das i-Tüpfelchen der Strategie bilden. Das Verhältnis Core zu Satellite kann ungefähr 80 zu 20 betragen. Bei den Satelliten können Anleger ihre eigenen Präferenzen und Kenntnisse einbringen: Vielleicht kennen Sie sich aufgrund Ihres Berufes oder Hobbys in bestimmten Branchen besonders gut aus und wissen von vielversprechenden Unternehmen, deren Aktien sich als Satelliten-Anlagen eignen? Dann spricht grundsätzlich nichts gegen Einzelaktien als Anlagen zur Satelliten-Beimischung.

Gold

Gold gilt als die Krisenwährung Nummer eins. Allerdings bringt es keine Erträge. Zur Anlage in Barren und Münzen gibt es Alternativen in Form von sogenannten ETC.

Für Gold als Geldanlage spricht einiges: Es gilt seit über 2000 Jahren als Zahlungsmittel und Wertspeicher. Es überlebte Kriege, Krisen und Währungsreformen. Anders als Papiergeld ist es nicht beliebig vermehrbar, da die weltweiten Goldvorkommen endlich sind und die Förderung aufwendig und teuer ist. Zentralbanken halten zum Teil große Goldbestände als Währungsreserve und Gold ist auch der bevorzugte Rohstoff für Schmuck. Viele Goldfans glauben daher, dass Gold immer wertvoll bleiben wird. Vor allem in Deutschland ist Gold beliebt (siehe Kasten).

Ist Gold eine sichere Anlage?

Wenn Zweifel am Finanzsystem aufkommen oder Aktienkurse massiv fallen, ist der Goldpreis in der Vergangenheit in die Höhe geschnellt. So stieg er in den Jahren 2007 bis 2011 extrem, als im Zuge der Finanzkrise Banken und Staaten ins Schlingern kamen und der Aktienmarkt abstürzte. Allerdings fiel er anschließend wieder deutlich und stagnierte einige Jahre. Im August 2020 erklomm der Preis ein neues Allzeithoch. Wer mit der Investition in Gold eine ordentliche Rendite erzielen will, muss vor allem zur richtigen Zeit kaufen und verkaufen. Denn Gold ist nicht „produktiv“. Ein Anleger erhält für sein Goldinvestment keine Zinsen oder Dividenden. Kann er sein Gold nicht wieder mit Gewinn verkaufen, macht er also Verlust. Da man aber nie weiß, wie viel es zum Verkaufszeitpunkt wert sein wird, ist es keine sichere Anlage im engeren Sinne. Dazu kommt noch das Währungsrisiko. Denn Gold wird grundsätzlich in US-Dollar gehandelt und die Goldpreise werden in US-Dollar notiert. Wenn also der Euro gegenüber dem Dollar zulegt, zieht das aus Sicht eines deutschen Anlegers den Goldpreis nach unten, denn er erhält für seine Euros weniger Dollar-Gegenwert.

Dennoch kann eine Beimischung von Goldanlagen zum Gesamtvermögen strategisch sinnvoll sein. Denn der Goldpreis und die Aktienmärkte laufen in ihrer Entwicklung mitunter sehr unterschiedlich. In der Fachsprache ist von einer mit den Aktienmärkten weitgehend „unkorrelierten Anlageklasse“ die Rede. So zeigen manche Studien, dass das Depotrisiko in Krisenzeiten verringert werden kann, wenn eine Beimischung von Gold erfolgt. Beispielsweise fiel der Aktienindex MSCI World im Zuge der

Internetkrise zwischen August 2000 und März 2003 um fast 54 Prozent, der Goldpreis in Euro hingegen veränderte sich im selben Zeitraum wenig. Während der Finanzkrise von Juli 2007 bis März 2009 büßte der MSCI World fast die Hälfte seines Wertes ein, Gold hingegen legte um 40 Prozent zu.

In Boomphasen an den Aktienmärkten ist hingegen oft für Goldanleger wenig zu holen. Dann investieren Anleger lieber in die chancenreichen Aktienanlagen und ziehen Geld aus den vermeintlich sicheren Goldanlagen ab. So erzielten Anleger beispielsweise zwischen 2013 und 2018 mit einem ETF auf den MSCI World rund 80 Prozent Wertzuwachs, während Goldanleger rund 10 Prozent verloren.

Die gegenläufigen Bewegungen (die geringe Korrelation) von Gold und Aktien sprechen daher für eine Beimischung des Edelmetalls, um das Risiko im Portfolio zu streuen. Der Goldanteil sollte aber nicht höher als 5 bis 10 Prozent sein. Gold ist eine Langfristanlage. Entsprechend sollten Sie das investierte Kapital für mindestens zehn Jahre entbehren können.

Anlage in physisches Gold

Der sicherste und transparenteste Weg, in Gold zu investieren, ist der Kauf von „echtem", physischen Gold. Dieses wird für Anleger in Form von Münzen und Barren angeboten. Bei Münzen sind gängige Goldanlagemünzen wie zum Beispiel der südafrikanische „Krügerrand", die kanadische

HÄTTEN SIE'S GEWUSST?

60 Euro ist der Goldwert der 1/25 Feinunze der Wiener Philharmoniker. Das ist der Börsenpreis des reinen Goldwerts von Mitte Mai 2021. Die obige Abbildung zeigt diese Münze übrigens in Originalgröße.

Die Nachfrage nach Gold in Deutschland belief sich 2020 auf rund 163,4 Tonnen. Damit liegt Deutschland nach China an zweiter Stelle weltweit.

2018 wurden in Deutschland rund 11,6 Tonnen Goldmünzen produziert.

Deutschland hatte 2020 nach den USA mit 3 362,4 Tonnen die zweitgrößten Goldreserven der Welt – vor Italien, Frankreich, Russland, China und der Schweiz.

Quelle: Statista, World Gold Council

Das Auf und Ab des Goldpreises

Die Wertentwicklung des Goldpreises in den vergangenen zehn Jahren. Sein Allzeithoch knapp über 2 000 US-Dollar erreichte das Edelmetall im August 2020. Wie sich der Wert in Euro entwickelt, hängt auch vom Wechselkurs ab.

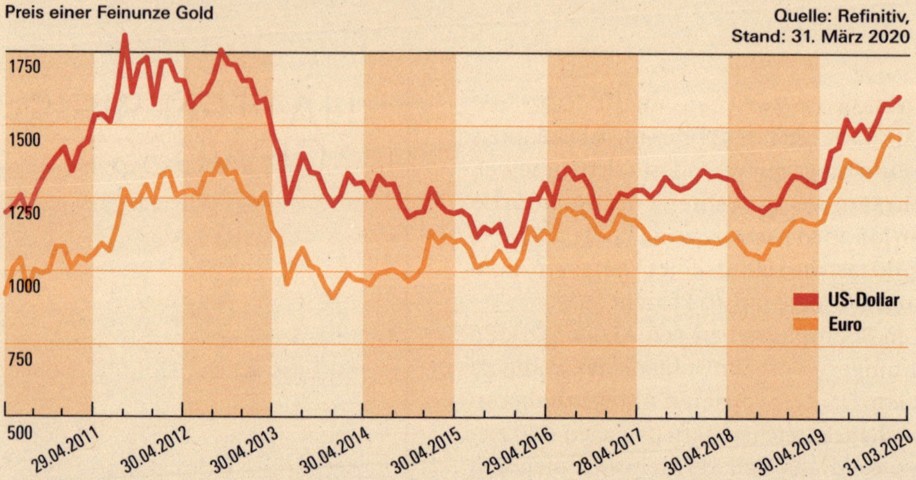

„Maple Leaf", der „Wiener Philharmoniker", der „China Panda" oder das „australische Känguru" erste Wahl. Für diese Münzen gibt es einen großen Zweitmarkt, und Anleger können sie im Bedarfsfall leicht wieder verkaufen. Diese Goldmünzen werden in den Größen 1/25, 1/20, 1/10, ¼, ½ und 1 Unze (das sind 31,1 Gramm) angeboten. Der Kaufpreis ergibt sich dann aus dem aktuellen Goldpreis zuzüglich einer Marge für den Händler.

Nicht als Anlage geeignet sind hingegen Gedenk- und Sammlermünzen. Anders als die Standard-Anlagemünzen ist bei diesen nicht der Materialwert entscheidend. Hier versuchen Anbieter oft, Anleger mit limitierten Auflagen und der Attraktivität für Sammler zu locken. Ein späterer Verkaufserlös hängt damit nicht nur vom Goldkurs, sondern auch stark von der Nachfrage nach der speziellen Münze ab. Auch Goldschmuck eignet sich nicht für Anlagezwecke, da es für diesen keinen verlässlichen Marktpreis gibt.

Bei Goldbarren sollten Anleger nur solche mit einem Feingoldgehalt von 999,9, also von 99,99 Prozent, kaufen. Gold geringerer Qualität lässt sich schwerer wieder verkaufen. Manche Goldhändler nehmen zwar auch Barren mit niedrigerem Reinheitsgrad zurück, aber nur mit einem gehörigen Abschlag. Denn diese Barren müssen eingeschmolzen werden, ehe sie weiterverkauft werden können. Auf der sicheren Seite sind Sie überdies, wenn Sie nur Barren mit einem Goldprägestempel von Firmen kaufen, die ein Zertifikat der LBMA (London Bullion Market Association) haben, wie zum Beispiel Barren von Heraeus, Umicore, Valcambi oder Perth Mint. Goldbarren gibt es in vielen Größen zwischen 1 Gramm und rund 12 Kilogramm.

Je kleiner die Münze oder der Barren, desto höher ist in der Regel der prozentuale Aufschlag zum reinen Metallwert, wie er täglich an der Börse gehandelt und festgelegt wird. Daher eignen sich beispielsweise Goldbarren mit nur 1 Gramm Gewicht nicht zu Anlagezwecken. Der Aufschlag auf den Materialwert beträgt hier mitunter über 20 Prozent. So stark müsste also der Goldpreis steigen, bevor Sie beim Verkauf zumindest Ihren Einsatz zurückerhielten. Manche Goldkäufer kaufen Gold in Kleinstgrößen, um zum Beispiel die Minibarren in extremen Krisenzeiten als Währungsersatz zu nutzen. Ob man dann wirklich Lebensmittel mit Kleinstmengen Gold bezahlen könnte, ist aber zumindest fraglich.

Sie können Gold mit einem akzeptablen Aufschlag bei großen Onlinehändlern kaufen. Diese werden mit hoher Wahrscheinlichkeit günstiger als Ihre Hausbank sein. Große Onlineshops sind zum Beispiel:

- **Auragentum** (auragentum.de)
- **Degussa Goldhandel** (shop.degussa-goldhandel.de)
- **ESG Edelmetalle** (edelmetall-handel.de)
- **Pro-Aurum** (proaurum.de)

Sie finden bei diesen und anderen seriösen Edelmetallhändlern im Internet Preislisten aller gängigen Münzen und Barren. Die Unterschiede beim Aufgeld (Spread) können je nach Anbieter erheblich sein. Ein Vergleich vor dem Kauf lohnt sich. Hier kann der Internet-Preisvergleich auf gold.de hilfreich sein.

→ Es gibt kein ethisch-ökologisch völlig sauberes Anlagegold

Der Abbau von Gold erfolgt häufig unter schrecklichen Umständen: Kinderarbeit, unmenschliche Arbeitsbedingungen, Umweltschäden, zerstörte Landschaften und kriegerische Auseinandersetzungen, die mit der Goldförderung finanziert werden, sind oft Nebenbedingungen der Goldförderung. Ethisch-ökologisch orientierte Anleger tun sich daher mit dem Edelmetall schwer. Das aus Sicht von Finanztest kleinste Übel bei der Goldanlage sind Recyclinggold und Münzen älterer Jahrgänge. Damit unterstützen Anleger keinen Neuabbau mit etwaigen schädlichen Folgen für Umwelt und Menschen. Die gängigen Goldmünzen sind jeweils mit dem Prägejahr versehen. Einige Händler lassen ihren Kunden die Wahl, ob sie den neuesten Jahrgang oder einen älteren haben wollen. Mit älteren Münzen können Anleger dann relativ einfach frisch geschürftes Gold umgehen.

Gold-ETC

Besitzer von physischem Gold müssen sich Gedanken machen, wie sie ihr Gold verwahren. Um es vor Einbrechern zu schützen, können sie es zu Hause in einem soliden Tresor oder in einem Bankschließfach aufbewahren. Beide Lösungen sind kostenträchtig und mit Aufwand verbunden. Wollen Sie dies nicht, können Sie auch in Finanzprodukte investieren, die den Goldpreis abbilden.

Empfehlenswert sind dafür sogenannte Gold-ETC. ETC (Exchange Traded Commodities) sind verwandt mit ETF (Exchange Traded Funds). Beides sind börsengehandelte Finanzprodukte, die als Wertpapiere leicht ins Depot integriert werden können. Während ETF-Käufer aber zu Miteigentümern am Fondsvermögen werden, erwerben Anleger mit einem ETC nur eine Schuldverschreibung und tragen somit das Risiko, dass ihr Herausgeber (Emittent) pleitegehen kann.

Die Gesetzeslage in Deutschland lässt Gold-ETF nicht zu. Gold-ETC sind aber kein schlechter Kompromiss. Große Vorteile sind der geringe Aufschlag beim Kauf, die einfache Handhabung und die niedrigen jährlichen Kosten. Für Anleger, die ihr Gold nicht unbedingt in den Händen halten wollen, ist das sehr attraktiv und das theoretische Pleiterisiko des Emittenten ist sehr gering, zumindest, wenn ein großer und solider Emittent gewählt wird. Einige Gold-ETC sind mit Gold besichert, die Herausgeber investieren das angelegte Geld also tatsächlich in Gold und lagern es in riesigen Tresoren.

Mit physischem Gold hinterlegt sind zum Beispiel die „Standard-ETC“ Xetra-Gold, Euwax Gold und Gold Bullion Securities. Käufer dieser Papiere haben zudem einen Anspruch darauf, sich ihren Goldanteil als Barren liefern zu lassen. Ob das in der Praxis sinnvoll ist, steht auf einem anderen Blatt, da die Auslieferung oft teuer und nicht für jede Gewichtseinheit möglich ist. Das von der Börse Stuttgart herausgebrachte Euwax Gold II ist speziell auf die Auslieferung zugeschnitten. Sie ist ab 100 Gramm oder einem Vielfachen davon kostenlos. Anleger können sich als Barren auch andere Stückelungen liefern lassen, müssen dafür aber extra bezahlen.

Die Steuer bei Goldinvestments

Wer seine Münzen oder Barren nach frühestens einem Jahr verkauft und dabei einen Gewinn erzielt, kann diesen ohne Abzug behalten.

Abgeltungsteuer wird auf den Wertzuwachs nicht fällig. Nach Urteilen des Bundesfinanzhofs (BFH) gilt diese Steuerfreiheit auch für Xetra-Gold und Gold Bullion Securities. Dabei spielt es keine Rolle, ob Anleger sich das Gold ausliefern lassen oder die Anteilsscheine mit Gewinn über die Börse verkaufen.

Für Euwax Gold liegt noch keine BFH-Rechtsprechung vor. Nach Einschätzung der Börse

Die wichtigsten mit Gold hinterlegten Wertpapiere

Gold wird in US-Dollar gehandelt. Euro-Anleger haben deshalb neben dem Kurs- auch ein Währungsrisiko. Bei ETC mit Währungsabsicherung können sie es ausschalten, dafür sind aber die Kosten dieser Produkte höher.

Name des Produkts	Emittent	ISIN	Jährliche Kosten (in %)	Auslieferung in Barren möglich [1]
Euwax Gold	Boerse Stuttgart Securities	DE 000 EWG 0LD 1	0,00	ja
Euwax Gold II	Boerse Stuttgart Securities	DE 000 EWG 2LD 7	0,00	ja
Xetra-Gold	Deutsche Börse Commodities	DE 000 A0S 9GB 0	0,36[2]	ja
Gold Bullion Securities	Gold Bullion Securities	DE 000 A0L P78 1	0,40	nein
Xtrackers Physical Gold ETC	DB ETC	DE 000 A1E 0HR 8	0,25	nein
iShares Physical Gold ETC	iShares Physical Metals	IE 00B 4ND 360 2	0,15	nein
Invesco Physical Gold ETC	Invesco Physical Markets	IE 00B 579 F32 5	0,15	nein
ETC mit Währungsabsicherung				
Xtrackers Physical Gold Hedged ETC	DB ETC	DE 000 A1E K0G 3	0,59[3]	nein
WisdomTree Physical Gold Daily Hedged	WisdomTree Hedged Metal Securities Securities Limited	DE 000 A1R X99 6	0,15[3]	nein

(1) Die Kosten für die Auslieferung hängen vom Goldpreis, von der Stückelung und von weiteren Faktoren ab.
(2) jährliche Kosten für die Verwahrung im Wertpapierdepot
(3) Einschließlich der Kosten für Währungssicherung.

Quellen: Produktinformationsblätter, eigene Recherche, Stand: Juli 2021

Stuttgart wird aber auch Euwax Gold II steuerlich wie physisches Gold behandelt.

Für Erträge aus nicht physisch hinterlegten Goldzertifikaten, Gold-Investmentfonds oder Goldminenaktien fallen hingegen unabhängig von der Haltedauer 25 Prozent Abgeltungsteuer zuzüglich 5,5 Prozent Solidaritätszuschlag und gegebenenfalls Kirchensteuer an.

Für Anfänger ungeeignete Goldanlagen

Neben mit Gold hinterlegten ETC gibt es Produkte, die den Goldpreis gehebelt abbilden, ohne Gold zu kaufen. Ein Beispiel sind Goldzertifikate, die den Goldpreis zweifach nachbilden. Hierbei handelt es sich letztlich um Wetten auf den Goldpreis, mit doppelten Gewinnchancen, aber auch doppelten Verlustrisiken.

Ein Klassiker unter den „heißen" Anlagetipps sind auch Goldminenaktien. Mit der Investition in die Aktien der Goldproduzenten versprechen sich manche Anlegerinnen und Anleger eine Hebelwirkung. Die Kurse von Goldminenaktien schwanken wesentlich stärker als der Goldpreis selbst, denn die Goldförderung ist ein schwieriges und recht riskantes Geschäft.

Zu der Ungewissheit über die Entwicklung des Goldpreises kommen weitere Unwägbarkeiten, wie beispielsweise politische Risiken in den Förderländern oder auch Managementprobleme innerhalb der Goldkonzerne, dazu. Mit einem Investment in Fonds und ETF, die in Aktien von Goldminenbetreibern investieren, lässt sich das Risiko zwar streuen, bleibt aber weiterhin hoch.

Auch sogenannte Goldsparpläne sollten Anleger meiden. Bei diesen werden oft hohe Handelsgebühren und Lagerkosten verlangt. Daneben gibt es viele unseriöse Angebote.

Bei sogenannten Goldsparplänen müssen Anleger sehr aufpassen, dass sie nicht ein überteuertes oder sogar unseriöses Angebot abschließen. In einer Untersuchung von Finanztest konnten nur ganz wenige Goldsparpläne die Tester überzeugen. Bei vielen Angeboten gibt es dagegen erhebliche Preisaufschläge auf den Goldpreis, manchmal in Verbindung mit hohen Abschlussgebühren. Mehr dazu unter: test.de, Suchbegriff „Goldsparpläne" oder im Finanztest-Heft, Ausgabe 3/2020.

Rohstoffe

Rohstoffanlagen werden als echte Sachwerte und zum Schutz vor einer hohen Inflation beworben. Weil man die meisten Rohstoffe nicht bei sich lagern kann, gibt es für Anleger Rohstofffonds, ETC und Zertifikate.

Neben der Anlage in Gold schwören manche Anleger auf Rohstoffe zur Diversifizierung (Risikostreuung) ihres Anlagevermögens. Die Rohstoffmärkte sind aber „launisch" und entsprechend riskant sind Rohstoffanlagen. Sie sind für Einsteiger in die Geldanlage eigentlich nicht geeignet. Besonders engagierte Anleger können sich aber nachfolgend über die wesentlichen Eigenschaften dieser Anlageklasse informieren und gegebenenfalls eine kleine Beimischung zum Depot, wie es zum Beispiel das Rohstoff-Pantoffel-Portfolio der Stiftung Warentest vorsieht, in Betracht ziehen. Für sicherheitsbedürftige, risikoscheue Anleger sind Rohstoffanlagen nicht geeignet.

Rohstoffe sind Grundstoffe, die zur Herstellung von Waren verwendet werden. Man kann sie in vier Gruppen einteilen:

1. **Energierohstoffe** wie Öl, Erdgas und Kohle
2. **Industriemetalle** wie Kupfer, Nickel und Zinn
3. **Edelmetalle** wie Silber, Palladium und Platin
4. **Agrarrohstoffe** wie Weizen, Kaffee und Baumwolle

Während der Handel mit Rohstoffen früher professionellen Anlegern und Händlern an den internationalen Terminmärkten vorbehalten war, ermöglichen heute Anlageprodukte wie ETC, Rohstoffzertifikate und Rohstofffonds auch Kleinanlegern, in Rohstoffe zu investieren, ohne selbst die Rohstoffe kaufen oder gar lagern zu müssen.

Rohstoffindizes und Rohstofffonds

Rohstoffpreise unterliegen großen Schwankungen und mitunter langen Auf- oder Abwärtstrends. Neben Wetterbedingungen bei den Agrarrohstoffen und Förderquoten bei anderen Rohstoffen wirken sich politische Entwicklungen oder Lagerbestände in wichtigen Exportländern immer wieder stark auf den Preis eines Rohstoffes aus. Statt in Einzelrohstoffe zu investieren, sollten Anleger daher breit gestreute Rohstoffindizes oder Rohstoffkörbe vorziehen.

Verschiedene Anbieter haben Indizes auf Rohstoffe und Rohstoffkörbe entwickelt, die sich mehr oder weniger stark unterscheiden. Die wichtigsten breiten Indizes sind:

- **S & P Goldman Sachs Commodity Index** (S & P GSCI)
- **Rogers International Commodity Index** (RICI)
- **Thomson Reuters Jefferies CRB** (TRJ/CRB) Index
- **Bloomberg Commodity Index**

Sie unterscheiden sich vor allem in ihrer Zusammensetzung und ihrer Methode zur Neugewichtung einzelner Rohstoffe.

ETF auf Rohstoffindizes bieten gegenüber Zertifikaten und ETC den Vorteil, dass kein Emittentenrisiko besteht. Das heißt, das Fondsvermögen bleibt unangetastet, falls die Fondsgesellschaft Insolvenz anmeldet. ETF auf Rohstoffindizes arbeiten mit Swap-Konstruktionen, um die Entwicklung des Index nachzubilden. Dabei kauft der ETF ein beliebiges Aktienportfolio und stellt über eine Tauschvereinbarung (Swap-Geschäft) mit einer großen Bank sicher, dass die Rendite des Aktienportfolios gegen die Entwicklung des Rohstoffindex getauscht und damit nachgebildet wird.

Der Rohstoff-Pantoffel

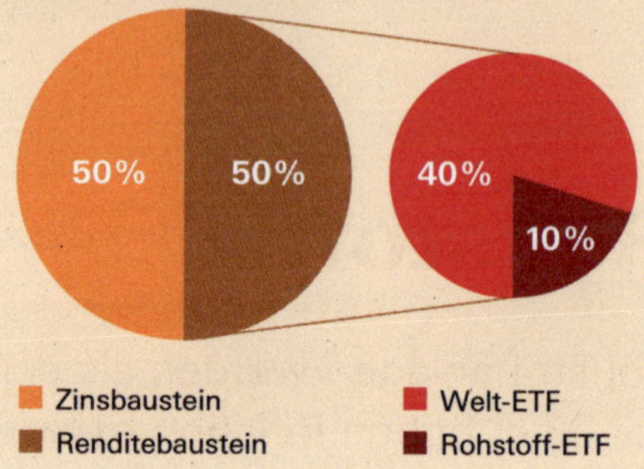

Auch bei Rohstoff-ETF gibt es das Risiko von Währungsverlusten, das Anleger mit den sogenannten Quanto-Papieren ausschließen können. Eine Währungsabsicherung kostet aber immer Geld und damit Rendite.

Der Rohstoff-Pantoffel von Finanztest

Eine kostengünstige, einfache und langfristig erfolgversprechende Möglichkeit für ein gestreutes Anlageportfolio mit Rohstoffen ist der Rohstoff-Pantoffel der Stiftung Warentest. Anleger, die für eine längere Zeit, etwa zehn Jahre, bequem anlegen wollen, benötigen dafür einen Sicherheitsbaustein sowie zwei ETF als Risikobausteine: einen Aktien-ETF Welt und einen Rohstoff-ETF. Die Gewichtung eines ausgewogenen Pantoffel-

Rohstoff-ETF ohne Nahrungsmittel. Anleger, die auf Rohstoffe setzen wollen, aber Spekulationen auf Nahrungsmittel ausschließen möchten, müssen ETF wählen, die den Zusatz „ex-Agriculture" tragen. Hier gibt es derzeit nur wenige Produkte. Alternativ können Anleger auch Einzelindizes kombinieren, zum Beispiel je einen auf Edel- und Industriemetalle sowie Energieträger.

Portfolios beträgt 50 Prozent Sicherheitsbaustein, 40 Prozent Aktien Welt und 10 Prozent Rohstoffe.

Als Rohstoff-ETF eignet sich der iShares Diversified Commodity (DE000A0H0728), der möglichst genau die Wertentwicklung des Bloomberg Commodity Index nachbildet. Dieser Index umfasst 20 verschiedene Rohstoffe, wobei die Bereiche Energie und Agrargüter stärker vertreten sind.

Für Einsteiger ungeeignete Anlagen

Bei geschlossenen Fonds und Crowdinvesting-Projekten wird das Geld der Anleger längere Zeit ohne Ausstiegsmöglichkeit gebunden. Daneben besteht ein Totalverlustrisiko.

Neben Investmentfonds gibt es weitere Anlageformen, bei denen Anbieter Gelder von vielen Anlegern einsammeln und damit Projekte finanzieren, die für die Anleger hohe Renditen erwirtschaften sollen. Ein Klassiker sind geschlossene Fonds, die von Banken und Finanzvertrieben wegen der hohen Provisionen gerne beworben werden. Eine neuere Anlageform ist das Crowdinvesting, das über Internetplattformen angeboten wird. Für Einsteiger in die Geldanlage eignen sich Crowdinvesting ebenso wie geschlossene Fonds grundsätzlich nicht. Sie beteiligen sich an Unternehmen oder Projekten ohne Mitspracherechte, binden sich aber häufig für Jahre und tragen höhere Risiken als bei sicheren Geldanlagen.

Geschlossene Fonds

Bei einem geschlossenen Fonds beteiligen sich Anleger mit einer Einlage an einer Gesellschaft – meist einer Kommanditgesellschaft (KG). Sie werden damit Gesellschafter und Mitunternehmer. Die Gesellschaft finanziert mit den Einlagen der Anleger/Gesellschafter und meist zusätzlichen Krediten einen oder wenige zumindest nach Art und Höhe feststehende Vermögensgegenstände.

Das können etwa eine oder mehrere Immobilien wie Einkaufszentren, Hotels oder Bürogebäude sein („Geschlossene Immobilienfonds, S. 131). Angeboten werden aber auch Beteiligungen an Schiffen, Flugzeugen oder Containern. Seit 2013 sind viele geschlossene Fonds zusammen mit den offenen Investmentfonds (also etwa Aktien- und Rentenfonds) im Kapitalanlagegesetzbuch (KAGB) geregelt. Dort werden geschlossene Fonds als Alternative Investmentfonds (AIF) bezeichnet. Die zuvor dem weitgehend unregulierten Grauen Kapitalmarkt zugeordneten geschlossenen Fonds wurden damit strengeren Gesetzesregeln unterworfen. Im Gegensatz zu einem offenen Investmentfonds ist das Anlagevolumen bei einem geschlossenen Fonds von vornherein festgelegt. Hat der Fonds die benötigten Geldmittel eingesammelt, wird er geschlossen.

Mindestanlagesummen bei geschlossenen Fonds liegen meist zwischen 10 000 und 25 000 Euro. Üblicherweise müssen Anleger darüber hinaus beim Abschluss ein Aufgeld von 3 bis 5 Prozent der Beteiligungssumme zahlen. Der Beteiligung liegt ein Gesellschaftervertrag zugrunde, der die Rechte und Pflichten der Gesellschafter regelt. Diesen können Anleger vor einem Beitritt nicht verändern, sondern nur akzeptieren – oder vom Beitritt absehen. Anleger eines geschlossenen Fonds erzielen – je nach Art und Konstruktion des Investmentvermögens – steuerlich Einkünfte aus Vermietung und Verpachtung oder aus einem Gewerbebetrieb.

Sie erhalten Ausschüttungen, wenn die Beteiligung laufende Erträge aus ihrer operativen Tätigkeit und der Bewirtschaftung der Vermögensgegenstände erzielt, etwa Mieten (Immobilien), Frachtraten (Schiffe).

Ob Anleger eine Schlussausschüttung erhalten, hängt davon ab, ob die Vermögensgegenstände am Ende der Laufzeit für einen guten Preis verkauft werden können.

In der Vergangenheit sind viele geschlossene Fonds in wirtschaftliche Schwierigkeiten geraten und konnten die versprochenen Renditen für ihre Anleger nicht erzielen. Häufig schmälern auch hohe Einmalkosten (bis zu 20 Prozent der Investitionssumme, größtenteils für Provisionen an Banken und Vermittler) den Erfolg der Beteiligung. Regelmäßige Untersuchungen von Finanztest zeigen immer wieder, dass nur wenige geschlossene Fonds die in den Werbeprospekten in Aussicht gestellten Ergebnisse erreichen. Für Anleger besteht auch ein Totalverlustrisiko.

Vorzeitiger Ausstieg nur schwer möglich

Geschlossene Fonds laufen meist zehn Jahre oder länger. Aufgrund der langfristigen Investitionen eines geschlossenen Fonds sind ordentliche Kündigungsrechte des Anlegers ausgeschlossen. Einen Börsenhandel oder eine regelmäßige Rückgabemöglichkeit an den Fondsinitiator, wie beispielsweise bei offenen Immobilienfonds, gibt es nicht. Die Laufzeit des Fonds endet in der Regel erst, wenn das Anlageobjekt, also zum Beispiel das Schiff oder die Immobilie, verkauft und der Fonds aufgelöst wird.

Anleger, die ihren Anteil an einem geschlossenen Fonds vor Ablauf der Laufzeit verkaufen wollen, können dies über einen Zweitmarkt im Internet versuchen. Marktführer ist die Deutsche Zweitmarkt AG (zweitmarkt.de). Je schlechter die wirtschaftliche Situation der Beteiligung ist, desto niedrigere Preise werden dafür geboten. Dann müssen Anleger bei einem Verkauf mit hohen Verlusten rechnen. Oft gibt es auch gar keinen Handel und Anleger bleiben auf ihrer Beteiligung sitzen.

Crowdinvesting und Crowdfunding

Das Internet führt in vielen Bereichen zu einem Wandel, so auch bei der Geldanlage.

Bei Crowdfunding oder Crowdinvesting werden Projekte und Kapitalgeber über eine Internetplattform zusammengebracht. Der Begriff setzt sich aus den zwei Worten „crowd“ (Menschenmenge) und „investing“ (investieren) zusammen. Häufig spricht man auch von Crowdfunding („Schwarmfinanzierung“).

Das ist eine ganz passende Übersetzung: Wenn viele Menschen einen Geldbetrag beisteuern, können damit große Summen finanziert und geniale oder sinnstiftende Pläne verwirklicht werden. Das können innovative Erfindungen, die Finanzierung eines Start-up-Unternehmens, ein Kinofilm oder ein Projekt aus dem Bereich erneuerbare Energien sein.

Aber: Nicht jedes dieser Start-ups wird das nächste Microsoft, nicht jeder Kinofilm ein Kassenschlager. Im Gegenteil: Bei Start-ups sagt man, dass eines von zehn „durchkommt“. Das Risiko dieser Anlagen ist also hoch.

Auch Immobilien werden heute über Crowdfunding-Plattformen angeboten. Investoren möchten von Banken unabhängiger sein und Privatleute suchen händeringend nach lukrativen Anlagemöglichkeiten, die einen Inflationsausgleich ermöglichen. Bei Immobilienprojekten werden meistens „Nachrangdarlehen“ an die Anleger gegeben. Sie heißen so, weil der Anleger im Insolvenzfall in der Schlange der Gläubiger ganz hinten steht (nachrangig bedient wird). Auch hier besteht das Totalverlustrisiko.

Mit dem seit 1. Juli 2015 geltenden Kleinanlegerschutzgesetz wurden Crowdfunding-Portale verpflichtet, dafür zu sorgen, dass Anleger während des Investitionsprozesses über Risiken aufgeklärt werden. Dazu muss jeder Anleger pro Investment in ein Crowdfunding-Projekt ein vierseitiges Vermögensanlagen-Informationsblatt erhalten. Eine Prospektpflicht besteht aber erst bei Projekten mit einem Volumen von über 6 Millionen Euro.

Daneben hat der Gesetzgeber Begrenzungen eingeführt: Ein Einzelanleger darf grundsätzlich nur 1 000 Euro in ein Crowdfunding-Projekt investieren. Ein höherer Anlagebetrag, maximal 25 000 Euro, ist nur möglich, wenn der Anleger in Form einer Selbstauskunft gegenüber der Plattform bestätigt, dass er über ein Vermögen von mindestens 100 000 Euro verfügt bzw. maximal zwei Netto-Monatsgehälter investiert.

Was bei der Geldanlage sonst noch wichtig ist

Zur Geldanlage gehört auch, seine Anlagen notfalls an neue Situationen anzupassen, Anlagefehler möglichst zu vermeiden und die wesentlichen Grundzüge der Besteuerung von Kapitalanlagen zu kennen. Mit Sparplänen können Sie bequem weiteres Vermögen aufbauen.

Den in den vorausgegangenen Kapiteln vorgestellten Anlagestrategien liegt ein längerer Anlagehorizont von sieben und mehr Jahren zugrunde. In dieser Zeit kann natürlich einiges passieren. Ihre persönlichen Ziele und finanziellen Möglichkeiten können sich beispielsweise durch eine Heirat, die Geburt eines Kindes oder einen Berufswechsel ändern.

Natürlich ist eine Anlagestrategie nur ein Hilfsmittel, um Ihre Ziele zu erreichen. Wenn sich diese ändern, müssen Sie auch Ihre Strategie anpassen, wenn ansonsten Ihre Ziele nicht mehr erreicht werden können.

Manchmal erlaubt es die Lebenssituation, zusätzlich monatlich ein wenig Geld mit einem bestimmten Sparziel zurückzulegen – sei es fürs Alter, für die Kinder, die Enkel oder für Reisen und Hobbys. Mit Sparplänen können Sie recht einfach bessere Renditen erzielen als mit einem altbackenen Sparbuch.

Außerdem finden Sie hier weitere allgemeine Tipps zu Aktienanlagen sowie Infos und Besonderheiten zur Abgeltungsteuer.

Zielanpassung und Rebalancing

Die eigene Lebenssituation genauso wie die Situation an der Börse kann sich ändern. Behalten Sie beides im Auge und passen Sie Ihr Portfolio an, wenn es nötig ist.

Nicht nur Anfänger fahren für ihre langfristige Geldanlage gut mit einer sogenannten „Buy and Hold“-Strategie. Wie der Name schon sagt, geht es darum, Anlagen zu kaufen und länger zu behalten. Das steht im Gegensatz zu riskanten Spekulationen auf „heiße Aktientipps“ oder dem Daytraden, bei dem auf täglicher oder noch kürzerer Basis versucht wird, Aktien teurer zu verkaufen, als sie kurz zuvor gekauft wurden. Bei einer langfristigen Anlagestrategie müssen Sie sich nicht ständig um Ihre Anlagen kümmern. Sie haben im ersten Schritt Ihre Hausaufgaben gemacht und ein gut gestreutes Portfolio aus Sicherheits- und Renditebausteinen aufgebaut.

Rebalancing

Wenn die verschiedenen Bausteine sich wie erwartet entwickeln, werden Ihre Renditebausteine stärker steigen als Ihre Sicherheitsbausteine. Beispielsweise werden also Ihre Aktienanlagen mehr zulegen als Ihre sicheren Zinsanlagen. Damit wird nach einiger Zeit der Anteil der Aktienanlagen am Gesamtvermögen von der geplanten Aufteilung (zum Beispiel Fifty-fifty) abweichen. Möglicherweise spiegelt die neue Aufteilung dann nicht mehr Ihre persönliche Risikoeinstellung so wider, wie ursprünglich geplant.

Beispiel: Sie hatten sich für ein ausgewogenes Portfolio entschieden, das am Anfang zu 50 Prozent aus Zinsanlagen und zu 50 Prozent aus einem Welt-Aktien-ETF bestand und haben 100 000 Euro entsprechend investiert. Ist der Welt-Aktien-Markt zwei Jahre lang besonders gut gelaufen und hat in dieser Zeit 15 Prozent zugelegt, beträgt Ihr Aktienvermögen dann 57 500 Euro. Ihre Zinsanlagen haben in diesem Zeitraum pro Jahr 0,7 Prozent erwirtschaftet, sind einschließlich Zinseszins dann also auf 50 702,45 Euro angewachsen. Das bedeutet, Ihr Gesamtportfolio hat einen Wert von 108 202,45 Euro. Der Aktienanteil beträgt jetzt etwas über 53 Prozent, der Zinsanteil nur noch knappe 47 Prozent.

Sie haben jetzt die Wahl: Sie können die aktuelle Aufteilung so lassen, wie sie ist. Möglicherweise hat sich durch Ihre verbesserte Vermögenssituation und Ihre gewonnene Erfahrung mit Geldanlagen auch Ihre

Risikobereitschaft erhöht, sodass Sie die neue Aufteilung für angemessen halten. Oder Ihre Ziele haben sich so geändert, dass Sie in absehbarer Zukunft ein höheres Vermögen benötigen, als Sie ursprünglich dachten. Ihnen ist bewusst, dass Sie dieses Ziel nur erreichen können, wenn Sie größere Risiken eingehen.

Die andere Möglichkeit, mit den verschobenen Anlagequoten umzugehen, ist, diese wieder an die ursprüngliche Aufteilung anzupassen. Eine solche Umschichtung nennt man „Rebalancing". Hierfür müssten im Beispiel Anteile des Aktien-ETF im Wert von rund 3400 Euro verkauft und im Zinsbereich angelegt werden. Dann würde das Portfolio wieder zu rund je 54100 Euro aus Zins- und Aktienanlagen bestehen.

Rebalancing funktioniert natürlich auch, wenn sich die Aktien einmal schlecht entwickelt haben. Dann verkaufen Sie Zinsanlagen und kaufen Aktienwerte. Der Vorteil bei diesem Vorgehen ist, dass Sie dadurch antizyklisch handeln, also Aktien kaufen, wenn diese gerade günstig sind. Liefen sie gut, verkaufen Sie teuer, sichern Sie sich einen Teil der Erträge und schichten in sicherere Anlagen um.

Einmal jährlich überprüfen

Empfehlenswert ist, die Portfolio-Zusammensetzung einmal jährlich zu überprüfen. Sollten Sie mitbekommen, dass es gerade an der Börse besonders gut oder besonders schlecht läuft, können Sie auch unterjährig

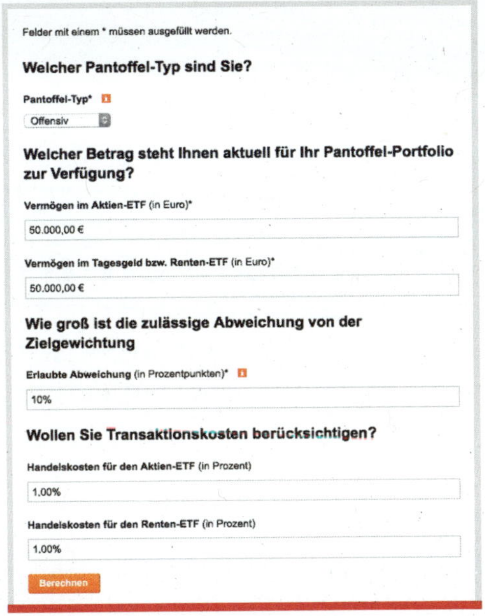
Felder mit einem * müssen ausgefüllt werden.

Welcher Pantoffel-Typ sind Sie?

Pantoffel-Typ*
Offensiv

Welcher Betrag steht Ihnen aktuell für Ihr Pantoffel-Portfolio zur Verfügung?

Vermögen im Aktien-ETF (in Euro)*
50.000,00 €

Vermögen im Tagesgeld bzw. Renten-ETF (in Euro)*
50.000,00 €

Wie groß ist die zulässige Abweichung von der Zielgewichtung

Erlaubte Abweichung (in Prozentpunkten)*
10%

Wollen Sie Transaktionskosten berücksichtigen?

Handelskosten für den Aktien-ETF (in Prozent)
1,00%

Handelskosten für den Renten-ETF (in Prozent)
1,00%

Berechnen

einmal auf die Zusammensetzung Ihres Portfolios schauen.

Beispiel: Haben Sie sich für das ausgewogene Pantoffel-Portfolio (Fifty-fifty-Aufteilung) entschieden, sollten Sie handeln, wenn ein Baustein die Schwelle von 60 Prozent übersteigt. Sind die Aktienkurse beispielsweise stark gefallen und 60 Prozent des Portfolios bestehen aus Tagesgeld, könnten Sie Tagesgeld in Höhe von 10 Prozent des Portfolio-Werts auflösen und dafür Aktienfonds kaufen, sodass die Fifty-fifty-Aufteilung wieder hergestellt wird. Bei der defensiven Variante (75/25) und offensiven (25/75) handeln Sie, sobald der kleinere Baustein über 35 steigt oder unter 15 Prozent rutscht. In der Realität sind solche Anpassungen selten notwendig – meistens in größeren Krisen, wie zum Beispiel in der Corona-Epidemie.

Die Stiftung Warentest bietet Ihnen eine Hilfestellung beim Ausrechnen der Anteile: test.de/pantoffelrechner (siehe oben).

Dranbleiben mit Sparplänen

Mit Sparplänen können Sie schon mit geringen Sparraten bequem und flexibel ein Vermögen aufbauen.

Ist Ihr Depot strukturiert und eingerichtet, muss dieses natürlich nicht für immer so bestehen bleiben und nur noch verwaltet werden. Vielleicht möchten Sie auch für längerfristige Ziele wie die Altersvorsorge zusätzlich sparen und Ihr Vermögen vergrößern.

Eine ideale und komfortable Möglichkeit dazu sind Fondssparpläne. Mit diesen können Sie oft schon ab 25 Euro monatlich regelmäßig Anteile an Fonds und ETF kaufen.

Sie legen dafür bei Ihrer Bank die Höhe der monatlichen Sparrate fest und die Bank kauft dann jeweils für diese Rate Anteile in Ihr Depot. Fondssparpläne haben keine feste Laufzeit und sind sehr flexibel. So können Sie etwa nach einer Gehaltserhöhung die Sparrate einfach steigern oder wenn das Geld mal knapp ist, etwas weniger sparen oder die Sparrate ganz stoppen.

Ein weiterer Vorteil von Sparplänen ist, dass Sie stets für den festgelegten Betrag Fondsanteile kaufen, auch wenn die Kurse des Fonds schwanken. In Zeiten einer schwachen Börse kaufen Sie so mehr Anteile, in starken Phasen weniger, da die Anteile dann teurer sind (sogenannter Cost-Average-Effekt). Sie verhalten sich also antizyklisch, ohne darüber nachdenken zu müssen. Deshalb sind lange durchgehaltene Sparpläne auch ein hervorragendes Instrument zum langfristigen Vermögensaufbau.

Fondssparpläne – ob aktiv gemanagte Fonds oder auch ETF – können Sie nicht über die Börse kaufen. Daher ist es bei gemanagten Fonds wichtig, darauf zu achten, den Ausgabeaufschlag möglichst gering zu halten. Bei Direktbanken finden Sie für viele aktiv gemanagte Fonds Sparpläne mit reduzierten Ausgabeaufschlägen, mitunter gibt es sogar Angebote ohne Ausgabeaufschlag.

Auch für ETF-Sparpläne finden Sie bei Direktbanken Angebote mit geringen Transaktionskosten. Oftmals sind ETF-Sparpläne bestimmter Anbieter komplett kostenfrei.

Sparpläne und Pantoffel-Portfolio

Haben Sie beispielsweise ein ausgewogenes Pantoffel-Portfolio mit jeweils 50 Prozent Zins- und Aktienanteil, teilen Sie Ihre monatliche Sparrate von beispielsweise 200 Euro folgendermaßen auf:

- **100 Euro gehen in den Sicherheitsbaustein.** Je nachdem, wie dieser aussieht, überweisen Sie die 100 Euro per Dauerauftrag auf Ihr Tagesgeldkonto oder richten einen Sparplan für einen Renten-ETF ein.

- **Für die anderen 100 Euro** richten Sie einen Sparplan auf einen Aktien-ETF ein. Die Einrichtung ist kinderleicht. Jede Direktbank bietet dazu eigene Unterseiten, die Sie durch den Prozess führen. Sie finden diese häufig unter dem Oberbegriff „Investieren", „Sparen" oder „Sparen und Anlegen".

Auch ein Rebalancing ist mit Sparplänen möglich. Sind Sie mit einem ausgewogenen „Fifty-fifty"-Pantoffel-Portfolio gestartet und wächst der Aktienanteil über 60 Prozent, stoppen Sie die Zahlungen in den Aktien-ETF-Sparplan und leiten die Sparrate in Ihren Sicherheitsbaustein, bis die Fifty-fifty-Mischung wieder hergestellt ist.

Bei defensiver oder offensiver Ausrichtung des Pantoffel-Portfolios handeln Sie, wenn der kleinere Anteil unter 15 oder über 35 Prozent rutscht. Der Sparanteil des dann zu hoch gewichteten Bausteins geht in den anderen Baustein, bis die gewünschten Verhältnisse wiederhergestellt sind.

Allgemeingültige Tipps für die Aktienanlage

Viele Anlagefehler beruhen auf dem Überschätzen der eigenen Fähigkeiten und psychologischen Fehleinschätzungen. Vermeiden Sie typische Fehler bei Aktieninvestments und die Rendite Ihres Portfolios wird es Ihnen danken.

Menschen machen Fehler. Und vielleicht werden auch Sie trotz der Lektüre dieses Ratgebers Fehler bei der Geldanlage machen.

Doch keine Angst, das ist nicht schlimm, solange Sie aus Ihren Fehlern lernen. Einige Anlagefehler mit Aktien können Sie aber von vornherein vermeiden, wenn Sie die nachfolgenden Tipps berücksichtigen.

Fehler: Mangelnde Streuung

Eine mangelnde Streuung der Wertpapiere ist einer der häufigsten Fehler privater Anleger. Eine Börsenregel besagt: „Lege nie alle Eier in einen Korb." Wenn man den Satz ergänzt „... denn wenn der Korb herunterfällt, sind alle Eier kaputt", versteht man den Sinn der Regel. Viele Anfänger halten sich aber nicht daran und konzentrieren sich zu sehr auf eine oder wenige Aktien und teilen ihr Anlagekapital auf diese wenigen Werte auf. Oft kommen diese Aktien aus dem gleichen Land oder der gleichen Branche. Das kann dazu führen, dass ein starker Kursverlust bei einer Aktie oder der ganzen Branche hohe Verluste im gesamten Depot nach sich zieht.

Als Faustregel sollten Sie sich merken: Je mehr Aktien Sie miteinander mischen, desto geringer ist Ihr Risiko. Mit einem Welt-Aktien-ETF haben Sie bereits über 1600 internationale Aktien in Ihrem Depot und damit eine ordentliche Streuung. Ergänzen Sie es noch um Beimischungen, vermeiden Sie ganz leicht einen der häufigsten Anlagefehler.

Fehler: Übermäßiges Handeln

„Hin und her macht Taschen leer", so eine bekannte Börsenweisheit. Dennoch gibt es private Anleger, die mehr als 100 Käufe und Verkäufe pro Jahr tätigen. Dass sie auf diese Weise keine gute Rendite erzielen können, liegt auf der Hand. Die Kosten sind einfach zu hoch. Bei Filialbanken schlägt eine Order mit Gebühren zwischen 0,5 und 1 Prozent vom Kurswert zu Buche. Selbst wer günstig online handelt, muss mit mindestens 5 Euro pro Auftrag rechnen. Unterm Strich sind eifrige Anleger schnell um einige Hundert Euro ärmer.

Vermutlich liegt die Ursache für das häufige Handeln in der eigenen Selbstüberschätzung. Die Anleger scheinen davon auszugehen, dass sie mehr wissen als andere Marktteilnehmer und durch das richtige Timing beim Kauf und Verkauf den Markt schlagen können. Das gelingt ihnen in der Praxis aber nur selten.

Wenn Sie von einer Aktie oder einem Aktienfonds überzeugt sind, dann behalten Sie sie auch bei zwischenzeitlichen Kursschwankungen. Dies verspricht langfristig eine wesentlich bessere Rendite als häufiges Kaufen und Verkaufen.

Generell gar nichts zu tun, ist allerdings auch nicht immer die beste Variante. Denn nicht nur übermäßiges Handeln ist schlecht für die Rendite, auch das Gegenteil davon, nämlich, alles einfach laufen zu lassen, kann schiefgehen. Sie sollten Ihre Anlagen schon regelmäßig, ungefähr einmal im Jahr, überprüfen und gegebenenfalls anpassen (Rebalancen).

Fehler: Verlierer aussitzen

Angenommen, Sie brauchen Geld und müssen einen Teil Ihrer Ersparnisse auflösen. In Ihrem Depot befinden sich zwei Aktienfonds. Fonds A liegt mit 10 Prozent im Plus, Fonds B mit 10 Prozent im Minus. Was tun Sie? Viele Anleger würden Fonds A verkaufen. Damit haben sie schließlich Gewinn gemacht. Bei Fonds B warten sie lieber erst einmal ab, ob er sich nicht wieder besser entwickelt.

Den Hang, Gewinner zu verkaufen und Verlierer zu behalten, nennen Finanzexperten „Dispositionseffekt". Anfällig für den Dispositionseffekt sind vor allem Anleger, die in Einzelaktien investieren. Wenn sie schlechte Nachrichten über ihre Aktie oder negative Aussichten für das Unternehmen hören, wollen sie oft dennoch mit einem Verkauf warten, bis die Aktie wieder ihren Einstandskurs erreicht hat.

Das macht aber kaum Sinn. Denn ein Verlustpapier, das man teuer eingekauft hat, müsste sich dann besser entwickeln als eine gute, günstige Aktie, in die man umschichten könnte, wenn man den Verlustbringer verkauft. Auch viele Fondsanleger machen diesen Fehler. Obwohl ihr Fonds schlecht läuft, wollen sie ihn erst verkaufen, wenn er den Einstiegskurs wieder erreicht hat. Würden sie stattdessen einen guten Fonds kaufen, wären sie viel schneller wieder im Plus.

Ein Grund für das Festhalten an Verliererpapieren liegt darin, dass Anleger sich nicht eingestehen möchten, mit ihrem Wertpapier danebengegriffen zu haben. Solange sie die Aktie nicht verkauft und den Verlust realisiert haben, können sie weiter hoffen, dass ihr Investment noch ein gutes Ende nimmt.

Betrachten Sie lieber, wie sich Ihr Depot im Ganzen verändert, wenn Sie einzelne Werte veräußern. Wer immer nur die Gewinnerpapiere verkauft, hat plötzlich nur noch Verlustbringer im Depot.

Fehler: „Home Bias"

Viele Anleger konzentrieren sich vorrangig auf den heimischen Aktienmarkt, weil sie meinen, dass sie in diesem Segment kompetenter sind.

Börsenpsychologen nennen dieses Phänomen „Home Bias". Wer aber nicht über den Tellerrand schaut, lässt sich Anlagechancen in anderen Ländern entgehen, in denen Aktien oftmals günstiger sind als deutsche Dax-Titel.

Überdies laden sich Anleger zusätzliche Risiken auf, wenn sie übermäßig stark in nur einen, den heimischen Markt investiert haben. Wer einzig deutsche Aktien kauft, ist außerdem nicht nur regional eingeschränkt – es fehlen ihm wichtige Branchen.

In Deutschland gibt es zum Beispiel keine Nahrungsmittelkonzerne wie Nestlé, der Ölsektor ist überhaupt nicht vertreten und auch die Rohstoffbranche kaum. Börsennotierte Autofirmen gibt es in Deutschland hingegen zahlreiche. Die Gefahr einer nicht ausreichenden Branchenstreuung ist hier somit groß.

Fehler: Spekulative Wertpapiere

Besonders engagierte Anleger, die sich eingehend mit dem Börsengeschehen beschäftigen, versuchen, die ultimative Gewinneraktie zu finden – sozusagen die nächste Microsoft- oder Google-Aktie.

Sie kaufen oft spekulative Aktien, weil sie über vermeintlich besondere Informationen verfügen und annehmen, dass der Kurs der Papiere steigen wird. Sie können damit manchmal durchaus richtig liegen. Viel häufiger überschätzen sie allerdings ihren angeblichen Informationsvorteil.

Bei spekulativen Aktien gibt es etliche Unwägbarkeiten, was die Geschäftsentwicklung in der Zukunft angeht. Ob der aktuelle Börsenwert des Unternehmens angemessen ist, lässt sich nur erahnen. Der Kauf solcher Papiere ähnelt eher einer Wette als einem ernsthaften Investment.

Fehler: Jagd auf Trends

Die Vorstellung, nur die guten Börsenphasen mitzunehmen und vor schlechten rechtzeitig auszusteigen, ist sehr verlockend. Dann würde das eigene Depot in kurzer Zeit stark an Wert steigen und man könnte die Zeiten, in denen zwischenzeitliche Kursverluste erst aufgeholt werden müssten, für weitere Investitionen nutzen.

Leider funktioniert dies in der Praxis selten, da die Märkte oft unvorhersehbar sind und unregelmäßig verlaufen. Zwar gibt es Muster kurzfristiger Trends, und die langfristige Entwicklung schwankt stets um einen Mittelwert, doch innerhalb der Muster sind die Verschiebungen so groß, dass sich keine stabilen Handelsregeln ableiten lassen. Das richtige Timing ist häufig Glückssache. Wer zu oft ein- und aussteigt, um aus dem vorherrschenden Trend Vorteile zu ziehen, riskiert, die besten Tage an der Börse zu verpassen und gleichzeitig hohe Transaktionskosten zu produzieren.

Wer Trends nachjagt, hat außer Kosten noch ein weiteres Problem: Bei ständigen Käufen und Verkäufen gerät das Depot als Ganzes aus dem Blick. Vor allem dessen Zusammensetzung aus sicheren und chancenreichen Geldanlagen entscheidet jedoch über Erfolg und Misserfolg.

→ Chartanalysten versuchen Trends aufzuspüren

Sicher kennen auch Sie Grafiken von Wertpapiercharts, in die Experten Linien und Kurven eingezeichnet haben. Man hat festgestellt, dass in den Kursverläufen von Aktien immer wieder bestimmte Formationen vorkommen, die häufig gleiche Kursbewegungen nach sich ziehen.

Grundannahme ist dabei, dass alle Faktoren, die Einfluss auf die Kursentwicklung haben (zum Beispiel volks- und betriebswirtschaftliche Daten, aktuelle Ereignisse), sich unmittelbar im Verlauf eines Wertpapierkurses widerspiegeln.

Ein Chartanalyst versucht, aufgrund der Erfahrungen mit historischen Kursentwicklungen eine Vorhersage über zukünftige Börsenkurse zu treffen und günstige Ein- und Ausstiegszeitpunkte einer Aktie zu finden.

Was ist mit der Steuer?

Erträge mit Kapitalanlagen unterliegen der Abgeltungsteuer. Für Fonds gelten daneben einige Besonderheiten bei der Besteuerung, deren Grundzüge Sie kennen sollten.

Es wäre zu schön, wenn Ihnen Ihre Anlageerfolge „brutto" bleiben würden. Aber leider will auch das Finanzamt etwas abhaben.

Für Zinsen, Dividenden und Gewinne aus dem Verkauf von Wertpapieren gilt die Abgeltungsteuer von 25 Prozent plus Solidaritätszuschlag und gegebenenfalls Kirchensteuer.

Wie der Name Abgeltungsteuer bereits andeutet, handelt es sich hierbei um eine Steuer, die grundsätzlich abgeltende Wirkung hat, sodass eine gesonderte Steuerveranlagung überflüssig ist. Sie ist eine Quellensteuer, bei der der Steuerabzug an der Quelle der Einkünfte – der auszahlenden Bank – vorgenommen wird.

Bei dem abgeltenden Abzug bleibt es selbst dann, wenn Anleger insgesamt so viel Jahreseinkommen versteuern müssen, dass ihr persönlicher Steuersatz über 25 Prozent liegt. Ist er niedriger, fällt auch nur der niedrigere Satz für die Kapitaleinkünfte an.

Um in den Genuss des niedrigeren Steuersatzes zu kommen, müssen Anleger ihre Erträge allerdings über die Steuererklärung mit dem Finanzamt abrechnen und dabei die Günstigerprüfung beantragen.

Zu den Kapitalerträgen, die unter die Abgeltungsteuer fallen, zählen neben Zinsen, Dividenden und Verkaufsgewinnen zum Beispiel ebenso Währungsgewinne aus Anleihen oder Mieteinnahmen aus offenen Immobilienfonds. Auch ausländische Kapitalerträge (zum Beispiel Dividenden einer ausländischen Aktiengesellschaft) eines in Deutschland ansässigen Anlegers unterliegen der Abgeltungsteuer. Wenn die Bank des Anlegers, die diese Kapitalerträge auszahlt, ihren Sitz in Deutschland hat, kümmert sie sich um den Steuerabzug. Wurde im Ausland bereits eine ausländische Steuer erhoben, ist diese auf die Abgeltungsteuer anzurechnen. Hier sollten Sie im Fall des Falles einen Steuerprofi befragen.

Steuerfreie Kapitalerträge mit dem Freistellungsauftrag

Kapitalerträge sind nicht ab dem ersten Euro steuerpflichtig. Sie können jedes Jahr Kapitalerträge bis zur Höhe des Sparerpauschbetrags von 801 Euro (Ehepaare 1602 Euro) von der Abgeltungsteuer freistellen lassen. Dazu müssen Sie Ihrer Bank einen Freistellungsauftrag erteilen. Sie können diesen Freibetrag auch auf verschiedene Kreditinstitute aufteilen. Vermeiden sollten Sie jedoch, dass Sie mehr verteilen als die 801 Euro (1602 Euro), die Ihnen über den Pauschbetrag gewährt werden – denn das Finanzamt kontrolliert die Summe der über alle Banken erteilten Freistellungsaufträge. Am besten, Sie notieren sich die jeweiligen Beträge und Banken in einer Liste. Der Freistellungsauftrag bei einer Bank gilt für sämtliche Erträge aus Geld- und Wertpapiergeschäften bei diesem Institut, also zum Beispiel für Zinsen des Tagesgeldkontos und Dividenden und Veräußerungsgewinne auf Wertpapiere.

Wenn Sie vergessen haben, Kapitalerträge mithilfe des Freistellungsauftrages vom Steuerabzug freizustellen, erleiden Sie keinen Schaden. Über die Steuererklärung und das Ausfüllen der Anlage KAP können Sie sich zu viel gezahlte Steuern wieder zurückholen. Sie haben durch den Freistellungsauftrag lediglich einen Liquiditätsvorteil, weil Ihr Geld nicht erst an das Finanzamt geht.

So berechnet die Bank die Abgeltungsteuer

Angenommen, Sie sind Aktionär eines Unternehmens, das 5000 Euro Dividende an Sie ausgeschüttet hat. Mehr Kapitalerträge haben Sie nicht. Sie sind alleinstehend und haben Ihrer Bank einen Freistellungsauftrag über 801 Euro erteilt. Da Sie aus der Kirche ausgetreten sind, sind Sie nicht kirchensteuerpflichtig.

Beispielrechnung:

Dividende	5000,00 Euro
Sparer-Pauschbetrag	–801,00 Euro
Steuerpflichtiger Kapitalertrag	**4199,00 Euro**
Abgeltungsteuer (25 % von 4199 Euro)	1049,75 Euro
Solidaritätszuschlag (5,5 % von 1049,75 Euro)	57,74 Euro
Das bleibt dem Anleger nach Steuern:	
Dividende	5000,00 Euro
abzgl. Abgeltungsteuer	–1049,75 Euro
abzgl. Solidaritätszuschlag	–57,74 Euro
Kapitaleinkünfte netto	**3892,51 Euro**

Verlustverrechnung bei Banken

Wenn Sie bei Verkäufen von Wertpapieren Verluste und Gewinne erzielen, verrechnet die Bank diese grundsätzlich miteinander. Bei Verlusten mit Einzelaktien besteht jedoch eine Besonderheit: Sie können nur mit Gewinnen aus Aktiengeschäften, nicht jedoch zum Beispiel mit Gewinnen aus Fonds verrechnet werden. Dazu führt die Bank einen Verlusttopf „Aktien" und einen Verlusttopf „Sonstige".

Haben Sie Depots bei verschiedenen Banken und möchten Verluste mit Wertpapieren bei einer Bank mit Gewinnen bei einer anderen Bank verrechnen, geht das nur im Rahmen Ihrer Einkommensteuererklärung. Denn Banken verrechnen Ihre Gewinne und Verluste nicht untereinander. Das Finanzamt legt bei der Steuerveranlagung dann die Differenz zugrunde und erstattet oder verrechnet zu viel gezahlte Abgeltungsteuer bei der Einkommensteuerberechnung. Je nach Depothöhe und Anlageerfolg beziehungsweise -misserfolg können das mehrere Tausend Euro Abgeltungsteuer sein, die Sie so in einem Jahr sparen können.

Um Verluste im Rahmen der Einkommensteuererklärung geltend machen zu können, benötigen Sie eine sogenannte Verlustbescheinigung der Bank, bei der die Verluste entstanden sind. Den Antrag auf eine Verlustbescheinigung müssen Sie bis zum 15. Dezember des laufenden Jahres bei der jeweiligen Bank stellen. Den Antrag können Sie nicht widerrufen, wenn er einmal gestellt ist. Die Bank setzt dann den bei ihr geführten Verlusttopf auf null zurück, damit es nicht zu einer doppelten Verlustverrechnung auf Bankseite kommt. Ohne Antrag würde die Bank einen verbleibenden Verlust ins Folgejahr übertragen und mit Gewinnen, die bei ihr anfallen, verrechnen.

→ Verlustverrechnung online einsehen

Viele Banken bieten Ihnen online die Möglichkeit, den Stand der Verlustverrechnungstöpfe einzusehen (meist unter dem Unterpunkt „Steuern“). Prüfen Sie, ob bei einer Bank Verluste aufgelaufen sind, die noch nicht verrechnet wurden.

Die Besteuerung von Fonds

Mit der Investmentsteuerreform hat sich die Systematik der Besteuerung von Fonds seit dem 1. Januar 2018 geändert. Durch ein sogenanntes pauschales Besteuerungssystem sollte die Besteuerung für Anleger einfacher und transparenter werden.

Für Privatanleger in Investmentfonds sind drei Ertragsarten als steuerpflichtige Investmenterträge relevant und als Einkünfte aus Kapitalvermögen zu versteuern:

- **Ausschüttungen**
- **Gewinne oder Verluste** aus der Veräußerung/Rückgabe von Fondsanteilen
- **Vorabpauschalen**

Diese Erträge sind grundsätzlich in dem Kalenderjahr zu versteuern, in dem sie dem Anleger zufließen. Ausschüttungen von Investmentfonds sind also in dem Jahr steuerpflichtig, in dem sie dem Anleger durch seine depotführende Bank ausgezahlt werden. Die Vorabpauschale hingegen gilt erst am ersten Werktag des folgenden Kalenderjahres als zugeflossen. Wenn ein Anleger also beispielsweise am 31. Dezember 2019 Inhaber eines Fonds war, gilt die Vorabpauschale am 2. Januar 2020 als zugeflossen und muss folglich in der Steuererklärung für das Jahr 2020 berücksichtigt werden.

Die Vorabpauschale für thesaurierende Fonds

Die Vorabpauschale hat die bis 2018 thesaurierten (ausschüttungsgleichen) Erträge ersetzt. Sie kommt zur Anwendung, wenn der Fonds aus steuerlicher Sicht keine oder keine hinreichend hohen Ausschüttungen vornimmt und Erträge im Fondsvermögen ansammelt (thesauriert). Mit der Vorabpauschale will der Gesetzgeber vor allem eine jährliche Mindestbesteuerung des Anlegers bei ausländischen thesaurierenden Fonds sicherstellen. Nach der alten Rechtslage führte die Bank erst beim Verkauf Abgeltungsteuer für die thesaurierten Erträge ab und das Finanzamt musste warten, wenn der Anleger seine Erträge pflichtwidrig nicht jährlich angegeben hatte.

Die Höhe der Vorabpauschale berechnet sich nach dem Wert des Fondsanteils am Jahresanfang. Dieser wird mit 70 Prozent des Basiszinssatzes multipliziert, den die Deutsche Bundesbank zum Jahresanfang errechnet. Für 2019 beträgt der Basiszins 0,52 Prozent, für 2020 waren es 0,07 Prozent. 2021 war der Basiszins erstmals negativ (–0,45 Prozent). Für 2021 wird daher keine Vorabpauschale erhoben. Steht der Fonds am Ende eines Jahres im Minus, wird generell keine Vorabpauschale berechnet.

Die Steuer auf die Vorabpauschale wird direkt von Ihrem angegebenen Konto abgebucht. Das ist meist das Verrechnungskonto der Depotbank, kann aber auch Ihr Girokonto sein. Sollte das Konto keine Deckung aufweisen, darf die Bank für die Steuer auch Ihren Dispokredit nutzen. Sobald Sie den Fondsanteil tatsächlich verkaufen, werden bereits versteuerte Vorabpauschalen auf den Verkaufsgewinn angerechnet, um eine Doppelbesteuerung zu vermeiden.

Teilfreistellungen entlasten Anleger

Seit 2018 unterliegen sowohl inländische als auch ausländische Fonds (Sie erkennen diese in der Regel daran, dass deren ISIN nicht mit DE beginnt) mit bestimmten Erträgen selbst einer Steuerpflicht von 15 Prozent. Diese steuerliche Vorbelastung auf Ebene des Fonds soll beim Anleger durch die sogenannte Teilfreistellung kompensiert werden. Anleger müssen nicht mehr auf die gesamten Erträge Abgeltungsteuer abführen, sondern nur noch auf einen Teil.

Die Höhe dieser Teilfreistellung hängt von der Fondsart ab:

- **Bei einem Fonds,** der fortlaufend mehr als 50 Prozent in Aktien anlegt, bekommt der Privatanleger 30 Prozent der Ausschüttungen steuerfrei.
- **Bei einem Mischfonds** mit wenigstens 25 Prozent Aktienanteil sind es 15 Prozent.
- **Besitzer von Immobilienfondsanteilen** bekommen eine Freistellung von 60 Prozent. Investiert der Fonds vor allem in ausländische Immobilien (zu mindestens 51 Prozent), sind sogar 80 Prozent steuerfrei.

Die Teilfreistellungen, die auch für Vorabpauschalen berechnet werden, gelten für alle Erträge, also Dividenden und Verkaufsgewinne – egal, ob inländisch oder ausländisch. Gleichzeitig ersetzt die neue Methode die Anrechnung der im Ausland gezahlten ausländischen Quellensteuer im Rahmen der Steuererklärung. Viele Anleger sparen sich damit viel Aufwand im Vergleich zur Rechtslage vor 2018.

Besteuerung von Veräußerungsgewinnen

Auch ein Gewinn aus der Veräußerung von Fondsanteilen ist steuerpflichtig für Anleger. Er errechnet sich aus der Differenz zwischen Veräußerungserlös und Anschaffungskosten. Sofern zwischen Kauf und Verkauf eine oder mehrere Vorabpauschalen besteuert wurden, werden diese bei der Ermittlung des steuerlichen Veräußerungsergebnisses abgezogen, um insoweit eine Doppelbesteuerung zu vermeiden.

Beispiel 1: Ein Anleger besitzt 1000 Anteile eines Aktienfonds, der am 19. Dezember 2019 je Anteil eine Dividende von 1,04354 Euro ausschüttet.

Besteuerung der Ausschüttung eines Fonds

	Pro Anteil	Bei Anleger
Ausschüttung	1,04354 Euro	1 043,54 Euro
Teilfreistellung für Aktienfonds (30 %)		313,06 Euro
Steuerpflichtige Ausschüttung (nach Teilfreistellung)		**730,48 Euro**

Beispiel 2: Ein Anleger besaß im Jahr 2019 einen Aktienfonds, der keine Ausschüttungen vornahm. Der Sparerfreibetrag des Anlegers wurde bereits verbraucht. Für das Jahr 2019 betrug der Basiszins 0,52 Prozent.

Berechnung von Vorabpauschale und Steuer

Wert des Aktienfonds am 01. 01. 2019	30 000,00 Euro
Wert des Aktienfonds am 31. 12. 2019	31 000,00 Euro
Wertsteigerung	1 000,00 Euro
Vorabpauschale (30 000 Euro × 0,0052 × 0,7)	109,20 Euro
Zu versteuernder Betrag nach 30 % Teilfreistellung	76,44 Euro
Zu zahlende Abgeltungsteuer plus Soli (26,375 %)	**20,16 Euro**

Beispiel 3: Ein Anleger kaufte am 23. April 2018 glatte 200 Anteile eines Aktienfonds für insgesamt 33 862 Euro und verkaufte diese am 11. Mai für 39 320 Euro.

Berechnung eines Veräußerungsgewinns

Veräußerungserlös	39 320,00 Euro
Anschaffungskosten	33 862,00 Euro
Veräußerungsgewinn	5 458,00 Euro
Teilfreistellung für Aktienfonds (30 %)	1 637,40 Euro
Steuerpflichtiger Veräußerungsgewinn	**3 820,60 Euro**
Abgeltungsteuer plus Soli (26,375 %)	1 007,68 Euro

Altbestände nicht länger steuerfrei
Für Anleger, die ihre Fondsanteile vor 2009 erworben haben, brachte die Investmentsteuerreform einen deutlichen Nachteil. Bis 2018 genossen solche „Altanteile" Bestandsschutz und blieben von der Abgeltungsteuer bei Verkauf verschont. Nur laufende Erträge wie Dividenden, nicht aber durch Verkauf realisierte Kursgewinne unterlagen der Steuer. Durch die Reform galten dann aber alle Fondsanteile, die der Anleger vor 2009 angeschafft hatte, als zum 31. Dezember 2017 verkauft und neu angeschafft. Ab dem 1. Januar 2018 steht dem Anleger noch ein persönlicher Freibetrag von 100 000 Euro für diese „neuen" Altanteile zu. Erst wenn die realisierten Kursgewinne diesen Betrag übersteigen, wird eine Steuer anfallen.

Altersvorsorge mit Versicherungen?

Versicherungen sind gerade in Zeiten niedriger Zinsen keine sinnvolle Lösung für die Altersvorsorge. Nur in wenigen Fällen kommen sie als Anlagealternative in Betracht.

Für das Ziel „Altersvorsorge" hat auch die Versicherungswirtschaft eine Reihe von Möglichkeiten zur Geldanlage parat. Rürup- und Riester-Rente, Lebens- und Rentenversicherungen werden in unterschiedlichen Varianten – klassisch und fondsgebunden – angeboten.

Riester und Rürup
Ein Riester-Vertrag eignet sich für eine größere Einmalanlage nicht. Diese Versicherung ist für laufende Zahlungen konzipiert und eignet sich dann vor allem für Menschen mit geringem Einkommen und vielen Kindern. Durch die Kinderzulagen von 300 Euro (für ab 2008 geborene Kinder) wird so oftmals eine attraktive Förderquote erreicht.

Rürup-Renten sind steuerlich in der Ansparphase besonders geförderte Rentenversicherungen. Die Beiträge der Basisrente, die eher unter dem Namen ihres „Erfinders" Bernd Rürup bekannt ist, können in der Ansparphase steuerlich bis zu einem Höchstbetrag abgesetzt werden. Jedoch ist der Ansatz nicht in voller Höhe möglich. Im Jahr

2021 können beispielsweise 92 Prozent des Beitrags von 25787 Euro (Ehepaare 51574 Euro), also maximal 23724 Euro beziehungsweise 47448 Euro (Ehepaare), abgesetzt werden. Dieser Prozentsatz steigt dann bis 2025 um jeweils 2 Prozent pro Jahr. Im Gegenzug muss jedoch die spätere Rente versteuert werden – ab einem Rentenbezug im Jahr 2040 zu 100 Prozent. Der steuerliche Vorteil der Ansparphase gleicht also eher einer Steuerstundung.

Mit der Einzahlung des Anlagebetrags geben Sie jegliche Flexibilität auf, Sie können auch später nicht über die angesparte Summe als Einmalbetrag verfügen. Gerade für Anfänger empfehlen sich flexiblere Anlageformen. Vorteil der Rürup-Rente ist jedoch der Insolvenzschutz. Dieser könnte besonders für Selbstständige eine Rolle spielen.

Lebens- und Rentenversicherungen

Lebens- und Rentenversicherungen sind in der Ansparphase zwar nicht steuerlich gefördert, bringen aber in der Rentenzeit das eine oder andere Bonbon mit sich. Lebensversicherungen, die nach dem 62. Lebensjahr ausgezahlt werden (bei Abschluss nach 2005, aber vor 2012: 60 Jahre) und mindestens zwölf Jahre lang liefen, unterliegen nur mit dem halben Gewinn der Besteuerung mit dem persönlichen Steuersatz. Rentenversicherungen sind nur mit dem sogenannten Ertragsanteil zu versteuern. Dieser beträgt bei Rentenbeginn mit 67 Jahren beispielsweise 17 Prozent.

Da Lebensversicherer genauso mit den niedrigen Zinsen wie Sie als Anleger kämpfen, werden aktuell verstärkt Policen mit geringen Garantien (Beitragsgarantie) oder ohne Garantie angeboten. Auch fondsgebundene Versicherungen werden gerne verkauft. Der Bequemlichkeitsfaktor ist hier, wie auch bei der Rürup-Rente, natürlich hoch – einmal abgeschlossen, läuft die Versicherung, ohne dass Sie sich kümmern müssen.

Die Kosten von Lebensversicherungen sind, verglichen mit Festgeldanlagen oder reinen Fondsanlagen, jedoch hoch und auch die Flexibilität ist eingeschränkt. Daher sind diese Versicherungen nicht empfehlenswert für die Altersvorsorge.

→ Alte Lebensversicherungen nicht vorschnell kündigen

Wenn Sie in Ihren Unterlagen eine Lebens- oder Rentenversicherung mit einem Abschlussdatum vor 2005 finden, dann kündigen Sie diese nicht voreilig.

Diese Verträge sind bei einer Laufzeit von mindestens zwölf Jahren bei mindestens fünf Jahren Beitragszahlung steuerfrei. Außerdem gab es vor 2005 noch deutlich höhere garantierte Leistungen.

Hilfe

Fachbegriffe erklärt

Abgeltungsteuer: Kapitalerträge – das heißt Gewinne aus Wertpapierverkäufen sowie Zinsen und Dividenden –, die oberhalb eines Sparerpauschbetrags von 801 Euro für Singles und 1 602 Euro für Verheiratete liegen, werden pauschal mit 25 Prozent besteuert. Hinzu kommen der Solidaritätszuschlag und gegebenenfalls Kirchensteuer.

Agio: Aufgeld oder Aufschlag, um den der Ausgabepreis eines Wertpapiers, zum Beispiel eines Zertifikats, den Nennwert oder Rückzahlungspreis übersteigt. Davon wird in der Regel der Vertrieb bezahlt.

Aktie: Aktien sind Wertpapiere. Sie verbriefen Anteile an Unternehmen und sind meistens mit einem Stimmrecht verbunden, das auf der jährlichen Hauptversammlung ausgeübt wird. Aktionäre sind die Eigentümer von Aktiengesellschaften. Aktien großer Firmen sind meistens an einer Börse gelistet und können dort gehandelt werden.

Aktiv gemanagter Fonds: Fondsmanager wählen die Titel im Fonds aus, in die sie das Geld der Anleger investieren. Sie orientieren sich dabei mehr oder weniger eng an einem Index. Je nachdem, wie sie bei der Auswahl der Titel vorgehen, spricht man zum Beispiel von Growth- oder Value-Ansatz. Siehe auch **Passiv gemanagter Fonds.**

Anleihe: Verzinsliche Schuldverschreibung mit meist fester Laufzeit. Anleihen werden von Einrichtungen der öffentlichen Hand (Bund, Länder, Gemeinden), Unternehmen oder Banken herausgegeben und an der Börse gehandelt. Die Zinshöhe ist abhängig von der Laufzeit und Kreditwürdigkeit des Herausgebers (Emittent). Der Emittent ist verpflichtet, dem Gläubiger (Anleger) zum Laufzeitende den Nominalwert, also den bei Emission der Anleihe verbrieften Betrag, zurückzuzahlen. Wird die Anleihe während der Laufzeit verkauft, kann der Kurswert vom Nominalwert abweichen, Anleger können also einen Kursgewinn oder Kursverlust erzielen.

Asset Allocation: Die prozentuale Aufteilung der Geldanlagen eines Anlegers in Anlageklassen und Anlagemärkte.

Ausgabeaufschlag: Differenz zwischen dem Ausgabe- und Rücknahmepreis eines Fonds. Je nach Kaufquelle gibt es auf den Ausgabeaufschlag einen Rabatt oder der Aufschlag entfällt komplett. Der Ausgabeaufschlag ist eine Vergütung für den Vertrieb.

Ausschüttender Fonds: Ein ausschüttender Fonds zahlt Erträge aus Wertpapieren wie Zinsen oder Dividenden regelmäßig an die Anleger aus. Anders verfahren **thesaurierende Fonds**.

Basiswert: Als Basiswert, englisch „underlying“, bezeichnet man ein Wertpapier, auf das sich ein Derivat bezieht. Als Basiswerte können außer Wertpapieren wie Aktien und Anleihen auch Rohstoffe, Indizes, Währungen oder Zinssätze dienen.

Blue Chips: Das ist die Bezeichnung für Aktien von großen Unternehmen mit tendenziell hoher Bonität und Ertragskraft, auch Standardwerte genannt.

Bond: Englisch für Anleihe.

Bonität: Die Bonität bezeichnet die Kreditwürdigkeit eines Unternehmens, eines Staates oder auch eines Bankkunden. Gute Bonität bedeutet hohe Kreditwürdigkeit.

Börse: Die Börse ist ein Marktplatz für den Handel von Wertpapieren. Früher waren es Menschen, die schnell Angebot und Nachfrage erfassen und einen Preis festsetzen mussten, um möglichst viele Käufer und Verkäufer zusammenzubringen. Heute wird der Großteil der Aktiengeschäfte nicht mehr von Börsenhändlern, sondern automatisch von Computern abgewickelt.

Crowdfunding: Form der Finanzierung („funding“) von Projekten durch viele Personen (crowd, englisch: Menge), häufig über Internetplattformen.

Dax: Der deutsche Aktienindex, abgekürzt Dax, ist der Leitindex der Deutschen Börse. Er enthält die 40 wichtigsten Aktiengesellschaften Deutschlands. Sein offizieller Start war am 1. Juli 1988.

Dax-Werte: Aktien, die im Leitindex der Deutschen Börse (Dax) gelistet sind.

Depot: Wertpapiere, etwa Aktien, Anleihen und Fonds, werden in einem Depot verwahrt. Es ist eine Art Konto, auf dem Zu- und Abgänge verbucht werden. Die Depotstelle – eine Bank oder Investmentgesellschaft – kümmert sich darum, dass Geld aus Verkäufen oder Ausschüttungen dem Girokonto gutgeschrieben oder wieder angelegt wird; sie schickt an den Anleger regelmäßig Abrechnungen über alle Buchungen sowie einen Depotauszug. Für diesen Service verlangt sie meist Depotgebühren.

Diversifikation: Streuung von Geldanlagen auf mehrere Anlageklassen wie zum Beispiel Aktien, Festzinsanlagen, Immobilien oder Rohstoffe, mit dem Ziel, das Risiko zu reduzieren.

Dividende: Der Anteil am Gewinn einer Aktiengesellschaft (AG), der pro Aktie an den Anleger ausgeschüttet wird. Die Höhe der Dividende wird auf der Hauptversammlung der AG festgelegt.

Emerging Markets (Schwellenländer): Staaten, die den Stand eines Entwicklungslandes verlassen haben und sich auf der Schwelle zu einer bedeutsamen industrialisierten Volkswirtschaft befinden. Dazu zählen zum Beispiel die Türkei, China, Südkorea oder Brasilien.

Emittentenrisiko: Gefahr, dass sich die Kreditwürdigkeit des Herausgebers einer Schuldverschreibung (Anleihe, Zertifikat) verschlechtert oder er pleitegeht. Dies kann zum (teilweisen) Ausfall von Zinszahlungen und im Pleitefall zum Totalverlust führen.

Erfolgsgebühren: Fondsgebühren, die abhängig davon sind, wie gut der Manager gewirtschaftet hat.

Exchange Traded Commodity (ETC): Börsengehandelte Wertpapiere, mit denen Anleger auf Rohstoffe setzen können. Im Unterschied zu ETF handelt es sich bei ETC nicht um Fonds, sondern um Schuldverschreibungen, d. h. das Geld der Anleger ist bei einer Insolvenz des Emittenten nicht durch ein Sondervermögen geschützt.

Exchange Traded Funds (ETF): Börsengehandelte Fonds. In der Regel bilden ETF einen Index ab. Es handelt sich um börsengehandelte Indexfonds. Für ETF gelten im Vergleich zu anderen Fonds höhere Anforderungen an den Börsenhandel. Ein oder mehrere sogenannte Market Maker müssen an der Börse für bestimmte Ordergrößen verbindliche An- und Verkaufskurse stellen. Das – zusammen mit weiteren Regeln – soll gewährleisten, dass ETF so liquide und präzise bewertet wie möglich an der Börse gehandelt werden können.

Fonds (Investmentfonds): Eine Fondsgesellschaft (Kapitalverwaltungsgesellschaft) sammelt Geld der Anleger und bündelt es in einem Sondervermögen, dem Investmentfonds. Ein Fondsmanager entscheidet, in welche Werte entsprechend der Strategie des Fonds angelegt wird. In Betracht kommen vor allem Investitionen in Aktien (Aktienfonds), festverzinsliche Wertpapiere (Rentenfonds), beides (Mischfonds), Geldmarktinstrumente (Geldmarktfonds), Immobilien (offene Immobilienfonds) und andere Investmentfonds (Dachfonds).

Fondsanteil: Das Vermögen eines Investmentfonds wird in kleine Fondsanteile gestückelt – gewissermaßen die kleinsten handelbaren Einheiten des Fondsvermögens. Bei Fondssparplänen können allerdings auch Bruchteile gehandelt werden.

Fondsgesellschaft: Offiziell nennt man Fondsgesellschaften Kapitalverwaltungsgesellschaften, früher Kapitalanlagegesellschaften.

Fondsmanager: Fondsmanager verwalten das Vermögen der Anleger eines Fonds und entscheiden, oft gemeinsam mit Analysten aus ihrem Team, welche Wertpapiere sie kaufen oder verkaufen.

Fondsvermögen: Wert eines Investmentfonds, das heißt, die Summe aller Vermögensgegenstände und Forderungen, die dem Fonds gehören, abzüglich der Verbindlichkeiten.

Freistellungsauftrag: Anleger können ihrer Investmentgesellschaft oder Bank einen Freistellungsauftrag erteilen (Alleinstehende: bis 801 Euro, Ehepaare: bis 1602 Euro). Dann werden bis zu dieser Summe keine Steuern von den jährlichen Erträgen, etwa Zinsen, Dividenden und realisierte Wertsteigerungen bei Wertpapieren, abgezogen. Der Betrag kann auf mehrere Banken verteilt werden.

Geldkurs: Preis, zu dem Käufer bereit sind, Wertpapiere zu erwerben. Der Geldkurs liegt stets unter dem Briefkurs.

Geschlossener Fonds: Geschlossene Fonds werden nicht an der Börse gehandelt. Es sind meist unternehmerische Beteiligungen, bei denen der Käufer Mitunternehmer (in der Regel Kommanditist) mit allen Chancen und Risiken wird. Wenn sich an dem Fonds genügend Anleger (Mitunternehmer) beteiligt haben, um in ein geplantes Investitionsgut zu investieren, wird er geschlossen, es werden also keine weiteren Mitunternehmer mehr aufgenommen. Investitionsgüter für geschlossene Fonds können neben Immobilien unter anderem auch Schiffe, Flugzeuge oder Windkraftanlagen sein. Während der Beteiligungsdauer von in der Regel sieben und mehr Jahren ist ein Verkauf der Beteiligung meist kaum möglich.

Handelsspanne: siehe **Spread**.

Hebel, gehebelt: Eine Geldanlage ist gehebelt, wenn sie stärker steigt oder stärker fällt als ihr Basiswert.

Hedged: Hedged, abgesichert, steht oft als Namenszusatz bei Fonds mit Währungsabsicherung. Ein Fonds, der zum Beispiel US-Anleihen kauft, das Dollar-Risiko aber in Euro absichert, trägt den Namenszusatz „Euro hedged".

High-Yield-Fonds: Yield ist die englische Bezeichnung für Ertrag, high yield bedeutet hohe Erträge. High-Yield-Fonds sind Rentenfonds, die in Hochzinsanleihen investieren. Allerdings bieten sie nicht nur höhere Ertragsmöglichkeiten, sondern bergen entsprechend auch höhere Risiken.

Hochzinsanleihe: Anleihen mit hohen Zinsen als Ausgleich für die schlechtere Bonität des Herausgebers. Siehe auch **High-Yield-Fonds**.

Index: In einem Index werden bestimmte ausgewählte Basiswerte zusammengefasst und deren Wertentwicklung über einen bestimmten Zeitraum dargestellt. Der Index dient als eine Art Marktbarometer. Paradebeispiel ist der Deutsche Aktienindex **Dax**. Er ist das Marktbarometer für den deutschen Aktienmarkt.

Indexfonds: Fonds, der einen Index abbildet. Da so aktive Managemententscheidungen überflüssig werden, nennt man Indexfonds auch passive Fonds. Zu den bekanntesten Indexfonds zählen **ETF** (börsengehandelte Indexfonds), wobei nicht alle ETF Indexfonds sind. Dennoch werden die beiden Begriffe meist synonym verwendet.

Indexzertifikat: Eine Schuldverschreibung, deren Wertentwicklung von der Entwicklung eines Index abhängt. Anders als bei einem ETF, der sich auf einen Index bezieht, handelt es sich bei Indexzertifikaten nicht um Sondervermögen und es besteht ein Emittentenrisiko, also das Risiko eines Totalverlusts, wenn der Herausgeber pleitegeht.

Investmentfonds: Siehe **Fonds**.

Investment Grade: Bezeichnung für Anleihen mit guter Bonität beziehungsweise gutem Rating. Der Investment Grade umfasst die Noten AAA, AA, A und BBB (nach der Definition der Ratingagentur Standard & Poor's).

ISIN: Abkürzung für International Securities Identification Number. International gültige zwölfstellige Kennnummer für Wertpapiere.

Kapitalverwaltungsgesellschaft: Eine Kapitalverwaltungsgesellschaft (KVG) – auch Fondsgesellschaft genannt – verwaltet die Fonds für die Anleger.

KIID: Abkürzung für Key Investor Information Document. Auch KID genannt, Key Investor Document. Siehe auch **Wesentliche Anlegerinformationen**.

Korrelation: Die Korrelation misst die Beziehung, die die Wertentwicklungen zweier verschiedener Anlagen (zum Beispiel Gold und Aktien) haben. Liegt keine gemeinsame Entwicklung zwischen beiden Werten vor, ergibt sich eine Korrelation von 0. Bei einem Korrelationsgrad von 1 entwickeln sich beide Werte gleich, bei minus 1 gegenläufig.

Laufende Kosten: Die laufenden Kosten (englisch „Ongoing Charges") werden in den „Wesentlichen Anlegerinformationen" ausgewiesen. Dazu zählen die Vergütung für das Management, die Kosten für die Geschäftsführung oder den Wirtschaftsprüfer sowie Betriebskosten. Handelskosten für den Kauf oder Verkauf der Wertpapiere sind nicht enthalten. Auch Erfolgsgebühren gehören nicht dazu.

Limit: Zusatzangabe bei einer Wertpapierorder, dass nur zu einem bestimmten Preis gekauft oder verkauft werden soll.

Liquidität: Fähigkeit, Zahlungsverpflichtungen kurzfristig erfüllen zu können.

Marktkapitalisierung: Sie zeigt den Börsenwert von Aktiengesellschaften. Sie berechnet sich aus der Anzahl der ausgegebenen Aktien multipliziert mit dem Börsenkurs.

Marktnähe: Die Marktnähe zeigt, wie stark die Entwicklung eines Investmentfonds vom Marktgeschehen beeinflusst war. Am größten ist die Marktorientierung bei marktbreiten ETF (Indexfonds). Je geringer die Marktorientierung, desto mehr eigene Ideen und Strategien verfolgt der Manager des Fonds.

Maximaler Verlust: Er bezeichnet den größten Kursverlust eines Fonds in einem bestimmten Zeitraum.

Mid Caps: Aktien von mittelgroßen Unternehmen. Für Mid Caps gibt es eigene Fonds und Indizes.

Mischfonds: Fonds, die in Aktien und Anleihen investieren.

MSCI World: Index der Firma MSCI, der aus über 1600 Werten besteht. MSCI ist ein bekannter amerikanischer Indexanbieter. Viele ETF, die weltweit investieren, bilden den MSCI World ab.

Nennwert: Der Wert, auf den eine Anleihe lautet, auch Nennbetrag oder Nominalwert genannt. Am Ende der Laufzeit zahlt der Anleiheherausgeber den Nennwert an die Anleger zurück.

Nominalwert: Siehe **Nennwert**.

Offene Immobilienfonds: Offene Immobilienfonds investieren in Immobilien (meist gewerbliche). Sie legen außerdem einen Teil des Geldes flüssig an, damit Anleger, die ihre Anteile verkaufen, ausgezahlt werden können. Im Unterschied dazu sind geschlossene Immobilienfonds keine Investmentfonds, sondern unternehmerische Beteiligungen.

Optionen: Spekulative Finanzinstrumente, mit denen Anleger aufsteigende oder fallende Kurse zum Beispiel von Aktien, Indizes oder Rohstoffen setzen können. Gewinne oder Verluste steigen dabei überproportional zum Basiswert.

Passiv gemanagter Fonds: Fonds, der kein aktives Management betreibt, sondern – passiv – einen Index abbildet. Siehe auch **Indexfonds** bzw. **ETF**.

Pfandbrief: Festverzinsliches Wertpapier, das zusätzlich abgesichert ist, zum Beispiel mit einer Hypothek.

Portfolio: Bezeichnung für den Gesamtbestand an Geldanlagen eines Anlegers. Ein breit gestreutes Portfolio beinhaltet eine Mischung aus Aktien, Anleihen, Immobilien, Rohstoffen und liquiden Geldanlagen.

Quellensteuer: Steuer, die direkt an der Quelle abgezogen wird, zum Beispiel auf Dividendenzahlungen im Ausland.

Rating: Bei Zinsanlagen ist ein Rating eine Einschätzung der Kreditwürdigkeit des Herausgebers (Emittent).

Ratingagentur: Unternehmen, das Wertpapiere wie zum Beispiel Anleihen und deren Herausgeber bewertet.

Rendite: Die Wertentwicklung einer Anlage in einem bestimmten Zeitraum. Sie wird in der Regel für ein Jahr berechnet.

Renten: Anderer Ausdruck für Anleihen.

Robo-Advisors: Technische Lösungen, die anhand bestimmter Algorithmen fertige Anlageempfehlungen geben („Roboter-Berater").

Rücknahmepreis: Er entspricht üblicherweise dem Anteilwert eines Fonds. Der Anteilwert ergibt sich aus dem Fondsvermögen dividiert durch die Anzahl der ausgegebenen Fondsanteile. Manche Fondsgesellschaften erheben einen Rücknahmeabschlag, wenn Anleger ihre Fondsanteile zurückgeben. Dann liegt der Rücknahmepreis unter dem Anteilwert.

Schuldverschreibung: Anderer Begriff für **Anleihe**.

Schwellenländer: siehe **Emerging Markets**.

Small Caps: Aktien kleiner Unternehmen. Für Small Caps gibt es eigene Fonds und Indizes.

Sondervermögen: Investmentfonds werden typischerweise als Sondervermögen aufgelegt. Die Vermögensgegenstände des Sondervermögens werden von einer Kapitalverwaltungsgesellschaft verwaltet und von einer von ihr unabhängigen Verwahrstelle verwahrt, der Depotbank. Die Kapitalverwaltungsgesellschaft verwaltet das Sondervermögen treuhänderisch für die Anleger und getrennt von ihrem eigenen Vermögen. Der Anleger ist dadurch bei einer Insolvenz der Kapitalverwaltungsgesellschaft vor dem Verlust seiner Fondsanteile geschützt.

Spread: Handelsspanne bei börsennotierten Wertpapieren. Der Spread ist der Unterschied zwischen dem An- und dem Verkaufskurs. Ein geringer Spread zeigt an, dass ein Papier häufig gehandelt wird, was für Anleger günstig ist.

Thesaurierende Fonds: Thesaurierende Fonds zahlen im Gegensatz zu ausschüttenden Fonds die laufenden Erträge der im Fonds enthaltenen Werte nicht an die Anleger aus, sondern legen sie im Fondsvermögen an, sodass sich das Fondsvermögen erhöht.

Unternehmensanleihen: Anleihen, die von Unternehmen herausgegeben werden.

Unze: Gewichtseinheit. Bei Edelmetallen wird die „Feinunze" verwendet. Sie bezieht sich nur auf den Edelmetallanteil, Verunreinigungen werden also vom Gesamtgewicht abgezogen. Eine Feinunze entspricht rund 31,1 Gramm. Gold- und Silberpreise werden üblicherweise in US-Dollar pro Feinunze angegeben.

Vergleichsindex: Siehe **Benchmark**.

Verwaltungsgebühren: Gebühren für das Management eines Fonds.

Währungsabsicherung: Absicherung einer Anlage gegen Wechselkursrisiken. Währungsgesicherte Fonds erkennt man oft an dem Zusatz „hedged".

Wertpapier: Urkunde, die ein Vermögensrecht verbrieft. Dazu gehören etwa Aktien, Anleihen, Schecks und Wechsel.

Wertpapierdepot: Siehe **Depot**.

Wertpapierkennnummer (WKN): In Deutschland gebräuchliche sechsstellige Kennzahl für Wertpapiere. Siehe auch **ISIN**.

Wesentliche Anlegerinformationen: Die Wesentlichen Anlegerinformationen (WAI) sollen den Anleger bei Investmentfonds auf zwei Seiten über die wichtigsten Details wie Ziele und Anlagepolitik, Risiko und Ertragsprofil, Kosten und die frühere Wertentwicklung des Fonds aufklären. Die WAI werden von den Fondsgesellschaften erstellt. Der englische Begriff ist **KIID**.

Zertifikat: Ein Zertifikat ist rechtlich eine Schuldverschreibung (Anleihe). Ihre Wertentwicklung hängt von der Entwicklung eines Basiswerts ab. Bekannte Beispiele sind Index- oder Hebelzertifikate.

Zins: Der Zins einer Anleihe setzt sich aus mehreren Bestandteilen zusammen. Je länger die Laufzeit der Anleihe, desto höher ist er. Der Zins würdigt zudem das Risiko, dass Anleger ihr Geld nicht wiederbekommen. Je unzuverlässiger der Herausgeber, desto höher ist er. Und er schafft einen Ausgleich für die Inflation, die allgemein für die Laufzeit angenommen wird. Je höher die Inflationserwartungen, desto höher der Zins.

Zinsänderungsrisiko: Verändern sich am Markt die Zinsen, verändert sich auch der Preis der umlaufenden Anleihen. Steigen die Zinsen, sinkt ihr Kurs. Der Effekt ist umso stärker, je länger eine Anleihe noch läuft. Sinkt der Zins, ist der Effekt genau umgekehrt.

Stichwortverzeichnis

L

M

N

O

P

Q, R

S

T

U

V

W

X–Z

Die Stiftung Warentest wurde 1964 auf Beschluss des Deutschen Bundestages gegründet, um dem Verbraucher durch vergleichende Tests von Waren und Dienstleistungen eine unabhängige und objektive Unterstützung zu bieten.

Wir kaufen – anonym im Handel, nehmen Dienstleistungen verdeckt in Anspruch.

Wir testen – mit wissenschaftlichen Methoden in unabhängigen Instituten nach unseren Vorgaben.

Wir bewerten – von sehr gut bis mangelhaft, ausschließlich auf Basis der objektivierten Untersuchungsergebnisse.

Wir veröffentlichen – anzeigenfrei in unseren Büchern, den Zeitschriften test und Finanztest und im Internet unter www.test.de

Die Autoren: Stefanie Kühn und Markus Kühn sind Honorarberater und Finanzfachwirte (FH). Sie sind gefragte Dozenten und Ratgeber in Presse, Funk und Fernsehen. Beide haben bereits mehrere Bücher zum Thema Geldanlage veröffentlicht.

Im Ratgeberprogramm der Stiftung Warentest erschien von ihnen bereits „Handbuch Geldanlage" (3., aktualisierte Auflage).

2., aktualisierte Auflage

Stiftung Warentest
Lützowplatz 11–13
10785 Berlin
Telefon 0 30/26 31–0
Fax 0 30/26 31–25 25
www.test.de
email@stiftung-warentest.de

USt-IdNr.: DE136725570

Vorstand: Hubertus Primus
Weitere Mitglieder der Geschäftsleitung:
Dr. Holger Brackemann, Julia Bönisch, Daniel Gläser

Programmleitung: Niclas Dewitz

Autoren: Markus Kühn, Stefanie Kühn
Projektleitung: Johannes Tretau
Lektorat: Heike Plank, Merit Niemeitz
Korrektorat: Susanne Reinhold, Berlin
Fachliche Unterstützung: Roland Aulitzky, Karin Baur, Renate Daum, Uwe Döhler, Marieke Einbrodt, Simeon Gentscheff, Thomas Krüger, Susanne Meunier, Jörg Sahr, Max Schmutzer, Yann Stoffel
Titelentwurf: Josephine Rank, Berlin
Layout: Büro Brendel, Berlin
Grafik, Satz, Bildredaktion: Axel Raidt, Berlin
Bildnachweis: iStockphoto: dusanpetkovic (Titel), Fizkes (U4 li), Chainarong Prasertthai (U4 re); Getty Images: A. Saldavs (S. 4 u.), Kgerakis (S. 5 o.), J. Grill (S. 12), Plattform (S. 34), W. Lloyd (S. 76), Westend61 (S. 92), PeopleImages (S. 114), Tempura (S. 132), Cavan Images (S. 148); Pixabay: P. & M. Lachmann-Anke (S. 4/5); Wikimedia/Coininvest GmbH cc 4.0 (S. 137)
Infografiken / Diagramme: Axel Raidt, Berlin; Finanztest / René Reichelt
Produktion: Vera Göring
Verlagsherstellung: Rita Brosius (Ltg.), Romy Alig, Susanne Beeh
Litho: tiff.any, Berlin
Druck: brandenburgische universitätsdruckerei, potsdam

ISBN: 978-3-7471-0453-8

Wir haben für dieses Buch 100 % Recyclingpapier und mineralölfreie Druckfarben verwendet. Stiftung Warentest druckt ausschließlich in Deutschland, weil hier hohe Umweltstandards gelten und kurze Transportwege für geringe CO_2-Emissionen sorgen. Auch die Weiterverarbeitung erfolgt ausschließlich in Deutschland.